硅谷与五角大楼的
科技革命

[美]拉杰·M.沙阿 [美]克里斯托弗·基尔霍夫 著
蔡树军 译

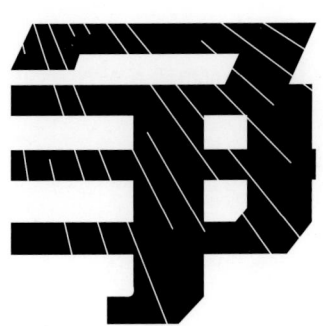

浙江人民出版社

Unit X: How the Pentagon and Silicon Valley Are Transforming the Future of War

Copyright © 2024 by Raj M. Shah and Christopher Kirchhoff

First published by Scribner, a Division of Simon & Schuster, LLC.

Simplified Chinese translation copyright © 2025 by Zhejiang People's Publishing House, Co.,Ltd.

All rights reserved.

浙江省版权局著作权合同登记章
图字：11-2024-540 号

图书在版编目（CIP）数据

未来战争：硅谷与五角大楼的科技革命 /（美）拉杰·M. 沙阿，（美）克里斯托弗·基尔霍夫著 ；蔡树军译. 杭州：浙江人民出版社，2025. 6. -- ISBN 978-7-213-11904-0

Ⅰ．E81

中国国家版本馆CIP数据核字第2025QL3338号

未来战争：硅谷与五角大楼的科技革命
WEILAI ZHANZHENG: GUIGU YU WUJIAO DALOU DE KEJI GEMING

［美］拉杰·M. 沙阿　［美］克里斯托弗·基尔霍夫　著　蔡树军　译

出版发行　浙江人民出版社（杭州市环城北路 177 号　邮编　310006）
　　　　　市场部电话：（0571）85061682　85176516
责任编辑：齐桃丽
策划编辑：陈世明
营销编辑：陈雯怡
责任校对：汪景芬
责任印务：幸天骄
封面设计：天津北极光设计工作室
电脑制版：北京五书同创文化发展有限公司
印　　刷：杭州丰源印刷有限公司
开　　本：710 毫米 × 1000 毫米　1/16　印　张：20.75
字　　数：245 千字　插　页：6
版　　次：2025 年 6 月第 1 版　印　次：2025 年 6 月第 1 次印刷
书　　号：ISBN 978-7-213-11904-0
定　　价：78.00 元

如发现印装质量问题，影响阅读，请与市场部联系调换。

拉杰·M.沙阿（Raj M. Shah）驾驶F-16C战斗机飞越阿富汗上空。当时连一个简单的"移动地图"都没有，无法告诉他是否误入伊朗领空，这表明五角大楼还没有完全接受硅谷引领的软件革命。

1

在白宫战情室，克里斯托弗·基尔霍夫（Christopher Kirchhoff）位于国务卿约翰·克里（John Kerry）的左肩上方的位置。他在DIUx（实验性的国防创新部门）担任领导职务时用到了在这些高级别战略会议上学到的大量知识。

2

阿什顿·卡特（Ashton Carter）在2015—2017年担任美国国防部部长，期望五角大楼和硅谷建立伙伴关系的愿景推动了DIUx的发展。照片中，他倾斜身体与参议员约翰·麦凯恩（John McCain）交谈，麦凯恩当时是参议院军事委员会主席，也是DIUx的关键支持者。

3

当拉杰访问负责协调中东地区所有空战任务的联合空中作战中心（CAOC）时，他立即发现了能让DIUx为军方节省大量时间和数百万美元的方法。

在打击ISIS（伊斯兰国）的战争中，联合空中作战中心的空军调度员在手动安排数千架战斗机的加油，这是一个费力且费钱的过程。DIUx使用现代应用程序使这一过程实现自动化。

卡佩拉空间公司（Capella Space）开发的第一台合成孔径雷达（SAR）的渲染图。DIUx大力推动卡佩拉空间公司的微型卫星监测朝鲜的移动导弹发射装置，但直到2022年俄乌冲突爆发后，它们的潜力才得到充分发挥。

这是一架由DIUx资助的小型自主无人机。有了它，美国特种作战部队的士兵可以在突袭前绘制建筑物内部的地图。

7

8

DIUx的"侠盗中队"（Rogue Squadron）是美国军方的第一支商用无人机部队。它专门部署友方的无人机以支援美军，并建立在战斗中击败敌方无人机的系统。

9

反无人机干扰器，其中一些是在DIU（国防创新部门）的帮助下研发的，现在广泛应用于战场，包括乌克兰战场。

乔比航空公司（Joby Aviation）的自主垂直起降飞机，即DIU的第一辆"飞行汽车"，正在军事试验场上展示。

10

詹姆斯·马蒂斯（James Mattis）接替阿什顿·卡特担任美国国防部部长，他也是DIU的热情支持者，他与拉杰一起在总部外散步。

DIU主张扩大使用可以在海上停留多年的自主海上无人艇。这些无人艇可以提供许多监视功能，而成本只是海军驱逐舰的很小一部分。

玛文专项（Project Maven）利用机器学习识别无人机视频中的人和物体，硅谷的一些人将其视为一种武器，引发了抗议风暴。2018年，3000名谷歌员工签署了一封信，要求公司终止参与该项目，开启了一个激进主义的浪潮，其中还掺杂了对所谓的性骚扰和性别不平等的愤怒。

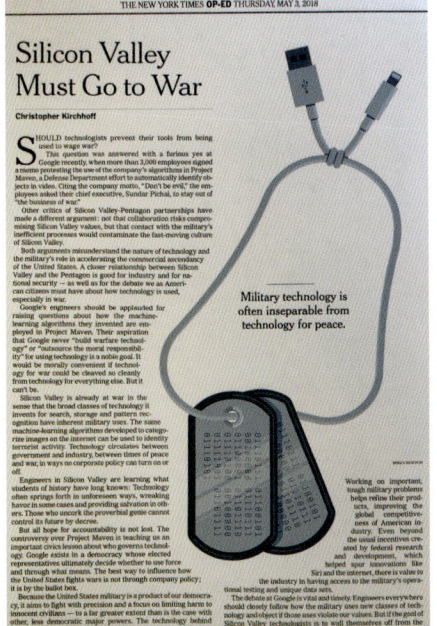

2018年，克里斯托弗在《纽约时报》发表了一篇专栏文章《硅谷必须参战》，指出保护国家安全需要将最新技术整合到五角大楼的系统中，而且这一过程不需要涉及任何形式的道德妥协。

谷歌前首席执行官埃里克·施密特（Eric Schmidt）和国家安全委员会（NSC）及人工智能成员在椭圆形办公室向特朗普（Trump）总统提交了报告，该报告为国家人工智能战略奠定了基础。

瑞马仕300（Remus 300）自动扫雷水下航行器是DIU领导的一项先进的人工智能应用。

拉杰在2019年首届"技术二轨"（Tech Track 2）会议上发表讲话，这是一项他参与发起的倡议，旨在将五角大楼和硅谷的高级领导人聚集在一起，就二者如何更密切地合作进行非正式对话。美国前国家安全顾问H. R. 麦克马斯特（H. R. McMaster）坐在拉杰的右边，斯坦福大学学者艾米·泽加特（Amy Zegart）坐在他的左边。

令人日益关切的是，军队与普通民众之间变得"孤立"，只有少数公民在服役。图表显示，国会中有军队服役经历的人的数量越来越少。

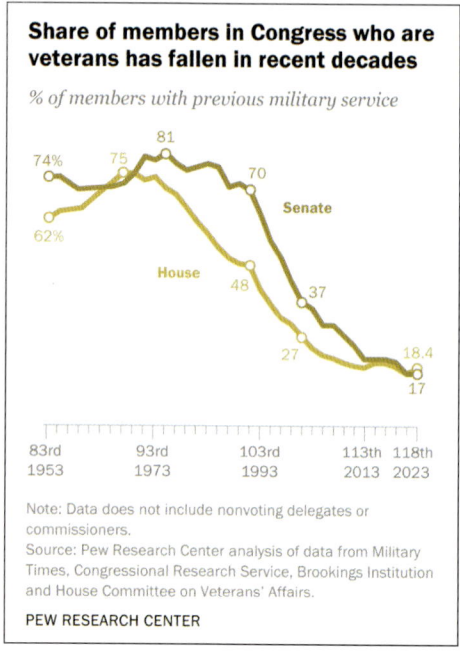

DIU成员劳伦·戴利（Lauren Dailey）打造了一种更快、更灵活的方式，通过新的采购途径加速技术进入军队，迄今为止已促成700亿美元的技术采购。她等候在白宫西翼，即将在美国创新圆桌会议上会见特朗普总统。

20 克里斯托弗·基尔霍夫在最右边，另外三位从左到右依次是迈克·布朗（Mike Brown）、道格·贝克（Doug Beck）和拉杰——DIU的现任主任和前主任，他们正在庆祝DIU所获合同金额超过10亿美元。

21 在DIU于2015年成立后的几年里，风险投资对国家安全的兴趣呈指数级增长。由DIU前成员、退伍军人和企业家创立的盾牌资本（Shield Capital）正在帮助引领这一转变。

22

埃里克·施密特（图右，手伸出来的那位）成为最支持军方需求的硅谷技术专家之一，也是军方的关键顾问之一。图中显示他正在基辅会见乌克兰总统办公室主任安德烈·耶尔马克（Andriy Yermak）和乌克兰国防部部长奥列克西·列兹尼科夫（Oleksiy Reznikov）。

23

在乌克兰，战斗往往归结为无人机对抗无人机。2023年10月，拉杰和克里斯托弗在利沃夫（Lviv）郊外的测试场操控一架远程监视无人机。

赞　誉

令人不安的力量之旅。DIUx总是能察觉到高风险，它记录的持续拔河战是国家在即将到来的竞赛中能否获胜的核心。

——詹姆斯·斯塔夫里迪斯（James Stavridis），美国海军上将（已退役），北约第16任盟军最高指挥官

一针见血……表明一旦你走出旧的框框，什么都是可能的。虽然这是五角大楼顿悟的故事，但它同样适用于因循守旧并需要重新复活的企业。这也是一本有趣的读物。

——文特·瑟夫（Vint Cerf），图灵奖获得者，互联网联合创始人

神秘有趣。从幕后官僚主义斗争到风险投资，这本书讲述了美国军事历史上最重要的时刻之一。对技术和美国国家安全感兴趣的人来说，这是一本必读书。

——艾米·泽加特，胡佛研究所高级研究员，斯坦福大学政治学教授

令人信服。那些为了维护自由而把自己置于危险之中的人应该考虑克里斯托弗·基尔霍夫和拉杰·M.沙阿这样的美国英雄。书里的信息很明确：要有效地遏制冲突，需要利用我们的创新主导地位，这意味着提升DIU的关键作用。

——休·怀曼·霍华德三世（Hugh Wyman Howard III），美国海军少将，美国海军特种作战研究大队（海豹六队）前司令

引人入胜、关键。这是一个开创性的五角大楼部门的故事，旨在利用美国的智慧来刺激创新，并最大限度地提高创业精神，从而维护和平，捍卫"自由世界"。

——H. R. 麦克马斯特，美国陆军中将（已退役），美国前国家安全顾问

一项了不起的成就。拉杰·M.沙阿和克里斯托弗·基尔霍夫一直处于美军利用先进技术进行自我重塑的前沿，这本书以扣人心弦的第一手资料，讲述了他们在国防部内创建并领导创新部门过程中所发挥的作用，而该部门正在帮助美国为未来战争做好准备。

——克里斯蒂安·布罗斯（Christian Brose），安杜里尔工业公司（Anduril Industries）首席战略官，胡佛研究所客座研究员

纪念阿什顿·卡特
和他全力解放出来的美国军队的创新者。

还有汤古（Yuko）、马努（Manu）和约翰（John），
他们忍受我们的恶作剧，
包括偶尔的冲突地区之旅。

如果明天还有无法想象的武器影响军事力量的平衡，那么我们希望有人可以先想象一下。

——詹姆斯·基利安（James Killian），德怀特·艾森豪威尔（Dwight Eisenhower）总统的科学顾问

21世纪的第二个十年是美军错过的一个巨大机会。五角大楼错过了现代软件的出现、云计算的转变、商业空间的革命、数据的中心地位，以及人工智能与机器学习的崛起。这是一个美国被未来伏击的故事。

——克里斯蒂安·布罗斯

我想起亨利·福特说过："如果我问客户想要什么，他们会告诉我需要一匹更快的马。"

——史蒂夫·乔布斯（Steve Jobs）

人　物

马德琳·奥尔布赖特（Madeleine Albright）：比尔·克林顿（Bill Clinton）总统时期的国务卿，提前敲响人工智能对民主国家和世界秩序构成威胁的警钟（2022年去世）。

伊利·巴亚克塔里（Ylli Bajraktari）：美国国家安全顾问办公室主任，随后成为美国国家人工智能安全委员会（National Security Commission on Artificial Intelligence）执行主任。

帕亚姆·班纳扎德（Payam Banazadeh）：伊朗出生的斯坦福大学企业家，美国国家航空航天局（NASA）前工程师，创立了合成孔径雷达技术的突破性开发商卡佩拉空间公司。

道格·贝克：苹果公司副总裁，海军作战老兵，出任DIUx预备役部队指挥官，后来成为DIU的第三任主任。

菲利普·比尔登（Philip Bilden）：汉博巍（HarbourVest Partners）和盾牌资本联合创始人。

乔本·贝维特（JoeBen Bevirt）：由嬉皮士父母在一个离网社区抚养成年，创立了乔比航空公司，并发明了一种可以搭载四人、近乎无声飞行、像直升机一样降落的飞行汽车。

迈克·布朗：赛门铁克公司（Symantec）前首席执行官，DIU

的第二任主任。

"巴基"史蒂夫·布涛（Steve "Bucky" Butow）：美国空军国民警卫队（Air National Guard）少将，领导DIU的太空投资组合（Space Portfolio）。

阿什顿·卡特：奥巴马（Obama）总统时期的美国国防部部长（2022年去世）。

劳伦·戴利：DIUx的采购负责人，开创了五角大楼从初创公司和科技公司快速购买和扩大价值700亿美元的硬件和软件的规模的方法。

贾里德·邓蒙（Jared Dunnmon）：DIU人工智能投资组合（Artificial Intelligence Portfolio）技术负责人。

大卫·戈尔德费恩（David Goldfein）：美国空军第二十一任参谋长。

"眼镜蛇"杰夫·哈里根（Jeff "Cobra" Harrigian）：美国中央司令部（CENTCOM）西南亚地区联合航空部队指挥官，联合空中作战中心指挥官。

理查德·詹金斯（Richard Jenkins）：英国冒险家、企业家，帆龙公司（Saildrone）创始人。帆龙公司自主航海帆船正在彻底改变海洋科学和美国海军战略。

帕尔默·拉奇（Palmer Luckey）：虚拟现实耳机制造商傲库路思公司（Oculus）和国防软硬件开发商安杜里尔工业公司创始人。

詹姆斯·马蒂斯：特朗普总统时期的美国国防部部长，曾任美国海军陆战队将军。

约翰·麦凯恩：亚利桑那州参议员，美国参议院军事委员会主席（2018年去世）。

H.R.麦克马斯特：特朗普总统时期的国家安全顾问。

托德·帕克（Todd Park）：奥巴马总统时期的美国首席技术官。

埃里克·施密特：谷歌前首席执行官，随后担任美国国防创新委员会（Defense Innovation Board，简称DIB）和美国国家人工智能安全委员会主席。

杰克·沙纳汉（Jack Shanahan）：美国空军中将，美国五角大楼联合人工智能中心（JAIC）主任。

鲁本·索伦森（Reuben Sorensen）：核物理学家，领导美国联合参谋部J-39击败朝鲜核导弹的任务。

桑迪·温内菲尔德（Sandy Winnefeld）：美国海军上将，美国参谋长联席会议（Joint Chiefs of Staff）副主席。

鲍勃·沃克（Bob Work）：美国国防部副部长，美国海军陆战队前上校和海军战略家。

译者序

技术革命产生的影响是指数级的。为了说明指数概念,我们假设密歇根湖没有水。然后,在这个周长1600英里[①]的巨大盆地中,我们将1盎司[②]的水放在它的中心。之后的每一年加一次水,但每次加的水都会翻倍。如果从1940年开始,我们需要多少年才能灌满密歇根湖?

到1950年,湖里会有1加仑[③]水。到1960年,湖里会有150加仑水。1970年,湖里达到了16000加仑水,相当于一个游泳池的水量。2000年,湖里会有轻微的光泽。2010年,湖里会有几英寸[④]深的水。2020年,湖里有大约40英尺[⑤]深的水。到2025年,密歇根湖就灌满了。

通过前面70年的努力,你似乎还一事无成。但15年后,这项工作完成了。这就是指数级成长的神奇或者可怕之处。这个故事的寓

---

① 1英里≈1609.34米。——编者注
② 1盎司≈28.35克。——编者注
③ 1加仑(美制)≈3.785升。——编者注
④ 1英寸=0.0254米。——编者注
⑤ 1英尺=0.3048米。——编者注

意是，你永远不知道指数回报定律何时会导致一切改变。在爱迪生（Edison）的第一个灯泡闪烁20年后，只有3%的美国人使用电。但此后不久，电力便在世界各地无处不在。

技术革命具有指数级变化的特征，这种变化正是我们的生活戏剧性变化的幕后推手。我们经常生活在所谓的"过渡时期"，即一项转型技术从被展示到承诺通过广泛采用而完全实现之间的漫长停顿。正因为如此，我们不能把过去缓慢的近似线性的变化视为既定的，更不能把未来视为过去的简单延伸。

硅谷技术经过几十年的发展，许多技术正处于指数变化期，比如人工智能，英伟达说未来十年会增长100万倍。指数级发展的硅谷技术不仅会革命性地改变人们的生活，如果与传统精致武器结合，也可能革命性地改变军事力量。

美国于2015年成立DIU，当时的名字是DIUx，即实验性的国防创新部门，这是一个既了解技术又能够与硅谷企业家密切合作的部门，重点关注人工智能、自主性、人类系统、信息技术和太空五个领域。每个领域都有一个专门的团队，在硅谷与军方之间搭建桥梁，帮助双方融入对方的文化并像风险投资基金一样高效率运作，从而改变军事力量。

DIU正在产生影响。硅谷一系列技术开始与国防深入结合。盾牌AI公司（Shield AI）的自主无人机，成为帮助海豹突击队破门并摧毁恐怖分子藏身之处的便携装备。帆龙公司的网络化无人艇正在取代昂贵的大型舰艇，网格化地在海洋中漫游，搜寻毒贩和采集各种数据。黑客应用程序使特种部队操作员能够将敌人的无人机掉头转向他们。乔比航空公司的廉价无人电动飞机将取代昂贵的军用直升机进行侦察，运载货物，甚至能将作战人员送入战区。自主无人机将作为僚机与战斗机一起飞行。在人工智能的驱动下，无人僚机能够独立或与有人驾驶的飞机协同操作，执行各种任务。"谁有了最好的人工智能飞行员，谁就在战场上有了决定性和压倒性的优势。将来没有人工智能飞行员的军队没有任何一丁点机会。"在人类系统中，开发了一种可穿戴设备，能监测侦察排士兵的脱水情况——士兵脱水曾经是任务失败的主要原因。另一家初创公司开发了使用骨传导进行通信的耳塞，使作战人员能够在高噪声环境中交谈。C3.ai 公司的软件可预测飞机的维修需求，为空军节省了数百万美元，还能让更多的飞机保持飞行状态。福全安公司（For All Secure）开发了可以自行搜索数百万行代码、发现软件漏洞并进行修补的软件；新的软件能够在数小时甚至数分钟内完成人类网络安全专家需要数月甚至数年才能完成的工作，随时更新以免受黑客攻击。

其他 DIU 投资的公司将卫星、无人机和传感器广泛用于作战人员的数字耳目，搜集海量信息，并将这些数据输入强大的人工智能软件，这些软件可以在眨眼之间分析出有价值的信息。这些公司用更好的软件、更强的网络安全和更智能的算法对国防部过时的计算机系统（包括联合指挥作战系统）进行现代化改造，保护武器系统和其他关键基础设施，并帮助情报部门更快、更好地做出决策。

俄乌冲突成为一个局部试验场。几年前，卡佩拉空间公司采集的图片让美国精确预判了俄罗斯的实际动向。卡佩拉空间公司是一家硅谷公司，使用了合成孔径雷达微型卫星星座，可以全天候监视热点地区，并采用人工智能手段快速分析海量视频图像数据，实时监控和预测态势。这些数据分析和实时监控包括核打击力量发射准备的各种蛛丝马迹，便于在核武器发射前将其摧毁。实时作战指挥应用程序可以将民众报告中的信息与北约系统中的数据融合在一起，将乌克兰民众的眼睛、耳朵和智能手机摄像头与商业和机密情报融合在一起，综合出优先打击目标。

无人机在俄乌冲突中发挥了巨大作用。在任何一段战线上，双方都有25—50架无人机在飞。冲突双方的步兵和炮兵观察员都使用廉价的无人机。俄罗斯还使用了更大的、武器化的中东某国无人机。乌克兰用土耳其无人机进行反击。即使是乌克兰使用的美国提供的高机动性炮兵火箭系统海马斯（HIMARS），也由亚马逊上可以买到的无人机来引导进行射击。用无人机"修正"炮火，打击效率提高了10倍。当无人机被允许自主做出决定并成群结队地一起工作时，它们将发挥更大作用。无人机正在改变战争的本质。而无人机的威胁并非乌克兰独有。从长远来看，每个国家都将面临类似于乌克兰危机的"无人机噩梦"。

技术的发展使得世界变得扁平。俄乌冲突让我们看到了精确弹药的"民主化"。不对称手段让价值数千万或数亿美元的传统大型装备不再具备战场绝对优势。大国军队过去拥有的毫无疑问赢得战争的能力面临挑战。

世界正处于一个关键的"桥梁期"，处于一个根本性的变化之中。商业技术在大国冲突中所带来的差异能够消耗敌方优势武器系统，取代传统的指挥、控制、智能和侦察，并使各方库存武器的战斗力倍增。在这个时期，最具创造力和创新性的作战人员必须找出如何将传统装备与新兴技术相结合和匹配，并设计出打仗的新方法。"在未来15年，我们将看到一支没有飞行员或至少部分没有飞行员的空军，一支没有水手或部分没有水手的海军，以及一支没有驾驶员或部分没有驾驶员的地面坦克部队。"能够成功结合新技术的国家将创造潜在的决定性军事优势。

战争是残酷的，代价巨大，世界不应期待战争。但正如哲学家黑格尔所说的，人类从历史中吸取的唯一教训就是从来不吸取教训。地球上的丛林法则似乎永远不会过时。开发更好武器的最大动机，不是为了发动战争，而是为了防止战争、威慑战争。为此，我们必须做好准备。

值得强调的是，所有新的战斗力的形成都离不开半导体以及半导体的进步。引用《芯片战争：世界最关键技术的争夺战》一书的观点："没有半导体，你就无足轻重！"

知彼知己，百战不殆。这本书可供所有关心现代技术发展以及这些技术如何对未来战争产生影响的同人和决策者参考，希望有助于我们为世界和平做出更大贡献。

因时间仓促，可能存在译校错误，请见谅并欢迎指正。此外，译者并非完全同意书中观点，请读者自行甄别。

最后特别感谢翻译过程中同事和朋友们的帮助。

蔡树军

2024年7月19日于无锡

目 录

赞　誉　/ 1

人　物　/ 7

译者序　/ 11

引　言　缓慢燃烧　/ 001

第一章　X 局　/ 011

第二章　归零　/ 029

第三章　贡库拉特　/ 051

第四章　朝鲜新的杀戮链　/ 081

第五章　X 局失去 X　/ 109

第六章　华盛顿与机器的崛起　/ 145

第七章　风险资本参战　/ 187

第八章　乌克兰与未来战场　/ 209

第九章　从钢铁到硅　/ 229

致　谢　/ 257

缩略词　/ 265

参考文献　/ 267

注　释　/ 279

引 言
缓慢燃烧

当时是凌晨3点，漆黑一片。拉杰·M.沙阿是一名27岁的美国空军上尉，在2006年首次执行作战任务两周后，他驾驶一架F-16"毒蛇"战斗机沿着伊拉克和伊朗边境飞行，突然意识到自己无法轻易判断自己究竟在边境的哪一边。这是一个大问题，因为飞入伊朗领空的美国飞行员有引发国际事件的风险，或者更糟的是，飞不回来。F-16是一架超凡的机器，它可以以两倍于音速的速度飞行，并超越世界上任何一架战斗机。但令人沮丧的是，其过时的导航系统无法在移动地图上以图形方式精确定位飞机的位置。以每小时500英里的速度越过警戒线，在不到一分钟的时间里，拉杰可能会进入伊朗8英里，进入其防空炮的射程内。

因为无法更新飞机的导航软件，所以拉杰想出了一个破解方法。回到营房后，他拿出一台康柏iPAQ，这是一种用于查看电子邮件和玩俄罗斯方块游戏的手持设备。他把这个设备装上民用导航软件和数字地图，并偷偷带进驾驶舱，在飞行时将其绑在膝盖上。这个300美元的小工具中的软件比3000万美元的喷气式飞机中的系统更能告诉他自己的位置在哪里。

那是拉杰第一次意识到，在开发新技术，尤其是软件方面，硅谷已经远远领先于通用动力公司（General Dynamics）和洛克希德·马丁公司（Lockheed Martin）等国防承包商大佬。

十年后的2016年，已经退役的拉杰访问了卡塔尔的空军指挥中心，该中心负责协调过他执行的作战任务，他发现军队非但没有赶上这些技术，反而更加落后了。

外界有自动驾驶汽车、虚拟现实眼镜和智能手机，可以呼叫优步（Uber）、处理银行业务和支付食品杂货。你可以向Siri（苹果语音助手）问路，让Alexa（亚马逊公司开发的AI语音助手）扮演迈尔斯·戴维斯（Miles Davis）。但在打击ISIS的战争中，在军事控制中心，空军指挥中心的调度员负责在活跃的战场上安排飞机路线、指挥空袭和管理加油机等性命攸关的业务，军人使用的是过时的Windows电脑，运行的软件程序比使用这些电脑的军人更老。卡塔尔的空军调度员并不是唯一被迫使用过时技术的军人。老旧技术充斥在军队中，就好像军方已经屈服于成为计算机历史博物馆的展品。你可以参观陆军、空军或海军基地，看看人们过去使用什么，然后去百思买商店（Best Buy）看看技术发展到了多远。

但这一次在卡塔尔，拉杰可以做的不仅仅是把一台袖珍电脑绑在膝盖上。美国国防部部长任命我们（拉杰和克里斯托弗）管理DIUx（简称X局），这是五角大楼在硅谷新建的前哨基地，负责将现代技术带给美国军队。在接管DIUx之前，拉杰创立了一家网络安全公司，并成功将其出售，他正在寻找再次创业的机会。克里斯托弗是剑桥大学毕业的社会与政治科学博士，是美国国家安全委员会的首席技术战略家。他在政府最高层工作了十多年，参加过白宫战情室的会议，并与参谋长联席会议主席同行。我们有互补的背景。拉杰是一个了解国家安全的科技人员，克里斯托弗是一个了解科技的国家安全人员。

我们在DIUx的任务不仅仅是寻找硬件和软件，以便部署在世界各地的军队能够更好地执行任务，还是为了颠覆和改变世界上最大、可能也是最官僚的组织的文化，为其堵塞的动脉注入硅谷灵活、敏捷的DNA——换句话说，就是"入侵"五角大楼。

想象一下，一辆隐形电动飞行汽车像直升机一样降落，可以近乎无声地飞行，可以在敌后自主导航，接送或补给美军。或者，一架由人工智能驱动的小型四旋翼机，可以绘制建筑物内部的地图，并在海豹突击队破门而入之前识别恐怖分子的面部。或者，一个可以穿透云层的微型卫星星座，使情报机构能够持续关注ISIS部队的动向和朝鲜的导弹。再或者，一支海上无人舰队，可以对威胁进行扫描，使用一次只需一艘海军驱逐舰的很小一部分代价，而且可以使用数年。

这些先进技术以及更多类似的技术都是在2016年拉杰访问卡塔尔时开发的。它们不是由老牌国防公司设计的，而是由硅谷勇敢的初创公司设计的。你猜怎么着？美国军方对它们几乎一无所知。

DIUx将推动对工具进行大规模且早该进行的改造，这将涉及胜利与失败、生存与死亡。在技术方面，美国已经落后于竞争对手。当我们被招募到DIUx时，五角大楼内部已经公开了一个秘密，即如果美国与中国开战，美国将失去比计划预期多得多的士兵、水手、海军陆战队队员和飞行员。美国很可能会遭受彻底的失败，终结从第二次世界大战结束时开始的美国霸权时代。

现代战争——无论是针对老练的军队还是狡猾的叛乱分子——用的不再只是价值数十亿美元的战列舰、航空母舰和隐形轰炸机。小规模的ISIS武装分子用亚马逊上出售的业余无人机成功挫败了海豹突击队的突袭。[1]乌克兰同样使用四旋翼机和民众通过智能手机提交的现场报告，向行进中的坦克纵队开火，从而阻碍了俄罗斯军队的前进。即使是阿富汗不识字的农民也能制造出威力足以炸毁美国最重装甲车辆的简易爆炸装置。虽然美国的航空母舰展现出至高无上的形象，但它们现在可以在战斗开始的几分钟内被对手的高超音速导弹击沉。[2]

几十年来，美国通过运用比战场上可能面临的任何人都更好的技术来保持优势。但从2000年左右开始，美国的优势开始减弱。[3]随着商业技术的激增，世界发生了变化，但我们没有变化。五角大楼每年花费7500亿美元——每个纳税人大约花费5000美元，总额超过沙特阿拉伯的GDP（国内生产总值），但直到最近，我们还是买错了东西。我们的购物清单中包含了同样昂贵、笨拙甚至过时的武器系统，比如没有实时更新地图的F-16战斗机，而我们的竞争对手正在寻找新技术，这些技术的成本仅是我们支出的一小部分，它们是用中国大量生产的现成部件制造的。

在新千年的前十年，中国在5G电信领域的发展尤其迅速，在自主性、人工智能和监控方面投入了大量资金。在全世界都能看到的热潮中，中国在2021年10月发射了世界上第一种具有核打击能力的高超音速武器——一种箭头形状的钛鞘，飞行速度是音速的10倍，预警雷达看不到。而且，与速度较慢的洲际弹道导弹不同，它可以改变飞行方向，避开所有已知的防御系统。美国参谋长联席会议主席称之为"中国的人造卫星时刻"[4]，可与1957年苏联出人意料地发射世界上第一颗卫星相媲美。

这是怎么发生的？美国这个世界最大经济体和拥有最多创新科技公司的国家是如何远远落后的？

很简单，在20世纪90年代的某个时候，硅谷和五角大楼停止了交流。始于21世纪初的消费电子产品的20年爆炸式增长不知何故被五角大楼视而不见。

尽管苹果、谷歌、微软和亚马逊成长为技术和商业巨头，并且每一家公司的市值[5]都超过了美国整个国防工业的总和，但美国国防部仍满足于继续与少数大型国防承包商打交道，比如洛克希德·马丁公司、诺斯罗普·格鲁曼公司（Northrop Grumman）和雷神公司（Raytheon），这些公司在华盛顿被称为"金牌公司"。这一安排适合控制预算的国会议员，因为他们热衷于保护为其所在地区带来繁荣的创造就业机会的巨额合同。五角大楼甚至依靠"金牌公司"来开发军队的IT（信息技术）和软件，这就像雇用微软公司来建造航空母舰一样愚蠢。没有人愿意与谷歌谈论人工智能或与亚马逊谈论云服务，尽管这些公司和其他类似公司现在利用了世界上最优秀的工程师和技术人员的智慧，共同拥有比五角大楼更多的研发预算。五角大楼甚至不知道如何与数百家小型初创公司高效合作来创造出其他人从未想过要发明的惊人东西。这种脱节不仅仅在于硬件或软件，也不仅仅在于如何购买二者。这也是关于硅谷的新工作方式，将人才的集中与资本的增量注入相结合。五角大楼并没有对如何以初创公司的速度和效率来构建转型技术感到好奇，而是坚持使用旧实验室，里面都是用旧方法构建技术的老科学家。这两个世界渐行渐远。20年来，没有一位美国国防部部长愿意涉足硅谷，甚至当谷歌发明搜索引擎、苹果推出iPhone（苹果手机）、脸书发布社交网络或亚马逊开发云存储时，他们也没有。

就硅谷而言，它对与五角大楼做生意感到不满。初创公司不需要与这个客户打交道，这个客户需要花数年时间才能完成销售，然后还要花更多的时间才能开始使用产品并支付费用。在这个过程中，有前景的产品往往被抛弃。引用《圣经》第23篇所描绘的，它们死于五角大楼的"死亡谷"[6]，那里是一片未使用的产品和没能到达彼岸的企业家和公司的骨架的地狱。科技公司不知道如何在五角大楼内部的权力走廊穿行,而"金牌公司"的大佬已经花了几十年的时间为将军们提供美酒佳肴,并建造了大规模的游说机器。此外,硅谷的许多工程师和技术人员在道德上强烈反对制造可能用于杀人的产品,他们要求自己的公司拒绝与军方或情报机构签订合同。[7] 在硅谷工作的年轻人是看着与伊拉克那场糟糕的战争长大的。他们可能看过电影《拯救大兵瑞恩》(Saving Private Ryan),但他们对军队留下的记忆是阿布格莱布(Abu Ghraib)的虐待、关塔那摩(Guantánamo)的酷刑和杀害百姓的无人机袭击。

最终爆发的分裂发生在2013年,当时谷歌和其他公司通过爱德华·斯诺登(Edward Snowden)泄露的材料获悉,美国国家安全局正在秘密利用它们的数据互联,搜集有关外国威胁的情报。现在,世界其他地区将美国科技公司视为美国情报机构的延伸——间谍。硅谷的工程师们了解到,不仅他们自己的政府在监视他们,而且没有人再信任他们工作的公司能保护他们的数据——美国人不信任,欧洲人不信任,国际市场的客户也不信任。对硅谷的许多人来说,美国政府已经成为敌人。

平时,美国西海岸的技术专家和东海岸的政策制定者之间事实上的"离婚"不会危及美国力量的未来。在加利福尼亚州,程序员将继续编程,风险资本家将继续资助新公司。在华盛顿,政策制定者将继续发表演讲和撰写策略。但21世纪前十年并不寻常。国际上其他军队意识到了维系世界秩序的力量——美国军队过去拥有的毫无疑问赢得战争和维持和平的能力——的脆弱性。俄罗斯、伊朗和朝鲜都看到了在技术上击败美国的新办法。

虽然美国东、西两岸的大多数人没有意识到所发生的事情的重要性,但我们中的一些人看到了已经开始的"慢镜头车祸"[8],于是我们开始尽一切努力去阻止它。

转折点出现在2015年，当时巴拉克·奥巴马总统任命阿什顿·卡特为美国国防部部长。卡特是罗德学者（Rhodes Scholar）和物理学家，自20世纪90年代以来一直在五角大楼担任各种职务。在那段时间的大部分时间里，他一直在讨论商业技术的转变及其对国防的影响。卡特说，五角大楼将过多的预算用于追求传统技术，而对未来的投入不够。在2001年的一篇预言性论文[9]中，他写道："未来的国防创新将在很大程度上是商业公司出于商业动机开发和营销的技术的衍生物。"军方"必须是世界上最快地将商业技术融入国防系统的适配者和采用者"。起初，没有人听。但卡特一宣誓就任美国国防部部长，就前往硅谷，希望通过向科技行业发表演讲来弥补这一缺陷。硅谷没有展开双臂欢迎他。谷歌仍然对斯诺登泄露材料的行为感到愤怒，拒绝让卡特踏进自己的园区。

卡特去了斯坦福大学，那里已经成为政府到访官员的"瑞士"——中立地。在那里，他向首席执行官和有影响力的风险投资家发表了讲话[10]，他们是帮助建立世界上最有价值的公司的人。他首先承认了美国国家安全局对科技公司的间谍活动造成的损害。这不是一个道歉，但已经足够接近了。然后，他提出了自己的主张：军队需要他们的帮助。卡特谈到了在民主面临新威胁之际捍卫我们的生活方式。他说，无论大家对战争有什么感受，大家肯定都同意，如果美国真的开战，那么赢总比输好。但除非我们能够搁置分歧，共同努力，否则这不可能发生。这才是关键所在。你们想生活在一个美国成为二流大国的世界里吗？卡特并没有公开危言耸听，但硅谷的首席执行官们明白这一点。

卡特还提醒他的听众——这些有影响力的高管们，硅谷的一些大公司通过在政府资助的研究的基础上开发产品而取得了成功。[11]谷歌是在美国国家科学基金会的资助下起步的，其自动驾驶汽车是在

DARPA（美国国防高级研究计划局）的一项重大挑战中发展起来的。[12] DARPA资助发明了互联网以及苹果公司的人工智能语音助手Siri。

现在是硅谷回报的时候了。

卡特恳求道："我们需要在国防部与商业及科学部门之间的墙上钻孔。"[13]

他承诺五角大楼将改变其方式。他发誓要改组国防部，采用硅谷灵活的商业做法。最重要的是，他计划开始购买科技产品——很多科技产品。听众中的怀疑论者可能不会被捍卫西方自由秩序的东西打动，但他们确实关心金钱。五角大楼的花费比世界上任何组织都多。卡特的信息是响亮而明确的：五角大楼对商业开放，并希望推动一辆巨大的购物车在硅谷的过道上行驶。

由于美国西海岸的人很难在东海岸购物，卡特宣布五角大楼将在硅谷开设一个名为实验性的国防创新部门，简称DIUx，类似于风险基金。一个30人的团队将被安置在莫菲特机场的一栋办公楼里，这是一个位于山景城（Mountain View）的退役海军航空站，与谷歌园区仅一墙之隔。

军事创新者并没有失去历史的共鸣。与航空站同名的海军上将莫菲特（Moffett）早在20世纪20年代指出，下一场战争的胜利要依靠航空母舰，而不是战列舰。[14]这位海军航空之父在1933年死于当时世界上最大的飞艇"阿克伦号"（USS Akron）的一场惨烈坠机事故。如果他没有及时调整海军教义，那么我们现在可能会说德语或日语。

就在军事创新者找到如何利用舰载机力量的地方，来自各军种的一群技术人员和穿制服的军官会在硅谷搜寻适合军事用途的商业产品。他们是军方的现场媒人。如果海豹突击队需要一种方法来击落破坏其突袭的商用无人机,那么DIUx会找到一家初创公司来制造无人机杀手,然后海军会部署它们。如果一家新公司带着一个改变游戏规则的网络安全工具来到DIUx,那么DIUx会在军队中找到一个购买该产品的客户。有了军方作为早期用户,这家初创公司就可以启动并运行了。随着军方未来能够提供收入的承诺,风险投资公司将更有可能进行投资。这就是卡特的愿景:用军事资金不仅购买现有产品,还帮助企业家开发新产品,并利用风险投资公司的财政实力支持更多向国防部销售的企业。[15]多亏了DIUx,五角大楼多年来首次能够利用硅谷商业科技公司的资源和智慧。卡特希望,这种新技术和新思维的注入将激励军方模仿这些方法,为成本超支和拖沓的文化带来速度和效率。DIUx是卡特将整个美国军队支撑起来的支点。如果DIUx成功,那么军方将在21世纪前十年剩下的时间里为许多人认为将在21世纪第二个十年到来的冲突做好准备。

但DIUx面临着一个艰巨的挑战:如何让五角大楼为商业技术打开闸门?卡特曾发誓要加快步伐,转变其逃避风险的文化,使创新产品能够从硅谷帕洛阿尔托(Palo Alto)和山景城的办公园区迅速送到军方中,而不会迷失在"死亡谷"。这听起来很棒,但经过30年的忽视,"死亡谷"现在已经有大峡谷那么大了。目前,我们尚不清楚,在一个临时办公室里,一群杂凑的人将如何运送关键技术。

美国国防部是世界上最大的组织,拥有300万员工,拥有负责监督陆军、空军、海军和海军陆战队的庞大办公室,拥有比拜占庭帝国更多的规章制度,对变革有着根深蒂固的抵制倾向。这个组织部署了导航系统过时的战斗机,所运营的指挥中心里运行着有几十年历史的大型主机,上面运行的软件漏洞百出,甚至严重到产生错误。现在,美国国防部要开始使用人工智能和iPhone了吗?

卡特的计划设想了硅谷的创始人和工程师会热切地响应他的号

召。但是，正如斯诺登所透露的那样，这正是美国政府秘密操纵的从事间谍活动的组织。伊拉克战争、无授权窃听和无人机袭击是硅谷许多人反对的事情。一群与军队的硬实力如此疏远的人怎么会被引诱来帮助提高其杀伤力呢？他们长大后所构建的技术让世界变得更美好，而不是更致命。

发表关于创新、转型以及在"墙上钻孔"的演讲很容易。但谁会在头脑正常的情况下报名参加"钻孔"呢？

那就是我们。

第一章
X 局

起初，我们都不想得到这份工作。

当美国国防部部长阿什顿·卡特要求我们领导DIUx并成为他前往硅谷的私人特使时，该部门已经成立六个月了。[1] DIUx最初的团队十分糟糕，以致硅谷已经将该团队视作卡特为重建关系所做承诺的空洞体现。正如密尔沃基（Milwaukee）啤酒的口号所说的，办公室"不在施利茨"（Schlitz），与其参与，不如回避。

公平地说，我们的前任受到了不好的待遇，做得很差。DIUx相关工作最初被宣布为整个国防部门的优先事项，DIUx由国防部副部长鲍勃·沃克监督[2]，他是一位强有力的倡导者，创造了DIUx的名字，也是最早担心美国可能在技术上被击败的官员之一。他牵头审查五角大楼一项名为"先进能力和威慑小组"（ACDP）的绝密工作，深感国防先进能力和威慑日益不足。然而，他将新的部门交给了五角大楼的第四高级官员，即采购和技术主管，后者将责任转移到了三层以下，这是致命的。负责监督DIUx的办公室不在五角大楼外围的E环（E-ring）①走廊附近，那里是军方的权力中心，将军和海军将领们可以通过防弹和防爆窗户欣赏大楼的唯一外部景色。它甚至不在第四高级官员的办公室附近。相反，它位于一个拐角处，沿着一条狭窄的走廊，在多扇门后面，穿过一条没有窗户的通道，就像五角大楼地下墓穴中一个灯光昏暗的迷宫。这是在五角大楼相当于东西伯利亚的地方。

在这片官僚主义的荒野深处，负责建立卡特先进技术孵化器的代理官员与优秀的官僚们一样，在四级以上的高级官员中分享了他的老板的观点，即DIUx是一个可爱的想法，但不是卡特设想的改变游戏规则的撬动点。肩负着将卡特的想法变成现实这一任务，这位官员挑选了一个对硅谷知之甚少且从未在五角大楼E环办公区工作过的团队。当在一块空白的画布上画出宏伟的东西时，他们默认了最简单、最没有想象力的选择。正如阿什顿·卡特后来在回忆录[3]中所写的那样："最初，我允许DIUx由五角大楼的研究和工程部门组织和配备人员。这很快被证明是一个错误。"

五角大楼没有在帕洛阿尔托租一间拥有开放空间、未完工砖砌和双监视器工作站的现代化办公室，而是把DIUx在硅谷的办公室藏在了国民警卫队军械库的一个空置侧翼。军械库坐落在莫菲特机场的边缘，这是一个退役的海军航空站，几乎没有人知道它在那里。军械库和周围的泥土已经把这片地方变成了一个黑洞，人们每天上班时开车经过这里，却从来没有注意到里面有什么，甚至谷歌地图也没有列出DIUx的位置。最终，我们呼吁谷歌的朋友添加它的地

---

① E环指的是五角大楼中的一个特定的环形走廊。五角大楼的建筑布局包含五个同心圆环，分别用字母A到E来表示，从内向外扩展。E环是环形走廊最外围的一环，也是唯一拥有外部窗户的环，通常被用作最高级别官员的办公室。——编者注

址,这样游客就不会迷路了。

抵达硅谷后,五角大楼团队将最初的设置搞得一团糟,以致DIUx甚至无法获得办公家具和工作的互联网。第一个团队在折叠桌上工作了六个月,并使用在百思买商店购买的4G热点。硅谷内部人士花了比在施利茨点咖啡还短的时间就发现,这家新公司没有钱,没有影响力,也没有大规模购买技术的可行计划。风险投资家没有鼓励初创公司去DIUx开会,而是让它们远离那里。

当DIUx陷入困境的消息传回给卡特时,他派奥巴马总统的首席技术官托德·帕克去拜访,试图找出问题所在。帕克是一位资深的科技企业家,他在硅谷建立了价值数十亿美元的企业,在华盛顿被称为修复失败网站HealthCare.gov的人。他看了一眼折叠桌和在百思买商店购买的热点,与两位负责人交谈,了解了问题所在。回到华盛顿,他对卡特的DIUx做了一个不加修饰的评价:"太糟糕了。"他发表了硅谷风险投资家告诉一家失败的初创公司的那种强硬言论:"你需要撤换负责人,找到新的领导层,给他们真正的资源和权力,而且不能悄悄地这么做。你需要大张旗鼓地做这件事,向硅谷的每个人表明你正在重新开始。"帕克告诉卡特,在硅谷,与其试图把失败隐藏在不断增加的修复背后,不如快速失败并重新启动。

在美国国防部部长的心目中,这个胎死腹中的办公室将被称为DIUx 1.0——最初的版本。卡特将亲自监督DIUx 1.0升级为DIUx 2.0。新版本将有许多新功能,包括由我们两人掌舵——拉杰担任管理主任,克里斯托弗担任创始合伙人,另外两个合作伙伴将加入。卡特不仅要重塑DIUx,还要飞往硅谷为其重新命名。

在华盛顿,把五角大楼最新部门的钥匙交给一个37岁和38岁的人是疯狂的。大多数统治着文职和军队的"灰胡子"都把我们视为无法在大楼里做任何严肃事情且只有15岁的小孩子,尽管我们比硅谷的许多第一次创业者大15岁。然而，我们都有重叠的优势，为即将到来的扭转局面的工作量身定制。

克里斯托弗是美国国家安全委员会的战略规划主任[4]，此前曾担任参谋长联席会议主席的高级文职助理。他的博士学位论文主要研究国家安全中的技术问题。他帮助制定了五角大楼的第一个网络战略，帮助支持DARPA的突破，并帮助军方了解商业技术的发展速度。当阿什顿·卡特决定创建DIUx时，他和鲍勃·沃克请克里斯托弗担任开发这一概念的五角大楼工作组头头。[5]

拉杰从普林斯顿大学毕业，他的高年级论文题为《强制空中力量的功效》（The Efficacy of Coercive Airpower），他曾驾驶F-16战斗机在伊拉克和阿富汗的战争中亲身体验了军事系统的强大力量及其过时的毛病。之后，他上了商学院，在麦肯锡公司工作了一段时间后成为一名企业家，创办了一家成功的网络安全软件初创公司。一直以来，他都穿着制服在空军国民警卫队服役，周末开F-16战斗机。拉杰是印度移民的儿子，在佐治亚州的农村长大，他的脑子总是充满活力。他儿时的房间里摆满了他自己组装和涂漆的飞机模型。

我们认识很多年了。我们第一次见面是在外交关系委员会，当时我们是每一届的成员，这是一种授予政府和商界年轻专业人士的初级身份。我们彼此欣赏，每次拉杰来到华盛顿，我们都会一起吃午饭，我们经常在距离白宫三个街区的"创始农民"（Founding Farmers）餐馆见面。我们站在与"政治光谱"（political spectrum）①对立的一边（克里斯托弗是奥巴马政府任命的，拉杰是布什政府任命的），但我们看到的世界基本上是一样的，我们坚信华盛顿还没有

---

① "政治光谱"是一个用来描述不同政治立场和意识形态之间差异的概念。——编者注

意识到硅谷技术的结构性转变。我们的合作也许能做到这一点。拉杰有从蒸汽器皿中辨别真正创新的经验，可以用鹰眼阅读资产负债表。克里斯托弗可以蒙着眼睛在白宫西翼和五角大楼周围走动，对美国国家安全顾问和国防部部长直呼其名。我们熟悉五角大楼的缩写词和硅谷的流行语。我们可以一起驾驭这两个世界。

然而，我们很不情愿。拉杰最近将他的第一家初创公司出售给帕洛阿尔托网络公司（Palo Alto Networks），并在创建另一家公司。搁置这些计划而为政府工作会推迟他的创业雄心。更糟糕的是，如果DIUx再次失败，那么他可能永远无法筹集资金在硅谷创办另一家公司。克里斯托弗在华盛顿的信誉也岌岌可危。在这样一个备受瞩目的角色上，如果他有太多的失误，那么他将不得不寻找新的职业。

这次任务是双管齐下的。在硅谷，我们必须克服根深蒂固的怀疑，即政府是否会成为一个好客户，并说服公司高管和普通工程师，军队将以道德上可接受的方式使用他们开发的技术。另一边则潜伏着一场更加根深蒂固的斗争。军方高层认为，硅谷的程序员被宠坏了，根本不知道穿着制服的男男女女为了保护他们的安全所忍受的艰辛。他们感到震惊的是，一些科技公司愿意向中国出售产品，而不愿意向美国国防部出售产品。许多人仍然怀疑硅谷能否比大型国防承包商做得更好。在内心深处，他们认为孩子们吵着要的iPhone可能看起来很酷，但这不是你可以投入战斗的东西。即使在2016年，五角大楼E环办公区的人对外界所发生的深刻转变也知之甚少。总之，我们必须打破硅谷与五角大楼的大量玻璃才能有成功的机会。

"好吧，"拉杰在与克里斯托弗共进晚餐时说，"我会做的，但前提是你参与。"

"只有你做，我才会做。"克里斯托弗说。

但我们也知道，向五角大楼相当于东西伯利亚的办公室报告会夯实我们的失败。如果由数千人组成的五角大楼的管理层可以对我们说"不",我们就不能自信地对初创公司首席执行官说"是"——保证DIUx可以在重要的时间节点履行合同。因此,我们列出了一份必要权限的愿望清单,如果没有这些权限,那么我们知道DIUx 2.0将失败。

美国国防部部长负责监督70个国家的300万人、4018枚核弹头[6]和800个基地。在军队的指挥系统中,只有总统比他的地位高。国防部部长不与恐怖分子或者他自己的下属谈判,更不用说两个30多岁的年轻人了,他只是向他们提供了一份体面的工作。卡特是一个令人生畏的人物,有着卓越的才智和易怒的个性。然而,美国国防部部长办公室(OSD)必须与我们谈判,因为除非卡特为成功创造条件,否则我们不会接受这份工作。

卡特的幕僚长埃里克·罗森巴赫(Eric Rosenbach)负责与拉杰沟通,起草了一份"条款清单",详细说明DIUx 2.0的运作方式。通过电话以及在部长办公室旁边的罗森巴赫办公室进行的一对一交谈,两人制订了后续的行动方案。

罗森巴赫说:"拉杰,我可以给你想要的大部分东西,但我不能给你提供空军湾流飞机去华盛顿。"

"谈判101[①],"拉杰回应道,"总是包括一个赠予条款,这样你的对手就会产生你在妥协的错觉。"

有趣的时刻发生在最后。

罗森巴赫告诉拉杰:"部长不会签署条款,尤其是对未来的雇员。"

拉杰说:"好吧,必须有人签字。否则,我怎么知道你是认

---

① 这里指谈判学的经典著作。——编者注

真的？"

部长的律师们就是否有人可以或应该签字进行了一周多的辩论。最终，罗森巴赫于2016年5月5日签下了他的名字。[7]

这是一份令人印象深刻的条款清单。

首先，我们会直接向部长报告。我们每周都会与他的幕僚长通话，他会指派一名特别助理为我们提供支持。我们会控制自己的预算和招聘。我们不会与五角大楼的普通行政支持人员——那些给前任留下折叠桌和Wi-Fi（无线网络）热点的人——打交道。相反，五角大楼的首席管理官将亲自监督重新启动的办公室的部署。如果有要求，那么国防部的每一个部门都会提供支持。如果某些政策妨碍了我们，那么我们可以要求避开这些政策。如果请求被拒绝，那么部长应立即做出决定——我们不会浪费时间在指挥链上来回拉锯。五角大楼的任何人，若未与我们协调，都不得前往硅谷。

最后，也是最重要的一点，国防部部长需要把这些写在一份指令式备忘录[8]中，这是国防部最重要的法令，具有政策的效力，他将签署这份备忘录。

我们并不是为了困难而把事情搞得困难。我们需要以硅谷的速度做生意。我们必须尽快签订合同。我们必须向这些公司承诺，我们会按时全额付款，我们必须遵守这些承诺。如果我们不能做到这一点，那么我们最终会失败，就像我们的前任一样。[9]

在条款敲定五天后，通常作为空军二号的波音757从安德鲁斯空军基地飞往旧金山，卡特部长在飞机上。第二天早上，即2016年5月11日，一支由装甲"萨博班"（Suburban）①和工作人员面包车组

---

① "萨博班"是雪佛兰品牌生产的一款大型SUV（运动型多用途汽车）车型，以其宽敞的空间、强大的动力和坚固的构造而闻名，是美国外勤特工的标准座驾。——编者注

成的车队在加利福尼亚州公路巡逻队的护送下，将卡特和他的助手、顾问、随行的五角大楼记者团迅速送往莫菲特机场。

200位客人在等待，其中包括独角兽公司创始人、硅谷的一些大风险投资家以及许多将成为多年亲密伙伴和合作伙伴的人。前一天晚上，我们接到了来自硅谷管理人员的电话，询问邀请函上的"正式着装"字样。这是不是意味着要穿"东海岸"那样正式的西装领带？不，我们向他们保证，虽然部长肯定会穿西装、打领带，但他们不需要，我们也不需要。事实上，穿着西装出现在硅谷会立刻让你被认为是一个愚蠢的局外人。邀请函上列出着装要求的这一事实表明，部长的礼宾办公室对部长试图讨好的对象知之甚少。

所以，我们穿了牛仔裤和运动外套。被宣布为我们新预备役部队指挥官的苹果公司高管道格·贝克甚至没有把衬衣下摆扎进裤子。

国防部部长穿着深色西装，打着亮蓝色领带。他带着一名武装安保人员和十几名身穿制服的军事助手走进来，他们携带着绝密通信设备和文件夹，上面有随时准备就绪的作战计划。其中一名军事助手一如既往地提着一个锁着的公文包，里面装着核指挥和控制设备。随着一排排摄像机的拍摄，仪式通过五角大楼频道向世界各地的军事基地直播，卡特介绍了我们两个人和我们的领导团队。我们排成一行，一侧是一面美国国旗，另一侧是一面国防部部长的蓝色战旗。

卡特在讲话中承认，他在几个月前宣布成立的DIUx第一个版本没有达到要求。但他发誓，DIUx 2.0将是全新的、改进的。他说："自从DIUx成立以来，最重要的事情之一，是我们在过去八个月里学到了很多，不仅是关于什么有效，还有什么可以让它更好。所以，有了这些知识，我们就直接借鉴硅谷的做法。今天我们将推出DIUx 2.0，我想告诉你们几个新特性。"

他最后解释了为什么硅谷的技术人员应该与我们合作。重点不是初创公司可以通过与五角大楼做生意来创造价值，它们当然可以，而是在民主和专制之间的全球斗争中，我们都站在同一方。他说："这与我们的保护和安全有关，创造一个我们的同胞可以上学、有梦想和生活安定的世界，并有一天给他们的孩子一个更美好的未来。帮助保卫你的国家，创造一个更美好的世界，是商业领袖、技术专家、企业家或年轻人所能做的最高尚的事情之一。"

说完，卡特乘坐空军二号飞回华盛顿。我们留下来，与硅谷的精英们打成一片，尽管DIUx的起步并不顺利，但他们似乎热衷于创造第二次机会。

大家在美国国家航空航天局艾姆斯研究中心（Ames）的太空酒吧结束了一天的活动，在世界上最大的独立式建筑之一的机库一号的大厅喝啤酒。20世纪30年代，机库一号有8英亩[①]大的内部空间，用来容纳海军的第一艘齐柏林飞艇（Zeppelin），这是一艘与兴登堡号命运相同的巨型飞艇，当时船上有航空母舰之父莫菲特上将。真正的工作将在第二天开始，等摄制组离开后，我们将与团队会面。

我们的第一次全体会议是赢得被我们领导的员工信任的关键时刻，他们是来自军队各个角落的形形色色的技术爱好者。尽管没有一个现役军人穿着制服去办公室，但修剪整齐的短发和特定的举止让人感觉这个地方是由爱整洁的人经营的初创公司。除了一个从来没有打破过自己角色的不苟言笑的特种作战人员，大多数人很爽快。起初，我们只有几个合适的技术人员。其他大多数人拥有军事技能，比如驾驶喷气式飞机、驾驶坦克、指挥步兵营、在战斗中服役。

我们现在负责的30多名军事和文职人员已经经历了一段艰难的

---

① 1英亩≈4046.86平方米。——编者注

时期。八个月前，同一位部长向全世界宣布了这一消息，但他们缺乏成功所需的工具。我们的到来就像闪光弹一样，此时他们的前主任及其领导团队已经被送回家。由于这一宣布一直保密到最后一刻，很少有人知道全部细节。实际上，真正在DIUx工作的穿制服的军官、军士、文职人员和承包商，是最后一批被告知他们新生的组织正在重新启动的人，而我们将是重启者。

在这之前的几周里，拉杰悄悄地询问了在场的团队成员，没有完整解释即将发生的事情。他发现组织构成中的一小部分人有问题，并立即决定改变。在评估了从军队各部门派遣到DIUx的人后，拉杰保留了大部分人，但在新的领导团队到来之前，他要求辞退一些人。我们与部长办公室就如何进行过渡制订了一个精密的计划。在部长宣布这一消息的两周前，已经确定要调动的人员已接到通知，并在办公室只待了最后一天。不久之后，DIUx的所有员工都意识到了即将到来的领导层变动。一名过渡官员受命来帮助即将离任的主任移交主要职责。意识到好人有时会陷入无法获胜的境地，拉杰在卡特宣布这一消息之前做的最后一件事，就是带着即将离任的主任乔治·杜查克（George Duchak）出去喝一杯。

他们在帕洛阿尔托的四季酒店会面，卡特和他的代表团就住在这里。杜查克毕业于海军学院，是P-3巡逻机飞行员，曾任空军研发实验室负责人。他与拉杰挤在一张僻静的桌子旁进行私人交谈，部长的工作人员来回走过，没有注意到正在发生的交接。杜查克对五角大楼没有提供Wi-Fi和办公家具等基本支持表示失望，并向拉杰发出警告："小心五角大楼里的抗体，他们也会来找你。"

在托德·帕克招募我们后，我们招募了另外两人组成核心领导团队，还保留了DIUx预备役部队的指挥官。按照风险投资公司的模式，核心领导团队将被称为"合伙人"，共享决策权。我们的合伙管理人拉杰将承担最终责任。这个想法来自初创公司的扁平结构。

硅谷各地的招聘闪电战让我们找到了艾萨克·泰勒（Isaac Taylor），他是哈佛大学毕业的谷歌X（Google X）①高管。艾萨克曾负责运营谷歌的一些巨大赌注。在谷歌自动驾驶汽车项目的早期，他在谷歌园区以南的高速公路上受了重伤，当时他的一位工程师同事将汽车的算法推向了极限。艾萨克并没有倒下，继续在谷歌眼镜公司（Google Glass）担任领导职务，作为开拓者之一，为消费者打造增强现实眼镜。艾萨克将成为我们的内部硬件大师，带来谷歌登月计划目录中的经验。

我们的第四个合作伙伴是"V8"威萨尔·哈里普拉沙德（Vishaal "V8" Hariprasad），他是一名空军网络作战军官，也是拉杰网络安全初创公司的联合创始人。威萨尔（或称他所用的军用代号"V8"）出生在布朗克斯（Bronx），父母是来自圭亚那的移民。他是晋升为美国空军的第一批网络战士，被派遣到伊拉克执行军队的一些秘密任务。他将是我们的内部软件专家，监督任何以代码为核心的项目。

我们留下道格·贝克继续领导DIUx预备役部队，这是一群兼职军事人员，他们在技术部门担任文职工作，在每个月里有一个周末支持DIUx。道格是一名海军预备役军官，曾被派遣到伊拉克和阿富汗。和卡特一样，他也是耶鲁大学培养的罗德学者。他还是苹果公司蒂姆·库克（Tim Cook）的直接下属。道格是DIUx想法背后的非正式团队的一员，他认为像拉杰和他自己这样的"两栖能手"预备役军人是解决方案的核心部分。他有向军方高层宣传硅谷存在的机

---

① 谷歌X是一个谷歌公司运行的秘密实验室，位于美国加利福尼亚州旧金山湾区某处。——编者注

会的诀窍，在DIUx 1.0的准备阶段，他在获得苹果公司的许可后向五角大楼官员展示了最初的苹果手表，从而吸引了他们。

我们为第一次全体员工会议做了细致的准备。

托德·帕克的开场白点燃了团队的热情，拉杰则展示了一组充满活力的幻灯片。

DIUx 1.0失败的部分原因是它扮演的角色太多，比如中间人、特别使团、技术侦察员。拉杰的第一张幻灯片是三张精心挑选的照片，每张照片都是部署在战区的现任DIUx团队成员——一名海豹突击队队员、一名战斗机飞行员和一名网络作战军官。拉杰说："我们的使命是为作战人员提供商业创新。"我们将把他们如今没有的新工具和技术交到他们手中，成功帮助他们以更好的方式完成使命。它们是否更有效将是我们衡量成败的标准。

拉杰的第一个指示是停止所有会议，因为之前的小组将成功与他们开会的次数混为一谈。我们仔细阅读了DIUx前主任发给五角大楼的周报[10]，类似于会议记录，记录了DIUx与商业公司、投资者和学者的聚会。负责DIUx 1.0的五角大楼办公室一定很喜欢这一点，因为随着时间的推移，后续每期周报都会越来越关注会议。这些周报可以作为关于产出如何被误认为是结果，以及总部如何强化低效行为的典型研究案例。

拉杰对工作人员的第二个指示是DIUx 2.0将进入隐形模式。就像一家刚刚筹集到一大笔资金的初创公司一样，我们需要时间来弄清楚我们怎么做。尽管我们的目标现在很明确，但我们将如何实现这些目标还不清楚。我们需要找到焦点，建立一个合适的组织。

拉杰随后公布了我们被赋予执行任务的新手段，即国防部部长授予我们的一系列非凡权限。

拉杰开始说道："我们将如何以比想象中更快的速度为作战人员

提供创新呢？我们将需要超级力量。我们会遇到阻力。所以，我们直接与部长谈判，争取到了一系列其他人没有的权力。"

拉杰随后在屏幕上展示了国防部部长的幕僚长签署的条款清单。这是一个令人敬畏的景象，戏剧性地向DIUx的普通员工表明，他们现在比许多将军拥有更大的权力。

首先，正如卡特所提到的，我们将直接向他报告，并定期与参谋长联席会议副主席和国防部副部长举行会议。此外，我们将获得首席管理官的行政、后勤和人事支持，以及国防部任何部门要求的额外援助或支持。这一条款很重要，因为这意味着我们得到了部长的批准，可以向任何能够提供帮助的人寻求我们需要的帮助，并希望他们给予帮助。下一个条款涉及招聘。部长希望DIUx领导层做出的人事决定在14天内执行。大多数员工过去等了7—9个月才被雇用，14天是闻所未闻的。条款清单还包括军事用语O-7职位的规定，即可以指派将军在DIUx工作。

拉杰把最具革命性的权力留在了最后，即豁免权。

"我现在要谈谈我们的'核武器'，"拉杰说，"这一权力才是DIUx真正与众不同的地方。它的作用是，如果我们遇到阻碍实现我们使命的法规或政策，那么我们可以要求该政策部门出于我们的目的而放弃它。"

"你的意思是他们必须为我们改变规则，而我们要做的就是提出要求吗？"DIUx的六名原始团队成员之一特雷克（Trek）惊呼道。

"是的，"拉杰回答，"他们将被要求这样做。但我们不能违法。如果它在法规中，我们就必须遵守它。但如果我们有充分的理由，那么我们可以不遵守他们制定的规则。"

"哇，"特雷克说，"我从来没有听说过这样的事情。"

"这里会有一个程序过程。合作部门会批准每一个请求，政策部门有14天的时间做出回应。但他们如果拒绝我们，就会被立即交给卡特部长审查。部长鼓励我们在需要时使用豁免权。这不仅仅是为了炫耀。"

这是这一"核武器"选项的官僚版本。这场斗争并不公平。当一些官员想对我们施加阻力时，我们就有了强有力的对抗手段。卡特是一个没有废话的人。他并不打算为了程序正确而支持这个程序，遵循正常程序正是引发军事力量缓慢发展的原因，DIUx是为了帮助解决这场危机而创建的。

这些权限，尤其是豁免权，在国防部是闻所未闻的。DARPA局长没有这些权限，五角大楼的核、生物和化学项目负责人也没有，世界各地的任何一位作战指挥官仍然没有。未经相关副部长许可，国防部机构负责人甚至不能接受记者采访。然而，由于我们协商的条款，我们可以做所有这些事情，甚至更多。

为了充分利用我们的权力，我们宣布了一项额外的人事任命。克兰·洛佩斯（Crane Lopes）是DARPA的传奇总法律顾问，被普遍认为是国防部最老练的技术律师，自愿成为DIUx 2.0的临时总法律顾问。克兰在DARPA任职期间会一直这样做。这在法律上相当于宣布穆罕默德·阿里（Muhammad Ali）为我们的临时拳击教练。如果他们把规则书扔给我们，克兰就会用它打对方的脸。没有比这更好的信号表明我们是认真的。

看着工作人员，看到他们脸上目瞪口呆的表情，我们知道我们已经解决了五角大楼版本的不可抗拒的"力量悖论"——当不可阻挡的力量遇到不可移动的物体时会发生什么。DIUx是不可阻挡的力量，五角大楼是不可移动的目标。毫无疑问，当我们相撞时，五角大楼会让步。或者，我们希望如此。

在接下来的几个小时里，源源不断的能量强化了我们的使命感。

每个人都开始更大胆地思考。

事实证明，当天最伟大的想法来自身材最小的那位。她的名字叫劳伦·戴利。她实际上只有我们面无表情的特种作战军官身材的一半大，她找到拉杰是为了分享一个想法。这个想法还只是部分成形，记录在劳伦业余时间写的一篇短文中。但如果能实现，这个想法将改变一切。拉杰、劳伦和克里斯托弗很快聚在一起讨论如何将她的想法变成现实。这将是DIUx的第一次重大突破。

第二章
归零

卡特的访问给我们带来的光环并没有持续多久。

在这一消息公布两天后，国会山（Capital Hill）的一位朋友给拉杰打电话，告诉他一个灾难性的消息。

"嘿，拉杰，"我们的消息来源说，"我有件事需要告诉你。"拉杰根据对方的语气，猜测他即将听到一个大消息。

"我刚结束一个会议，"我们的"深喉"（Deep Throat）①说，"他们刚刚把你明年的预算搞砸了。"

"好吧，"拉杰说，"他们削减了多少？"

"就是这样，""深喉"说，"他们削光了。"

"削光了吗？"拉杰问道。

"是的，全部。""深喉"说。

由于未知的原因，我们在下一个财年的3000万美元预算——仅用了四个月——减少到了零。在华盛顿，他们称之为"归零"。这是政府第一部门国会让作为老二的行政部门下地狱的最有力方式。

---

① "深喉"用来指代那些匿名提供重要信息的内部告密者或消息来源。——编者注

五角大楼的新闻界仍然忙于撰写关于即将彻底改变军事技术的新的神话故事，他们根本不知道我们已经快要淹死在水里了。

我们的第一次华盛顿之行本应是一次胜利之旅。在美国国防部部长宣布他亲自将权力授予我们后，我们将与国防部的整个军事和文职领导层会面，实实在在地施压推进。这包括监督每一个军种（海军、海军陆战队、空军和陆军）的文职秘书以及最高级别的四星级军官（海军作战部长、海军陆战队司令、空军参谋长和陆军参谋长）。我们还将看到了各军种的首席采购官——这些官员可能是我们能够提供最多帮助的人。

虽然这些会议对我们迈出正确的步伐至关重要，但这次旅途的重点是止住损失。如果我们不拿回这笔预算，那么我们的远大航行将在开始前结束。

国会并不是唯一已经出手的机构。旅途中，当我们的飞机飞到一半时，我们的政府信用卡被停用了，我们预订的酒店通知我们需要用新的付款方式重新预订。这份见面礼来自所谓的一流的行政支持团队，他们让我们的前任没有办公家具。作为从我们的指挥链中被剔除的回报，他们取消了我们的信用卡，而不是将其直接转移到新的团队。

与拨款委员会已经向我们发射的重炮相比，冻结信用卡只是一颗呼啸的BB弹。卡特和罗森巴赫没有提醒我们下一财年的预算有风险，他们甚至不知道这个消息。如果他们知道的话，他们就不会把我们带到硅谷的舞台上了。他们会推迟宣布，并派遣立法人员前往战斗岗位。

时机再糟糕不过了。

在这个错综复杂的预算过程的后期阶段，卡特无法单方面解决"归零"问题，国防部无法控制自己的钱包。国会通过系统地限制其将支持和不予支持的决定来做到这一点,这些决定一旦做出,就无法逆转。当大多数人想到华盛顿的春天时,他们会想到樱花和学校开放日。他们没有想到的是,成千上万的预算官员挤在政府大楼里,正在一块一块地拼出巨大的拼图。

我们进行了一些快速调查,得知将DIUx归零的决定是由众议院拨款委员会的两名国会工作人员做出的,我们不知道他们是谁,我们称他们为"伊芙琳"(Evelyn)和"埃德"(Ed)。我们无法想象这些人是如何在7700亿美元的国防预算中找到我们的3000万美元的小项目的,更不用说他们为什么要剔除它了。为什么两名国会山的工作人员敢于挑战国防部部长,并削弱我们现在领导的组织?这是我们第一次体验到这个帝国会如何巧妙地反击,以及我们需要如何巧妙地战斗以实现我们的使命。

在波托马克(Potomac)河畔①即将到来的预算季,上演谋杀悬疑剧是常见的事。它的规则源于开国元勋,他们创建了行政和立法机构作为平等的政府部门。为了确保由民众选举产生的代表能够对行政部门进行问责,国会要对行政部门各项计划支出的每一分钱进行审批。"钱包的权力"在实践中的含义是,众议院和参议院拨款委员会的少数工作人员对联邦预算拥有巨大的权力。虽然最大的决定是由白宫和国会领导人做出的,但大部分细节是由委员会层面决定的。正是在这里,委员会工作人员积累了巨大的、功能上不受制约的微观管理权力,只要他们的个人决策不太出格,并且能够持续获得他们所服务的国会议员的信任。

五角大楼7000多亿美元的预算只由少数工作人员——大约20人——管理。这相当于每350亿美元中只有一名员工——一个人的

---

① 此处代指波托马克河畔的美国国防部。——编者注

责任之大令人震惊。在他们看来，他们正在做创始人的工作，控制那些能说会道的政府任命人员，并在他们推进的举措与委员会工作人员稳定的制度智慧之间取得平衡。虽然大多数员工有丰富的经验，并且是承担巨大责任的优秀管理者，但总的来说，该机构不乏没有在"环带"（Beltway）①以外工作过的人，他们对在其他地方从事职业不太感兴趣。相当多的人以前在他们监督的机构工作，通常在前几年担任较低级别的职位，这种有时很危险的组合给了他们一种虚假的过度自信感，尽管他们认为自己的信心来之不易。这些工作人员中最糟糕的人等了好几年才能从联邦政府中分一杯羹，并乐于用此给曾经是他们上级的军事和文职官员添麻烦。他们至少能有这种感觉。

我们开始意识到，虽然卡特重视我们，但他在华盛顿的保护范围是有限的——可能比我们预期的要小得多。我们刚刚向硅谷宣布，DIUx已经重新开业。然而，我们没在寻觅合作机会，反倒在2435英里外迎来一场击战。如果这是我们工作的第一周，那么下一周会发生什么呢？我们还不知道，但在接下来的一年里，我们中的一个人或两个人几乎每周都会飞往华盛顿——需要灭的火太多了。拉杰在担任管理合伙人的两年里共计坐了55次红眼航班，另外5次是为了建立DIUx 2.0，每次都乘坐经济舱。我们成了常客，有一次，当卡特部长在两周内两次在五角大楼E环办公区从我们身边走过时，他停下来大喊："嘿，我付钱是让你们去西边工作的。""我知道，先生，"拉杰毫不思索地回答，"我们不得不经常来这里，让你们的官员不要挡我们的路。"

于是，我们开始在华盛顿杜勒斯（Dulles）机场降落，在五角大

---

① 指华盛顿特区。——编者注

楼健身房洗澡（8美元，比提前入住酒店的费用便宜，政府不报销），换上西装，然后在太阳升起时出门，去推倒有人给我们设置的最新障碍。第一次去华盛顿时，我们睡眠不足，也没有办法用政府信用卡支付那天早上去国会山乘坐的优步的士的费用，我们推开了哈特大厦办公楼405室的门，上面写着"拨款——国防小组委员会"。

"嗨，我们是DIUx的，"我们对接待员说，"我们是来见伊芙琳和埃德的。"

"等一下。"接待员给了我们一个冷冰冰的回答。

接待员最终把我们领进了大堂外的一个房间。几分钟后，我们的对手走了进来。

伊芙琳是一名退役军官，在成为国会工作人员之前在五角大楼工作。在公共事务办公室工作期间，她曾监督军队一年一度的生日庆祝活动，有蛋糕和军乐队的那种。埃德曾经也是一名军人，在国会山待的时间更长。他们的年龄很大，可以当我们的父母了。我们知道他们是国会山上非常苛刻的监督员。

我们被带进一个会议室，会议室里是破旧的墙板和家具。会议一开始还装模作样地进行着，那种看似顺利的假象持续的时间比你憋一口气的时长也多不了多少。在我们放映第五张幻灯片之前，伊芙琳切中要害，她告诉我们，她砍掉了我们明年的预算，因为她为印第安纳州的一位国会议员工作，而DIUx没有在印第安纳州花任何钱——礼貌地说，这种说法是疯狂的。

她说："这些钱都将给加利福尼亚州。这就是你们所关心的西海岸。你们根本没有关注中西部。"

我们试图解释一下，加利福尼亚州是初创公司的所在地：92%的公司在那里成立，所以我们的大部分预算最终会花在旧金山湾区也就不足为奇了。如果印第安纳州有一个繁荣的创业场景，那么我们会相应地花钱。

"我们在印第安纳州有科技公司。"她说。

"我们会和他们谈谈,"克里斯托弗保证道,"但如果你削减我们的资金,我们就什么都做不了了。"

伊芙琳冷冷地看了他一眼,立刻对克里斯托弗产生了强烈的厌恶。不管怎样,这种感觉是相互的。一场以克制的愤怒开始的会议现在充斥着公开的敌意。

伊芙琳告诉我们,她对我们的常春藤盟校学位并不感冒。她实际上大声说出了我们母校的名字——好像这就是印第安纳州没有参与足够多的行动的原因。我们在哪里上学突然变得与国会是否会资助DIUx有关。

原来伊芙琳只是在热身。

"你甚至从来没有在五角大楼有过真正的工作,"她告诉克里斯托弗,"你知道的,比如在采购系统工作或管理项目办公室。"

"什么?"克里斯托弗说。

"我穿着制服,"她说,"我在五角大楼有真正的工作,做着国防部的真正工作。"

我们印象深刻:至少她做了功课。但为六位国防部部长工作过的克里斯托弗不习惯被这样调侃,他的愤怒表现了出来。

拉杰找了一个借口暂停了会议,设法在交流进一步深入之前将克里斯托弗拖了出来。

"这次会面进展得很顺利啊。"克里斯托弗在走廊里说。

"是啊,真顺利。她似乎真的很喜欢你。"拉杰打趣说。拉杰建议在会议的剩余时间里独自一人参加。

拉杰回到会议室,尝试了他所能想到的一切,包括提出探索在印第安纳州建立一个分公司。同年晚些时候,DIUx在波士顿和奥斯汀开设了额外的办事处，因为这些城市是重要的创新中心，部分原因也是避免人们有与伊芙琳类似的看法。后来，随着拉杰变得更加精明，DIUx开始在所有50个州招募对创新任务感兴趣的预备役军人。我们开始称这些地方为"存在点"（Points of Presence），以表明我们在大多数州和许多立法区有实际行动。后来，伊芙琳在会议上询问拉杰，国防部部长是否会飞往印第安纳州，并在那里宣布DIUx的团队？拉杰指出，他是为国防部部长工作的，而不是相反，他不能为老板做出承诺。

对埃德来说，这归结为怨恨。他之所以有怨恨，是因为卡特曾拒绝他使用空军湾流公务机带国会工作人员代表团出国的请求。这些旅行是这份工作为数不多的福利之一。在国会休会期间访问海外军事基地，乘坐长途汽车肯定没有那么有吸引力。现在，埃德正在通过杀死卡特的心爱项目来复仇。

"嘿，我为你感到难过。"埃德告诉拉杰，"我真的很喜欢你，你看起来是个好人。我知道你们刚开始，可现在它要关门了。太糟糕了。"

拉杰是一个商人。他知道如何找到共同目标，为双方找到共赢的方法。他和埃德都曾在军队服役，埃德知道我们的军队需要更好的装备。拉杰说："想想那些在一线的军人吧，想想有什么利害关系。"

拉杰补充道："我知道我们可以找到解决这个问题的方法。"

埃德看了拉杰一眼，说："你是新来的，不是吗？"

———

看起来埃德和伊芙琳把我们将死了。是时候打电话了。在走廊里，我们与五角大楼的高级预算官员的僵局升级了，并提醒部长办公室注意我们现在遇到的麻烦。但就目前而言，背后捅刀子、算账和心胸狭窄赢得了胜利。在返回五角大楼的整个行程中，克里斯托弗向拉杰发泄。他在这里用个人信用卡支付优步的士的费用，还遭到其他工作人员的双重指责，其中一名工作人员刚刚告诉他，他在国防部从来没有"真正"的工作。克里斯托弗愤怒地说："我猜她没有读到我简历中写着'在伊拉克服役'的部分。"拉杰冷静些，但还是猝不及防。"所以，这就是你想搬到加利福尼亚州的原因吗？"他开玩笑说。

我们很容易受到像埃德和伊芙琳这样的人的攻击，因为我们还没有正式批准的预算。DIUx团队如此迅速地会集在一起，以致国防部在第一年凑出了资金，就错误地认为国会会批准国防部部长的工作人员将这个小项目匆忙纳入第二年的预算。

卡特行动迅速，因为他知道国防部部长的任期平均不到3年。在奥巴马的第二任期还剩不到2年的时候被提名，卡特只能指望1年多338天的任期。随着沙子从沙漏中流下，他有时会以一种鞭笞般的速度行动。

卡特行动如此迅速的后果之一，是DIUx的预算没有通过正常程序获得批准。监督国防部的国会委员会也没有预览DIUx 2.0的新任务和资源。事实上，为了在DIUx 2.0宣布之前获得资金，五角大楼主计长别无选择，只能诉诸预算伎俩，以避免寻求国会的同意。

克里斯托弗在谈到国防部主计长迈克·麦科德（Michael McCord）时说："这可以追溯到迈克安排我们的方式。他试图做正确的事情，现在我们正在为此付出代价。"

在我们宣布成为DIUx的主管人之前，一切都始于迈克的办公室。拉杰在城里疯狂地计划了几天。卡特同意我们需要"机动资金"

来弥补硅谷对DIUx 1.0没有能力达成交易的看法——这是准确的。这个想法是，使用我们自己控制的资金来做启动泵，与来自军队其他部分的更大资金池建立桥梁。DIUx 1.0也由一组骨干人员管理——确切地说，包括主任在内的8人，加上其他部门和分支机构派出的20多名军人和百姓。还有更多的人在部长的周围工作。卡特还同意加强我们的队伍，这样我们就可以拥有真正的技术力量，以及更多来自军队相关部门的联络官。

到我们任期结束时，DIUx的队伍达到了100多人。尽管部长已经同意以种种方式为DIUx 2.0提供资源，但该计划一开始进展得还不够快。

克里斯托弗曾经每天早上都会在7：30准时开始的高级职员会议上，坐在五角大楼主计长迈克·麦科德的三把椅子的一把上。尽管年龄相差许多，但他们都来自俄亥俄州哥伦布市（Columbus），都是耐力型运动员。克里斯托弗是一名出色的跑步运动员，而迈克是一名铁人三项运动员，在担任主计长期间还完成了一场铁人三项比赛。

为了在即将宣布之前解决DIUx的预算问题，克里斯托弗和拉杰问迈克是否可以见他。一个星期二的早晨，我们坐在了迈克雄伟的五角大楼E环办公区的办公室沙发上。从这里可以看到北边，那里是五角大楼的直升机停机坪，远处是阿灵顿公墓。

"好吧，迈克，"克里斯托弗开始说道，"部长希望我们有一些机动资金，这样我们就可以立即在硅谷表现出诚意。我们还需要雇用一个更大的团队。我知道我们的预算已经偏离了预算周期。考虑到我们离宣布还有三周的时间，最好的办法是什么？"

迈克知道DIUx对部长来说有多重要。作为一个价值8000亿美元的部门的主计长，他也知道如何找到钱。事实上，他以前可能从来没有开会讨论过这么小的预算项目。

"好吧，"他想了30秒后说，"我有一个主意。参议院在去年的NDAA中通过了一项大型技术基金。"NDAA指的是国会每年必须通过的《国防授权法案》（National Defense Authorization Act）。他说："我们可以从中提取研发资金。现在，我们不能冒险重新走程序。"这个程序是指，寻求国会批准国防部将1500多万美元的资金从一个账户转移到另一个账户的漫长且经常有争议的过程。他说："但我可以在本财年给你们1400万美元，在10月新财年开始后再给你们1400多万美元，这将给你们带来大约3000万美元。我们可以在常规程序中弄清楚之后会发生什么。"

我们松了一口气。迈克刚刚谈到了我们最关心的问题——能否在第一天签署协议。"现在说说运营和维护（Q&M）。"迈克说。他指的是用于支付工资、差旅和设施费用的资金。"你们知道这个地方。扳倒一张沙发，几百万美元就洒了出来，"他指着我们坐的沙发说，"不如我再给你们500万美元的运营和维护资金，到10月份，再给你们1500万美元的2017财年预算。"

我们像孩子离开糖果店一样高兴地出了门。当迈克在我们身后关上沉重的拱形门后，克里斯托弗转向拉杰说："看，我在这栋楼里支援你。我们可以让事情发生。"拉杰很惊讶。一位按照规矩行事的少校刚刚目睹了国防部最高主计官员在口头请示的基础上发放了数千万美元。更换拉杰飞行的F-16战斗机的轮胎还需要多个级别的批准和匹配的书面记录呢。如今在不到15分钟的时间里，迈克简单地点了点头，就给DIUx 2.0的油箱加满了油。国防部部长很快将宣布，DIUx 2.0有3000万美元用于从初创公司收购产品，从而确立我们在硅谷的信誉。

我们几乎不知道伊芙琳和埃德会给我们带来多少麻烦。他们不仅针对我们，对建立技术资金的参议院工作小组也是如此。他们并没有投入所有的精力看到有人拿出的金额刚好低于触发否决权的阈值。

我们被伊芙琳和埃德打击，自掏腰包乘坐优步的士，并被剥夺了下一财年的资金预算，仍然没有准备放弃。由于即使是卡特也可能无法帮助我们摆脱这场危机——国会控制着钱包，我们最大的希望是利用迈克转移给DIUx的初始资金迅速锁定尽可能多的交易。如果我们有海豹突击队、空军和陆军将领指望我们为他们提供产品，我们就会让自己变得不可或缺。伊芙琳和埃德将不得不让步，到那时，他们会羞愧地恢复我们的资金预算。

回到山景城，我们召集团队，告诉他们我们需要加快速度。隐形模式已退出，交易开始了。我们没有解释我们面临的危机的严重程度，而是指示团队开始召开推介会。他们完全没有意识到，签署合同并向作战人员提供解决方案是维持我们团队生存的唯一途径。

信用卡的失效和与心胸狭窄的国会工作人员的争执只是我们麻烦的开始。在莫菲特机场的最初几周，即使是轻松的事情也变得艰难起来。没有人充分考虑过国防部部长办公室的功能如何从五角大楼扩展到美国各地的分支机构。眼前的问题是，我们既无法控制我们的网站，也无法控制电子邮件的收发。

华盛顿总部服务局是一个由4000人组成的外勤机构，为五角大楼各部门提供各种设备，从回形针、订书机到应对生化袭击时穿戴的应急装备，但它尚未找到一种方法为我们提供与国防部部长办公室相同的电子邮件系统。事实上，这很幸运，因为我们根本不想要它。

国防部部长办公室的电子邮件系统经常出现故障和安全漏洞，以至于有人开玩笑说：如果我们输掉了一场战争，那将是因为我们不能互相发送电子邮件。我们遇到的敌人，就是我们自己。这个系统太糟糕了,当克里斯托弗与文特·瑟夫合作时,瑟夫自己的一封电子邮件被退回了。你知道吗?当互联网的创始人无法发送邮件时,你的IT系统就真的有麻烦了。

所以,我们想,为什么不直接使用Gmail呢?每一家初创公司早就发现,让谷歌、微软或亚马逊的专业人员帮助你运行网络要便宜得多,也更安全。

使用现代企业供应商而不是部长办公室的电子邮件服务器,意味着我们可以在第一天向员工发放苹果笔记本电脑和iPad,而国防部的其他部门则只能使用政府发放的4英寸厚的戴尔笔记本电脑。我们的同事在他们的整个职业生涯中都被他们讨厌的IT系统束缚。他们所有的IT产品都很丑陋,比如他们的笔记本电脑、上面的应用程序,以及许多人仍然被迫使用的黑莓手机。我们正在发出信号,表明其实可以不必这样,我们可以使用更好的。[1]

签署协议赛跑

现在是时候签署合同、完成任务并拯救我们自己了。

我们有了迈克转来的经费、工作邮箱以及直接向部长报告的特权。一个月后,情况开始好转。我们所没有的是,以硅谷的速度购买技术的方法。

DIUx 2.0的成立旨在像风险投资基金一样运作,在五个"投资组合"领域下注:人工智能、自主性、人类系统、信息技术和太空。每个领域都有一个专门的团队。这些团队将与希望以更好的方式执行任务的军事部门会面,游说可能对其有帮助的初创公司,判断任务和技术之间的哪些匹配最有希望,然后在每周的"交易"会议上向它们推销。在那里,通过匹配机会、技术和可用资金,我们可以决定推进哪些项目和淘汰哪些项目。我们发现了很多想继续推进的领域。但是，阻碍DIUx 1.0的同样致命的缺陷也将折磨我们，那就是一旦每个人都同意一起做生意，这种吱吱作响的承包机器就会购买所有军队的东西。

事实证明，在硅谷技术可用于战场之前，我们必须去战斗才能买下它。我们必须攻克五角大楼自身的难题——其过时的采购程序，这些程序阻止了以硅谷的速度转移资金。在硅谷，交易在几天内就能完成。五角大楼的大多数合同需要经过18—24个月的流程才能最终敲定，这是行不通的。任何初创公司的首席执行官试图在下一次风险资本筹资之前，都无法等待地球绕太阳两圈。我们需要一种新的方式。

我们的一名团队成员想到了一个破解方法，可以将签约过程缩短到一个多月甚至更快。我们可以无缝地从购买一项技术扩展到购买一千多项技术，而无须进一步重新谈判。

29岁的采购经理劳伦·戴利在DIUx成立时从华盛顿调到DIUx工作。她是一个来自军人家庭的平民——她的父亲是一名坦克兵。在五角大楼工作是她的服务方式。

在我们的介绍会上，劳伦告诉拉杰，她一直在研究五角大楼关于采购产品的规则和条款，并认为她有新的发现——国会刚刚通过的立法条款中的一个新权限。我们可以利用它在几周而不是几个月内签署合同，然后立即将试点项目转化为完整的生产合同。

拉杰说："为什么没有其他人想到这一点？"

劳伦耸耸肩："我想他们没有看到。"

这真的意味着没有其他人把业余时间花在仔细阅读数千页新通过的立法文件上。

"这合法吗？"拉杰说。

"也许吧？"劳伦笑着说。

拉杰觉得他和劳伦会相处得很融洽。

"好吧，给我写一份备忘录，解释它是如何发挥作用的。"拉杰说。

"事实上，"劳伦说，"我已经写好了。"

劳伦递给拉杰一本20页的白皮书。[2]现在拉杰已经确信他们会相处得很好。劳伦是五角大楼的一名雇员，有着在硅谷成长的黑客思维。劳伦不仅可以帮助DIUx 2.0摆脱DIUx 1.0的失败，而且可以改变整个五角大楼购买技术的方式。

劳伦于2015年10月抵达莫菲特机场，发现有六个人坐在折叠桌旁，并且通过热点使用Wi-Fi。"欢迎来到DIUx，"其中一位团队成员说，"你是第七号员工。我们今天会议的主题是如何上网，并吸引更多的人来到这里。"

"我不知道任务是什么，"劳伦回忆起那些早期的日子，"我们是应该购买东西的客户吗？我们要把军队中的其他客户与初创公司联系起来吗？我们的角色在早期并不明确。有一种感觉，我们会去见初创公司，把它们介绍给有问题需要解决的军队，然后魔法就会发生。"但魔法并没有发生。劳伦说："我们很快发现，虽然初创公司和客户会交谈，但什么都不会发生，因为没有简单的方法来测试原型并尝试新技术。"

在硅谷，交易是通过握手达成的。文书工作进展迅速，经过几次文件签署，事情就完成了。在政府中，交易始于一名有授权的合同官员，他在法律上被允许代表联邦政府承担财政责任。其他人甚至美国总统，都不能在虚线上为"山姆大叔"签名。第一个问题是，DIUx自身并没有任何有授权的合同官员，最初与DIUx合作的大多数军事单位也没有。他们不得不回到权限更高的总部，这反过来又把他们排在了合同办公室的队伍中。第二个问题是，有授权的合同官员默认采用国防部购买技术的标准方式，即通过《联邦采购条例》（FAR），这是政府的"采购'圣经'"。《联邦采购条例》的国防增刊（DFAR）长达1300多页，它读起来像《旧约》。几十年来，为了理解其相互矛盾的条款，整个解释学派已经建立了起来。即使在最灵活的合同官员手中，基于《联邦采购条例》的合同也可能需要12—18个月甚至更长的时间。

五角大楼的技术买家和硅谷的企业家之间的真正分歧在于心态。劳伦说："国防部习惯于购买航空母舰、导弹和坦克。作为单一买家，它通常在市场关系中拥有主导权。"其中的经济学术语是"垄断"，即买家控制所有需求。与其他垄断一样，自由市场的普通规则不适用。买家可以发号施令。虽然这在国防市场有效，但在技术市场相反。看看硅谷，初创公司正在追逐价值25万亿美元的全球消费和企业技术市场。五角大楼的2000亿美元采购预算只是他们商业计划中一个微不足道的误差，没有吸引力。

基于《联邦采购条例》的合同不仅需要长时间的谈判，而且还强加了小公司无法支持的义务。国防部的合同实践已经远远偏离了商业规范，因此非国防企业如果想在《联邦采购条件》下开展业务，就必须创建单独的会计、审计与合规系统。在大多数情况下，其带来的成本和麻烦根本不值得。

1000多人在办公室为国防部主计长工作。维持国防部金库秩序的部门还包括国防合同审计局（DCAA）和国防财务会计局（DFAS）。国防合同审计局拥有3500名员工，分布在全球230多个办事处。国防财务会计局拥有11000名员工。

五角大楼已经建立了一支由合同执行者组成的完整队伍，以确保在购买航空母舰时，能够以非常具体的方式控制成本。这种监督是必要的，因为尽管五角大楼通常是唯一的买家，但在国防市场上，也只有一个卖家。详细的财务核算和深入的审计是确保纳税人不会被多收费用的唯一途径（想想400美元的锤子和600美元的马桶座圈）。这个系统对隐形轰炸机和核潜艇来说足够好用，但对初创公司来说是一场灾难。

劳伦解释道："在硅谷，国防部面临着一个与他们的采购工具、规则和文化截然不同的市场。我们必须从根本上找到一种方法来改变这种模式，让国防部成为一个更好、更具吸引力的客户。"

DIUx 1.0不确定如何解决这个问题，其本能反应是欣赏这个问题。当时的想法是，"也许我们应该研究一下硅谷是如何做生意的"。劳伦马上就知道DIUx必须扔掉《联邦采购条例》，《联邦采购条例》永远不会管用。一个更有希望的策略是接受一个鲜为人知的授权，即OTA（其他交易授权）。OTA是在太空竞赛期间开发的，目的是使美国国家航空航天局能够从"夫妻供应商"那里购买零件，OTA仍在国防部的几个部门使用，包括DARPA。OTA是一个工具和智力游戏合而为一的东西。为了规避《联邦采购条例》的僵化，它允许强硬的合同官员和律师摆脱他们一直坚持的惯例。但OTA在硅谷已经声名不佳。其中第一个问题是财团模式。在国防实验室或其他部门与一些公司签订合同时，这些公司可以根据提案请求共享它们所拥有的技术。对于那些最有价值的财产是知识产权的初创公司来说，财团OTA是疯狂的。财团模式让你的竞争对手充分了解了你的技术及其定价，不适用于处于技术前沿的任何人。

OTA还有第二个问题。OTA只适用于技术试点，而不适应于可以在军队中推广技术的实际合同。如果试点成功，那么你最终会回到原点，不得不使用《联邦采购条例》发布新的招标请求，以赢得一笔能产生实际收入的交易。证明你的技术有效的奖品是另外12—

18个月的竞标，如果其他人带着类似的技术以更低的价格介入，或者更糟的是，带着更厉害的游说人员介入，那么你可能会输掉竞标。

DIUx必须摆脱这个循环。然而，五角大楼在开发新采购工具方面的记录是如此糟糕，以至于这项搜索的官方历史被命名为《1960—2009年国防采购改革：难以捉摸的目标》[3]。劳伦在阅读2016财年的《国防授权法案》时，灵光一现。《国防授权法案》的通过，通常在11月，就像"采购狂"的圣诞节一样——最终法案通常隐藏着新的权限。在法案的第815条[4]，劳伦发现了一个只有几句话的惊人段落。她把这段话读了好几遍，确保自己理解对了。该条款允许部门将成功的OTA原型直接推进生产合同，而无须公司经历另一轮竞争。[5]这相当于《独立宣言》。它允许找到有效技术的军方客户立即扩大规模，而不必回到原点。一旦一家科技公司的试点项目成功，它就可以开始在整个国防部门大规模销售产品。

新的权限是由一位名叫比尔·格林沃尔特（Bill Greenwalt）的叛逆的参议院工作人员插入法案的，他多年来一直试图改变国防采购。它是有限制的——只能用于2.5亿美元以下的合同，但如果负责采购的国防部副部长以书面形式向国会保证，该合同"对实现关键的国家安全目标至关重要"，这一上限也就可以被免除。格林沃尔特希望国防部有人能发现他的杰作并与之合作。[6]这个人就是劳伦·戴利。

劳伦立即开始构思一种全新的OTA，她将其命名为"开放式商业解决方案"，后来被简称为CSO。该方案允许DIUx直接与一家公司合作，并在试点成功后立即大规模采购其技术。更重要的是，第815条中有关从原型到量产的规定，允许任何人在已谈妥的量产合同基础上进行追加。如果DIUx的无人机试点项目成功，那么军队要想再购买1万架或10万架无人机，就可以使用DIUx与供应商签订的生产合同。这是首次可以建立一种机制,将初创公司的技术直接引入国防部,而没有通常的进入障碍。劳伦利用比尔·格林沃尔特的天赋,找到了一种跨越"死亡谷"的方法。

唯一的问题是什么?这个想法在劳伦脑子里。她写的那本20页的白皮书是一场革命的蓝图,我们必须找到一种快速执行它的方法。

克里斯托弗飞往华盛顿,获得了与每一位高级领导人见面的机会,以批准这一具有里程碑意义的政策转变。克里斯托弗和劳伦的第一个会面对象是五角大楼采购政策负责人克莱尔·格雷迪(Claire Grady)。格雷迪很严肃,曾对海岸警卫队的采购人员大发雷霆,但热情好客。

劳伦在格雷迪的推动下已经有了盟友。高级采购分析人员维克多·迪尔(Victor Deal)和比尔·格林沃尔特一样,一直在努力让国防部更容易与初创公司接触。作为一名空军学院毕业生,迪尔后来获得了MBA(工商管理硕士)学位。自从新的《国防授权法案》问世以来,他和劳伦一直在沟通。迪尔发现了劳伦所做的努力,并与格雷迪一起为推动相关事宜做了铺垫工作。克里斯托弗也是如此,他已经说服了卡特接受劳伦的想法,并让人们知道国防部部长希望看到这一想法立即成为政策。

在劳伦走进格雷迪位于五角大楼三楼的办公室之前,劳伦只在国防部采购峰会的主席台上见过格雷迪。格雷迪在职务上是她的老板的老板的老板的老板。现在,劳伦坐在格雷迪对面的桌子上,格雷迪手里拿着一份有标记的白皮书。只有劳伦一个人在说话,每个人都在点头。格雷迪同意了。现在的关键是通过立法。

我们的下一站是苏珊·拉普斯(Susan Raps),她是五角大楼的首席采购律师。苏珊通过深夜和清晨的电话已经与克里斯托弗非常熟悉,因为他们曾为国防部部长重启DIUx而清理源源不断的文件、演讲稿、备忘录和章程。对于之后的调整，苏珊也送上了祝福。克里斯托弗不是一个听天由命的人，然后苏珊把现在已经超过100页的框架草案带到五角大楼总法律顾问的办公室，后者热情地支持这份草案。现在所有人都能看到一股白烟，我们向我们的老板，即国防部部长，报告了我们的第一次重大政策胜利。

这创造了五角大楼E环办公区的纪录。在两周多一点的时间里，DIUx发明了一种全新的购买技术的方式，取代了70年前的OTA。我们做到了把我们的手放在写新指南的笔上，确保它符合我们的要求。因为部长希望立即完成，但这也需要数周时间。这一过程以前可能需要数年时间。

劳伦写的白皮书变成了使用新采购方法的操作手册。封面上有DIUx的印章，我们将白皮书发布在我们的网站上[7]，世界各地的国防部采购部门都在下载这本白皮书。两个月后，我们的操作手册被重新命名为国防部的官方政策，国防部的印章取代了我们的印章，这是自2004年以来国防部关于OTA指南的首次更新。[8]

我们还需要有授权的合同官员来使用我们创建的新工具，如前所述，劳伦称之为"开放式商业解决方案"，即CSO。我们从一支以愿意突破《联邦采购条例》工作而闻名的队伍中招募了第一批志愿者，这是一群驻扎在新泽西州皮卡蒂尼兵工厂（Picatinny Arsenal）的平民[9]，由保罗·米伦科维奇（Paul Milenkowic）领导。这是一个专门从事OTA的另类单位。他们的律师，即一位名叫丹尼丝·斯科特（Denise Scott）的阳光开朗的女性，是第一个CSO的游戏规则制定者——这是一项不平凡的工作，因为如果出现问题，皮卡蒂尼兵工厂将承担法律风险。我们让卡特给陆军采购负责人和皮卡蒂尼兵工厂负责人打电话，分享他对尝试CSO的热情支持。卡特后来访问了皮卡蒂尼兵工厂。按照军事传统，他把个人硬币送给合同单位的每个人，这个硬币又重又圆，上面印有国防部部长的徽章。

在我们意识到这一点之前，有授权的合同官员正轮流从新泽西州飞往山景城。总有人在现场签署协议。虽然这个过程很快，但它有几十个法律步骤，必须准确执行。这需要一个团队的努力。首席运营官厄尼·比奥（Ernie Bio）就是这样一位团队成员，他的无私奉献是DIUx成功的关键。厄尼曾是F-16战斗机飞行员，在纽约大学获得MBA学位并成为管理顾问和网络专家之前，与拉杰一起作战。他是最初的DIUx成员之一，他搬到加利福尼亚州帮助发起了该倡议。厄尼在我们的整个任期内保持了这辆列车的平稳和准时运行，使劳伦和我们其他人取得了惊人的进步。

劳伦的突破让我们几乎立即开始签约。在接下来的几年里，军方利用劳伦的采购政策购买了价值700亿美元的技术。[10] 她一夜之间成为采购界的摇滚明星，并最终被邀请与特朗普总统会面。

但这一切都是几年后发生的事。我们现在需要的是为作战人员提供改变游戏规则的技术，最好是在10月之前，届时财年和我们的资金将结束。否则，我们可能就会不复存在。

第三章
贡库拉特

联合空中作战中心[1]是美国在中东地区所有军事空中行动的指挥所。这座不伦不类的无窗建筑坐落在庞大的乌代德空军基地（Al Udeid Air Base），该基地位于卡塔尔首都多哈以西20英里的沙漠上，而卡塔尔位于一片伸入波斯湾的康涅狄格州大小的沙滩上。联合空中作战中心负责指挥任何飞行的东西，从军事飞行到导弹发射，跨越东北非、中东、中亚和南亚20个国家，其面积比美国本土的48个州还大。在2001年9月11日恐怖袭击后，美国在阿富汗的军事力量不断增加的刺激下，建设工程于2002年7月开始，于2003年2月完工。一个月后，美国军队入侵伊拉克，发动"持久自由行动"，旨在推翻萨达姆·侯赛因（Saddam Hussein）政权，并在伊拉克境内搜寻"大规模杀伤性武器"。

美国在该地区部署大量指挥和控制设施的决定表明，美国军队将驻扎很长一段时间。这也是一种外交姿态，表明了我们对卡塔尔的承诺。启用20年后，乌代德空军基地的联合空中作战中心仍然是美国及其盟军从地中海到喀布尔的空中力量各分支的主要枢纽。

2016年10月，在DIUx工作五个月后，正值对伊拉克和叙利亚境内ISIS空袭最激烈的时候，拉杰与国防创新委员会的成员[2]一起访问了这个曾经的秘密基地，国防创新委员会是一个由谷歌前首席执行官埃里克·施密特领导的咨询小组。其成员都是顶级技术人员，他们前往世界各地的军事基地，询问服役人员需要什么技术，并向国防部部长报告他们的发现。国防创新委员会和DIUx是互补的。国防创新委员会发现了技术可以变革的地方，而DIUx提供了解决方案。为了进入这个领域，我们采取了一种硅谷的方法。在硅谷，你不会从一个产品开始，你是从客户开始的。你需要发现一个客户关心的问题，然后从那里开始逆向工作。

联合空中作战中心乍一看似乎令人印象深刻：一个巨大的两层开放式房间，看起来像美国国家航空航天局的任务控制中心，墙上有巨大的屏幕，几百人坐在一排排桌子旁，跟踪叙利亚、伊拉克和其他热点地区上空的数百架战斗机、加油机、无人机和预警机。然而，仔细一看，联合空中作战中心并不是最先进的。事实上，它的技术已经过时了。用胶带和创可贴修补的系统给人们的工作带来了不必要的困难。技术应该让事情进展得更快，让人们用更少的钱做更多的事，从而提高效率。联合空中作战中心的技术恰恰相反：它阻碍了人们前进，减缓了事情的进程，而且——不夸张地说——将生命置于危险之中。

联合空中作战中心是"管制员舱"的现代数字版本，管制员舱是第二次世界大战期间英国指挥空军和拦截雷达系统的伦敦郊外地下掩体，通过老式的固定电话网络连接到本特利修道院（Bentley Priory）的战斗机司令部总部。在英国战役期间，英国军事领导人每天都在主控室制订拦截德国战斗机的计划。它是管理一系列系统的神经中枢，包括防空炮、阻塞气球、雷达站、空中观察员、救援船和战斗机组。在这个小房间里，辅助空军的女性成员用推杆在地图上推动标记，更新敌机的位置以及争相拦截它们的战斗机的位置。彩色灯泡使管制员对情况一目了然。

卡塔尔的联合空中作战中心也有类似的目的，不过它的建造规模要大得多。该设施耗资6000万美元，涉及超过67英里的高容量光纤电缆，创建了美国空军所谓的历史上最先进的作战中心。在袭击伊拉克的第二天，联合空中作战中心协调了1700次联军行动的飞行任务和对伊拉克目标的导弹发射，每小时有71次打击。美国对领空的控制是绝对的。从花费的资金和取得的成果来看，联合空中作战中心取得了巨大的成功。

13年后，联合空中作战中心仍然不间断地运行，做着它所设计的工作，事实上处理的飞行流量要大得多。只是到了2016年，2003年以前一直处于领先地位的技术（当时平板显示器还是一种新奇事物，Wi-Fi和蓝牙刚刚开始流行，Windows XP是主流操作系统），已经变得非常过时。国防创新委员会小组感觉自己仿佛回到了人们使用美国在线（AOL）拨号调制解调器的时代。飞行员仍在使用带有命令行界面的系统，程序在小型计算机和大型机器上运行。拉杰打趣道："有些软件可能比使用它的人还老。"

卡特于2016年创建了国防创新委员会，责成埃里克·施密特和委员会的其他成员评估国防部的技术能力，并就如何实现军队现代化和为未来战争做好准备提出建议。埃里克从2008年竞选伊始就是奥巴马总统的支持者。

奥巴马在华盛顿组建新政府后，决心更新政府使用的技术，并引导其解决复杂的问题。然而，2013年秋天，奥巴马的《平价医疗法案》的门户网站 HealthCare.gov 在推出当天就崩溃了，技术官员的情绪随之恶化。正在进行的修复该网站的斗争与政府精通技术的形象形成了尴尬的对比，促使托德·帕克在帮助卡特重启DIUx之前几年就开始了门户网站的修复行动。开发 HealthCare.gov 网站的最初预算为9370万美元,但在其推出一年后,监察长办公室报告称,该网站的总成本已达17亿美元。政府采购软件的方式出了很大问题。

埃里克·施密特自2011年辞去谷歌首席执行官一职,成为谷歌执行主席以来,他在硅谷和华盛顿之间轻松穿梭。

他比大多数人更清楚,有一项技术即将爆发并会改变战争规则,即人工智能。从历史早期到埃里克的整个任期,谷歌一直在向人工智能研究投入资金和人才。让用户更容易搜索的大多数改进(自动填充搜索框;语音搜索和命令;谷歌翻译上的图像识别,可以让人们用手机对准一个物体,就能找出它在外语中的名字),植根于人工智能科学,该科学已经发展了几十年,但只有在进一步的开创性工作后才能进入市场。谷歌在自动驾驶汽车的技术方面处于领先地位,在人工智能方面的工作被认为领先于世界上大多数机构。

当埃里克在2016年召开国防创新委员会的第一次会议时,他敏锐地意识到,一些人工智能创新在未来十年推出时会给公众带来震惊和敬畏。埃里克是一名软件工程师,他的职业生涯始于贝尔实验室的程序员。贝尔实验室是一家传奇的研发机构,晶体管、激光器和光电池,以及Unix操作系统和C语言、C++编程语言一起发明于此。曾作为太阳微系统公司(Sun Microsystems)的软件工程主管,他深深地扎根在软件代码和硬件的双重世界。在担任曾经强大的网络巨头Novell公司的首席执行官期间,他在与微软的斗争中学到了活生生的商业经验。2001年,谢尔盖·布林(Sergey Brin)和拉里·佩奇(Larry Page)在谷歌雇用了埃里克,埃里克开始在硅谷崭露头角。

15年后,在国防创新委员会的领导下,埃里克做了软件工程师在设计新系统之前要做的第一件事:走出去与客户交谈,找出他们需要解决的问题。这一次赌注更高了。埃里克致力于保护生命，加强国家安全。

埃里克和国防创新委员会的成员们在拉杰或克里斯托弗的陪同下，与国防创新委员会精力充沛的执行主任乔希·马库斯（Josh Marcuse）一道，在第一年的大部分时间里去了世界各地的美国军事基地，与士兵、水手、飞行员和海军陆战队进行了交谈，这些人是国防工业开发并由国防部购买的武器平台的最终用户。国防创新委员会的建议将直接提交给国防部部长。当国防创新委员会发现商业技术有机会可以转型时，DIUx通常会去找公司来构建解决方案。

2016年秋天的某一天，当国防创新委员会团队在乌代德空军基地参观联合空中作战中心时，拉杰转过一个拐角，瞥了一眼侧室，看到了一些东西，他停下了脚步。"一定是在开玩笑，"他对埃里克说，"那些东西不可能还在这里。"

作战舱

还记得当年英国战役期间，那些在伦敦地下掩体中推动地图上的标记的女性成员吗？2016年，联合空中作战中心——一个由世界上最大、最先进的军队运营的空中指挥中心，每天协调十几个空军基地的数千次飞行，覆盖的地区大小相当于美国——两名空军调度员站在白板前，在网格中移动磁性棋子。白板上的棋子上写着战斗机和加油机的名字。这就是他们安排空中加油的方式，使用的系统或多或少与70年前第二次世界大战期间前辈使用的系统相同。这个现代的"算盘"就是后勤团队如何进行令人眼花缭乱的复杂计算，使数十架加油机能够与数百架战斗机交叉，并在飞行途中进行加油。更棘手的是，不同的喷气式飞机有不同的燃料连接器，只能与某些加油机"配对"。此外，不同的喷气式飞机以不同的速度、不同的高度和不同的配置加油。空军每天在阿富汗、叙利亚和伊拉克上空进行1500多次加油作业，而所有这些管理都是通过这种笨拙的手动过程来完成的。

世界上每一家财富500强公司——航空公司、制造商、航运公司——都使用计算机进行令人难以置信的数学运算，以计算出为其运营提供动力的物流。UPS快递和联邦快递没有一人在白板上移动棋子。但在联合空中作战中心，世界上最先进的空军成员正在手工完成这项工作。当两名空军调度员四处移动棋子时，另外两人坐在笔记本电脑旁，使用Excel电子表格，其中一人从屏幕上读出数字，另一人将数字输入第二台笔记本电脑。他们甚至无法以电子方式共享数据。第三个人观察两名笔记本电脑操作员，并仔细核对数字。负责的空军调度员被称为"巨人"。将数据输入笔记本电脑的调度员被称为"贡客"，贡客将信息输入"贡库拉特"（gonkulator），这个名字来自旧情景喜剧《霍根英雄》（Hogan's Heroes），意思是一个无用的设备。这一点黑色幽默表明，即使是空军调度员也知道这个系统是一场闹剧——"眼镜蛇"杰夫·哈里根中将也如此认为，他是领导该地区空军行动的三星人物，其职责包括监督联合空中作战中心。哈里根回忆道："我当时在那里，看到这些家伙在工作，我想：'你们在开玩笑吗？'他们用14个应用程序做一些本应该由机器对机器做的事情。"[3]哈里根后来成为美国驻欧洲空军司令，并以四星上将的身份退役。

人们很难理解联合空中作战中心任务的艰巨性。2016年，也就是拉杰访问的那一年，美国空军向阿富汗、伊拉克和叙利亚派出了超过2.6万架次的攻击机[4]，每天超过70架次。这是空军历史上最激烈的轰炸行动——在其鼎盛时期，摩苏尔（Mosul）的ISIS目标每8分钟就被攻击一次。要维持这些打击，需要18000多架次加油机和近10万次空中加油，每年空运的喷气燃料总量超过2亿加仑。联合空中作战中心的团队还管理向阿富汗、伊拉克和叙利亚的数万架次空运和空投任务。除此之外，联合空中作战中心还有17个其他国家需要操心。

"我不确定很多人是否理解它的复杂性。"哈里根将军回忆道，他当时负责指挥美国及联军在1900万平方英里范围内的空中行动，"我们一直在支持地面上的美国陆军部队、我们的特种作战人员，还有伊拉克人。我们正在尽一切努力保护平民，保护妇女和儿童，保护这些家庭，我们在这个非常复杂的环境中作战，这要求我们不能因人为错误而犯错。这是我最担心的事情之一，因为我们提供给空军调度员的工具增加了这种风险。我想改善他们使用的工具，降低这种风险，因为这不仅可以拯救美国人，还可以拯救伊拉克人和我们支持的任何友军。"

手工安排这些加油需要一组训练有素的专家每天累计工作60个小时。这个过程很不完美。当意外（恶劣的天气、机械问题、战斗机切换到另一个目标）发生时，棋子和白板的计算速度无法适应这种变化。为了应对这种情况，联合空中作战中心不得不在跑道上紧急调派一架备用加油机，让其为战斗机加油。加油机的大小相当于波音767，载有212000磅[①]的燃料。[5]每次紧急调派需要花费25万美元。他们每天要这样做3次，以确保地面部队得到全天候的空中支援。手工计算导致空军每周浪费500多万美元。

更糟糕的是，这种低效的系统正在危及生命，包括美国特种部队及其所属的联军官兵的生命，以及我们试图保护的数百万陷入战

---

① 1磅≈453.59克。——编者注

火的平民的生命。我们的空袭目标是 ISIS 武装分子，他们在伊拉克犯下暴行，对囚犯使用化学和生物武器，实施种族灭绝，奴役成千上万的妇女。在摩苏尔，ISIS 劫持了 70 多万伊拉克百姓作为人质。我们的战斗机和无人机每天都在 24 小时不间断地打击 ISIS 部队。联合空中作战中心甚至阻止了 21 世纪最大规模的种族灭绝企图，在 2014 年挽救了 5 万名雅兹迪（Yazidi）妇女、儿童和男子免于死亡。ISIS 将目标对准了库尔德宗教团体的成员，因为他们信奉前琐罗亚斯德教信仰而被视为异教徒。

随着空袭的继续，我们能拯救多少人不仅取决于喷气式飞机的火力和飞行员的能力，还取决于十几名空军调度员的技能，他们挤在南部 1000 英里外卡塔尔空军基地的一个没有窗户的房间里，用手在白板上移动棋子。

手工计算的空军调度员知道，创建一个基本的优化程序不会太难。他们一直呼吁需要有人来做这项工作。他们没有与敌人作战，而是在与一个破碎的系统作战。不过，解决方案还需要等待，因为联合空中作战中心正在对其使用的每一个应用程序和系统进行自上而下的技术大修，由马萨诸塞州汉斯科姆空军基地（Hanscom Air Force Base）的一个团队监督。两地相距 6500 英里，跨越 8 个时区。军方通常会雇用国防承包商来管理技术项目（在这种情况下，承包商是诺斯罗普·格鲁曼公司），花费远远超过类似商业解决方案的成本。不幸的是，这些国防承包商交付的东西太少、太晚也是很常见的，尤其在软件方面。这就是自 2008 年以来联合空中作战中心一直发生的事情。

诺斯罗普·格鲁曼公司为期十年的技术大修由史蒂文·沃特（Steven Wert）负责，他是一名在空军服役过 25 年的老兵，后来成为政府高官。当拉杰访问汉斯科姆空军基地时，大修已经进入第八年，已经比计划晚了三年。最初估计的3.74亿美元预算已经膨胀到7.45亿美元,还没有什么可以拿得出手来展示的成果。尽管如此,空军还是要求国会再拨款6500万美元。

在DIUx的几年里,我们经常遇到这种情况:有人有一个简单的问题,本来可以用相对较少的资源解决,但考虑到军方及其国防承包商合作伙伴开发技术系统的方式,快速解决是不可能的。五角大楼的项目经理们仍在使用一种过时的系统工程方法,而硅谷在20年前就抛弃了这种方法。在旧模式中,该项目是自上而下设计的,这意味着一群产品经理决定了软件的外观和功能,而不是询问使用该软件的人需要什么。产品经理可能会花一年或更长的时间来起草规范。然后,他们会邀请承包商提交投标书,再选择一个赢家——这也可能需要一年或更长时间。然后,中标者再花一年或更长的时间编写和测试代码。整个过程花了很长时间,以致当软件投入生产时,它已经过时了。就联合空中作战中心的项目而言,需求是由沃特在汉斯科姆空军基地的团队制定的,代码是由使用老式开发方法的程序员编写的。更糟糕的是,他们很少涉足联合空中作战中心,这局限了他们对空军调度员如何工作的第一手知识。

在硅谷,程序员早就放弃了这种做事方式,采用了由DIUx支持者、企业家史蒂夫·布兰克(Steve Blank)开创的所谓"精益方法"。DIUx就是这么做的。在精益方法中,程序员首先与将使用该软件的人交谈。他们将大产品分解成小块,进行为期六周的冲刺,分别突破每一个小块。编程人员制作出一个"最低可行的产品",向用户展示,获得反馈,再创建新的迭代,从而获得更多的反馈,如此等等。编程人员可以在几个月或几周内完成一个程序并将其投入使用,而不是几年,而且他们可以用十分之一的成本完成。

埃里克看到了使用白板来安排后勤工作的荒谬性,认识到这在军事俚语中被称为"FUBAR"——无法修复。埃里克也知道硅谷的团队能够以多快的速度构建解决方案。他难以置信地看着两名空军调度员向"贡库拉特"口述数字。

"拉杰，"他说，"这是我见过的最令人震惊的IT滥用。你们需要立即解决这个问题。"

哈里根对此也表示赞同。

所以，我们决定创建一个应用程序。

加油机加油项目让我们有机会展示DIUx的能力，也让国会增加了一个不将我们归零的理由。该应用程序是一个小项目，我们可以快速而廉价地完成，它将产生真正的影响。拉杰甚至不用等到回家。当天晚上，在他住的酒店，他打电话给恩里克·奥蒂（Enrique Oti）。恩里克是一名空军上校，也是山景城DIUx团队的成员。"从明天开始，"拉杰告诉他，"让我们尽快做出一些东西，把工程师带到联合空中作战中心与加油机调度员会面，马上开始行动。"

"交给我吧。"恩里克回答，没有错过一个节拍。[6]

恩里克是这份工作的最佳人选。他40岁出头，是一名空军军官，毕业于空军学院，专门研究网络战。第二天早上，他开始组建一个团队。DIUx已经有少数现役空军调度员是熟练的软件工程师。其中一位是韦恩·斯塔尔（Wayne Starr），他刚刚从罗切斯特理工学院毕业，加入空军担任少尉。这是他在空军的第一个正式职位。空军在得知他有软件工程背景并在微软工作了一年后，将他送往DIUx。斯塔尔这样的人在武装部队中很少见，武装部队将成员分为150多个"军事职业专业"（简称MOS）人员。军队有很多技术MOS职位，但没有专门用于编程软件的职位。他是在军队意识到需要程序员并开始在军队中寻找程序员的时候来到这里的。斯塔尔说："空军中有很多人会编程。但当他们入伍时，部队真的不知道如何识

别他们。"⁷

除了斯塔尔和其他几位DIUx程序员外,恩里克还从旧金山的软件开发公司皮沃托(Pivotal)雇用了几位软件工程师。恩里克虽然不是一名工程师,却是一位出色的经理。他也是中国技术战略(包括网络能力)方面的专家,曾在中国学习,还会说普通话。恩里克于2015年在我们接管DIUx之前被分配到这里,他是我们保留的前团队成员之一。

一周后,当拉杰回到山景城时,恩里克的团队已经在研究那款应用程序了。埃里克本人提出了解决方案,这一事实增加了该项目的紧迫性。斯塔尔说:"这给修复加油机的加油系统带来了一点推力。即使我们所做的只是提高白板和Excel电子表格的效率,我们也在增加价值。"

精进软件方法的一个原则是,你首先要与使用该软件的人交谈,这意味着我们必须将皮沃托公司和DIUx的程序员运送到卡塔尔。在正常情况下,要把一群蓬头垢面的旧金山程序员送到海外空军指挥中心执行军事历史上最高级别的空中行动,需要几个月的时间才能获得安全许可。但我们有"国防部部长这么说"的通行证,这让我们能够迅速通过审批程序。除此之外,我们还需要获得一项特殊豁免权,以便皮沃托公司的程序员可以使用他们习惯的Mac电脑,而不是政府发的装有五角大楼认证应用程序和安全软件的Windows电脑。那里不允许外部设备进入联合空中作战中心。当人们工作时,个人手机、iPad、笔记本电脑都存放在储物柜中。因此,当哈里根将军批准了我们的请求,让程序员把他们的Mac电脑带进去时,这是一件大事。DIUx的一名年轻空军士兵花了一整天的时间购买、包装iMac电脑,然后通过联邦快递将iMac电脑从我们的办公室寄到卡塔尔的空军基地。

我们并不是为了改变规则而改变规则。我们不得不让皮沃托公司的程序员进入基地，因为我们的空军程序员无法独自完成工作。此外，我们希望我们的空军程序人员向使用现代开发工具和方法的皮沃托公司程序员学习。把硅谷的程序员带进空军基地还有另一个目的。正如阿什顿·卡特于2015年在斯坦福大学的演讲中所说的，我们的部分任务是改变军队文化，开始在军队和商业部门之间钻孔。卡特希望我们将硅谷快速发展的精神注入五角大楼——教会一个庞大的组织如何像初创公司一样思考和行动。这意味着要果断行动，对新想法持开放态度，勇于冒险，容忍失败。这意味着不要拘泥于过去做事的方式，以致被未来拒之门外。

DIUx和皮沃托公司的程序员在联合空中作战中心待了一周，以确保他们理解问题所在。这就是在军队最激烈的现代作战行动中，六名穿着牛仔裤和T恤的旧金山程序员与一队身穿制服的空军调度员在作战中心坐在一张桌子旁，一起解决问题的原因。这段经历对皮沃托公司的程序员来说有点文化冲击——不仅要应对空军基地的怪异，还必须应对空军调度员的直率和粗暴。他们称自己为"皮沃托人"，他们的座右铭是"永远善良"，他们在与自己人打交道时很有礼貌。斯塔尔回忆道："空军调度员认为皮沃托公司的人看起来像邪教成员。他们会在同一时间起床，同一时间吃午饭，并在同一时刻开始和停止工作。"反过来，皮沃托公司认为空军的技术比空军调度员更粗暴。

斯塔尔回忆说："我们对指挥中心的情况感到震惊。我的意思是，从外面看，你会看到这些空军的高科技广告，他们说：'这不是科幻小说，这是我们每天都在做的事情。'当你走进去，他们却在使用微软办公软件来运行武器系统。这非常令人失望。这可不是什么花哨的高科技，这只是工作流程和微软办公软件。"

哈里根回忆起与皮沃托公司程序员及其空军同行一起工作的情景："我过去常常回到那里问：'嘿，给我看看你们在忙什么。'他们会说：'哦，酷，指挥官来了！三星将军和我们一起工作呢。'他们会给我看他们在做什么，我会说：'哇，这真的很酷。'"哈里根对皮沃托团队如何致力于任务印象最深："他们中的一些人非常淳朴，试图理解我们在做什么。他们成了战争的一部分，成了团队的一部分。这是我唯一能说的。他们明白这是严肃的事情，我们需要把这件事做正确，他们是解决方案的一部分。我需要他们深入研究。从他们的眼神中，我很清楚他们明白了这一点。"

在离开基地之前，DIUx和皮沃托团队成员就已经在做一些基础的编程工作。回到山景城，他们花了六周时间创建了一个最低可行的产品——一个粗略的应用程序版本，基本上就是一个空军调度员可以评估的用户界面和菜单结构。程序员听取了他们的反馈，编写了更多的代码，上传了新版本，然后再获取更多的反馈。正如斯塔尔回忆的那样，他们有一个优势，因为加油应用程序不依赖联合空中作战中心技术堆栈中的任何其他系统。"最棒的是，我们不需要接触他们的系统。我们可以打造一个独立的应用程序，它不会有任何我们需要依赖的第三方依赖关系。"

几个月（准确地说是132天，我们并没有算日子）后，程序员们有了一个可运行的产品。起初，空军调度员在运行软件的同时继续使用白板，但几个月后，他们完全停止使用白板。韦恩·斯塔尔和他在联合空中作战中心的战友们用雪茄庆祝。

该软件可以在不到一分钟的时间内为战斗机匹配到最佳的加油机，之后，如果需要，规划人员就可以用不到一个小时的时间仔细检查并完善解决方案。空军调度员很喜欢这款软件，哈里根将军也是。该软件可以如此迅速地制订每日计划，甚至当情况发生变化时，空军调度员可以在飞机飞行过程中重新计算时间表，这意味着联合空中作战中心不需要经常紧急调派加油机。在使用该工具之前，每当我们的部队与叛乱分子接触时，他们都需要寻找"增援"加油机支援。美国的加油机和飞行员驻扎在该地区周围，随时准备出发，他们平均每天行动两到三次。如前所述，每一次紧急调派需要花费约25万美元，还不包括飞机或机组人员的损耗。而使用我们的新工具，他们只需按下一个按钮，60秒即可重新进行计算。我们花费150万美元完成了整个项目，这意味着该应用程序运行三天就为自己支付了成本费用。空军作战能源办公室后来计算出，该应用程序将作战效率提高了10%，每年可节省2500万加仑的喷气机燃料。[8]

很快，联合空中作战中心就请DIUx开发应用程序来解决其他问题，包括一种动态配对工具，该工具可以帮助空军在给定可用资源的情况下优化实时配对。也许现在，五角大楼的官僚机构不会再试图关闭我们的小组，而是会增加我们的预算，让我们在更多、更大的项目上施展拳脚。

然而，没有。

军事工业的自动免疫系统

在我们不知情的情况下，当我们开发加油应用程序时，资深空军军官史蒂文·沃特试图关闭我们的项目，他是汉斯科姆空军基地诺斯罗普·格鲁曼公司项目的经理。沃特在汉斯科姆空军基地管理着一个3500人的技术采购组织。他知道他的联合空中作战中心项目遇到了麻烦。他可能认为，也许正确地认为，如果空军允许我们通过安装加油应用程序来站稳脚跟，这可能会导致他失去整个项目。

为了挽救他的计划，沃特给空军最高级的军官参谋长大卫·戈尔德费恩将军发了一份三页纸的备忘录，试图说服他把我们赶出联合空中作战中心。我们本来可能永远都不知道这件事，因为大约在这个时候，戈尔德费恩碰巧参观了位于波士顿的DIUx办公室，并向拉杰展示了这份备忘录。拉杰说服他让我们完成这个应用程序，哪怕只是为了展示我们的能力。但鉴于那些官僚们已经对我们出手了，拉杰决定反击：他建议，如果我们的应用程序成功了，戈尔德费恩就应该把整个联合空中作战中心项目从汉斯科姆空军基地移走，并将其交给DIUx。

拉杰说："这些人已经干了8年，他们几乎做不出什么东西，而且已经烧掉了7.5亿美元。我们可以在硅谷雇用程序员，用十分之一的时间和十分之一的成本完成整个项目。"

戈尔德费恩不愿意做到那种程度，但他还是让我们完成了加油应用程序。当这个程序启动并运行时，联合空中作战中心的每个人都喜欢它。虽然沃特当时并不高兴，但他后来成了DIUx的真正信徒和坚定支持者。这一事件凸显了两个世界之间缺乏信任和理解，还缺乏建立工作合作所需的时间。

"拉杰，我们真的很感谢你的帮助，"沃特说，"你们在这个产品演示上做得很好。"

"这不是演示。"拉杰说，"这是现场直播。它很有效，大家都很喜欢。"

"当然。但这只是一次性的。它并不适合我们正在做的其他事情。也就是说，你们有一些很棒的主意。我们肯定会把你们其中的一些想法融入我们更广泛的计划中。"

我们很不高兴。使用该应用程序的空军调度员如此，哈里根将军也是如此。我们的软件帮助他的空军调度员管理历史上最快节奏的空军行动。他不可能让他们关掉这个程序，然后重新使用白板。

但空军不愿放弃既定计划。老实说,我们对事情的发展并不完全感到惊讶。我们在五角大楼待了很长时间,知道游戏是怎么玩的。在这个地方,如果你建造了一个更好的捕鼠器,那么世界不会找到通往你家的路,而是可能会把你的门钉死。沃特团队的工作比计划晚了三年,超出了预算,并且已经在这项庞大的项目上花了八年时间,他们不会让一群局外人破坏他们的计划。

作为《星球大战》(Star Wars)的粉丝,拉杰喜欢把DIUx视为反抗军联盟的一部分。当我们交付加油应用程序时,我们感觉就像卢克·天行者(Luke Skywalker)把一枚质子鱼雷扔进了死星的排气口。但这种兴奋是短暂的,我们现在发现自己处于银河系的偏远边缘,在一个被冰雪覆盖的星球上。

比萨门

此时此刻,媒体援引克里斯托弗的话,称现任参谋长联席会议主席"战略思维薄弱"。美联社的新闻报道发生在周日晚上,这是希拉里·克林顿(Hillary Clinton)的竞选主席约翰·波德斯塔(John Podesta)被黑客入侵的大量电子邮件中的最新消息。"维基解密周日发布的被盗电子邮件[9]显示,2015年3月30日,克里斯托弗给希拉里竞选团队高级助手约翰·波德斯塔的一封电子邮件对美国最高军事领导人提出了严厉的批评。"故事开始了。

"维基解密"事件被认为是俄罗斯旨在影响美国2016年大选的虚假信息行动。当年早些时候,一个昵称为"幻熊"(Fancy Bear)的俄罗斯网络情报组织入侵了波德斯塔的Gmail邮箱。在《侵入好莱坞》(Access Hollywood)的录音带曝光30分钟后,总统候选人特朗普对女性使用了贬损性语言,维基解密将波德斯塔的2万页电子邮件倾倒在公众面前。这是一部经典的消遣剧。媒体没有像这位候选人所说的那样只报道特朗普的"更衣室玩笑",而是大肆报道波德斯塔从竞选战略备忘录到他制作奶油意大利饭的技巧。

记者花了三周时间才找到克里斯托弗早就计划只发送到波德斯塔白宫账户的电子邮件。当波德斯塔担任奥巴马总统的顾问时,克里斯托弗曾为波德斯塔工作。波德斯塔是一个对军事事务感兴趣的人。他曾征求克里斯托弗对四位入围者担任参谋长联席会议主席的诚恳意见。克里斯托弗写了一份备忘录,他知道波德斯塔很可能与奥巴马总统分享其中的内容,也可能与希拉里·克林顿分享。如果希拉里当选,那么她将延续奥巴马关于参谋长联席会议主席的人选。

波德斯塔在白宫的最后一天是一场疯狂冲刺。他挑灯夜战,疯狂地试图清理完在白宫的事务。他第二天早上要离开希拉里竞选团队主席这个位置。那天晚上,克里斯托弗坐在国家安全委员会的办公室里等波德斯塔浏览这份备忘录,里面充满了克里斯托弗近距离观察四位候选人时搜集到的坦率意见。八点钟到了,接着是九点钟,接着是十点钟,接着又是十一点钟。"克里斯托弗,"波德斯塔的助理最后说,"他午夜之前不会处理这件事。直接发送到他的Gmail邮箱吧。"

克里斯托弗停顿了一下,心想——鼠标光标悬停在发送按钮上:"这是个非常糟糕的主意。"把如此敏感的评估发送到非政府账号是不可能的。克里斯托弗已经和他的老上司波德斯塔分享了他的看法,但没有和他的新上司国家安全顾问澄清。但是此时已经很晚了,他已经精疲力竭了,他该怎么办?波德斯塔既是奥巴马总统最亲密的顾问,也是希拉里的竞选主席。他想要这份备忘录。

随着美联社的报道引起了其他人的关注,记者们开始给克里斯托弗打电话,来自华盛顿各地的朋友们惊慌失措地伸出援手。"奥巴马国家安全委员会工作人员干预军事事务"不是那种高层可以掉以轻心的指控。

当克里斯托弗的DIUx搭档拿起电话时，克里斯托弗开始说："拉杰，我们有麻烦了。"

"好吧，"拉杰在听到细节后说，"我猜我们会把你藏在约瑟夫·邓福德（Joseph Dunford）的办公室里很长一段时间。"

随着真相和篡改的电子邮件同时被泄露，波德斯塔即刻被QAnon式阴谋论包围。克里斯托弗现在尝到了美国政治中涌动的暗流。死亡威胁涌入他的收件箱，威胁电话打到了他的手机上。距离大选还有七天，特朗普将赢得大选。波德斯塔将不再具有影响力，现在奥巴马总统选择的邓福德将军担任参谋长联席会议主席，他读到了DIUx成员对他的真实看法。

DIUx能挺过来吗？

戈尔德费恩会不会忘记我们的加油机项目，以免惹恼他的新老板邓福德呢？

但是，在经历了几个月的艰难时光之后，联合空中作战中心项目——以及DIUx项目——迎来了一个幸运的突破，这是华盛顿的命运。2017年春天的一天，参议员约翰·麦凯恩的高级助手、前战斗机飞行员马特·多诺万（Matt Donovan）——别名"大猩猩"——突然访问联合空中作战中心。哈里根将军是一位精明的操作员，他向多诺万展示了我们的软件，并解释说，他等待汉斯科姆空军基地团队的交付已经等了八年，但我们的DIUx团队仅仅在三个月内就完成了一个产品，只花了100多万美元，而且已经开始运行，空军很喜欢这个程序。当多诺万问哈里根他对汉斯科姆空军基地和诺斯罗普·格鲁曼公司一直在搞的大修有何看法时，这位将军直言不讳："是时候终止它了。"哈里根坚持要让我们的程序继续运行。"我们要拯救生命。我们要让用户体验更好，最终我们才会更有效。我不知道为什么人们会在这件事上反对我。"哈里根还告诉多诺万，他希望我们在联合空中作战中心做更多的项目。"这很好，我们可以把它提升到一个新的水平。这让我们有机会看到未来会是什么样子。"

与一名独行侠会面

多诺万回到华盛顿，告诉麦凯恩我们是谁，以及我们做了什么。麦凯恩是参议院军事委员会的高级成员，该委员会控制着五角大楼的预算。碰巧，他正在权衡沃特和空军提出的再拨款6500万美元以维持联合空中作战中心大修项目的请求。

多诺万对麦凯恩说："你应该和DIUx的拉杰谈谈，他是一名战斗机飞行员。据我所知，他是一个为了完成任务而不怕改变规则的人。"

麦凯恩说："好吧，让他来吧。"

对国防部雇员来说，与麦凯恩谈话就像与教皇会面。在一般情况下，这种会面需要数周的时间准备。参议员和国防部部长的各自立法助手要商讨会议的议程以及谁将出席。国防部部长办公室的人将决定五角大楼可以发布哪些信息。考虑到麦凯恩对五角大楼钱包的铁腕控制，我们需要制作一个完整的活页夹，里面包括谈话要点和背景材料，以确保没有人偏离剧本。随员们会做大量的笔记。

最重要的是，根据普通的管理规则，国防部部长的立法事务将由空军的立法事务工作人员管理。但如果我们那样做，那些试图阻止我们的人就会试图取消会议，或者设置足够多的"处理点"确保我们的信息不会被准确传递。

所以，我们什么都没做。

相反，拉杰在没有与任何人协调的情况下直接飞往华盛顿，并在指定时间独自走进了麦凯恩位于拉塞尔参议院办公楼的办公室。房间里的另一个人是麦凯恩的高级国防助理克里斯蒂安·布罗斯。墙上挂着麦凯恩家人的照片——他的父亲和祖父的肖像，他们都是四星上将，还有麦凯恩从越南被俘归来的著名照片。麦凯恩在越南被关押了六年，遭到殴打、虐待，导致终身残疾。麦凯恩当了30年参议员，是政府中最有权势的人物之一。但他身上仍然有一些水手气质。

麦凯恩说："所以，布罗斯告诉我，你是一名战斗机飞行员。"

"是的，先生。"

"海军？"

"空军。"

"空军？好吧，不必太尴尬。你们并不像人们所说的那样软弱。"

关于空军飞行员的刻板印象是，他们是彬彬有礼的绅士，生活谦逊，遵守规则，并在"主力部队"服役。与此同时，海军飞行员是满嘴脏话的粗人，他们可以以每小时150英里的速度在晚上或季风季节里将战斗机冲向300英尺长的航空母舰甲板。

麦凯恩说："你们有那些漂亮的空军基地，还有不错的高尔夫球场。"

"还有长长的跑道。"拉杰说。他以前听过所有的笑话。

"对。"麦凯恩笑着说。他转向布罗斯："我喜欢这个家伙。他很好。"

麦凯恩示意拉杰坐在他对面的皮沙发上："告诉我发生了什么。你们是谁？你们是做什么的？"拉杰介绍了DIUx的一些背景，以及阿什顿·卡特赋予我们的使命，即找到实现军队现代化的方法，并以硅谷的速度推进。随后，他解释了加油应用程序是如何工作的，以及空军调度员和负责联合空中作战中心的哈里根将军是多么喜欢这个程序。

"但汉斯科姆空军基地负责联合空中作战中心技术项目的人想把你赶走。"

"没错。"

"他们正在吸收你所做的事情,试图称之为演示,让它下线,并打算像往常一样接手剩下的业务。"

"是的,先生。"

"那么,你想要什么?"

拉杰不确定是否要碰碰运气。但后来他想,为什么不呢?"老实说,先生,我想让我们接管整个项目。不仅仅是这个应用程序,还有整个联合空中作战中心的大修。我们可以大修整个地方。我们将在两年内完成,费用是他们支出的十分之一。"

"你能做到吗?"

"当然。但至少我希望你能阻止他们放弃我们已经完成的工作,并确保其余的大修使用现代软件工程实践,而不是纳税人迄今为止购买的过时方法。"

麦凯恩看着布罗斯,布罗斯耸耸肩。麦凯恩想了一会儿,然后说:"好吧。"

"真的吗?"拉杰大吃一惊。

"我已经对这些人感到沮丧。他们已经花了7.5亿美元,现在他们又要6500万美元,这样他们就可以继续做过去八年一直在做的事情。据我所知,什么都没有完成。就是这样。他们完了。"

麦凯恩站了起来,这是会议结束的信号。

他说:"你要不断地完成你正在做的事情,我会确保你得到你需要的所有资源。"

拉杰走出拉塞尔大厦时感到有点恍惚。那是刚刚发生的吗？真的有那么容易吗？可以肯定的是，他会因为规避了规则，鲁莽地走进参议员办公室而不告诉任何人而受到立法事务人员的指责。也许他可以装傻。或者，他可以指出，他耍无赖的行为正是阿什顿·卡特雇他做的。这是硅谷的方式：与其请求许可，不如乞求原谅。

一周后，麦凯恩主持了参议院军事委员会的一场预算听证会。空军代理部长丽莎·迪斯布罗（Lisa Disbrow）做完了她的陈述报告，当她提到要追加6500万美元的请求时，麦凯恩断然拒绝。她不会再有额外的资金了。大修可以继续，但前提是沃特及其团队要与DIUx合作，并学会按照我们的方式工作。

那是在2017年4月。几个月后的7月，保留DIUx应用程序的决定被公开。麦凯恩和参议员杰克·里德（Jack Reed）发表声明，抨击大修项目："不幸的是，空军在过去十年里已经花费了7.5亿美元……但该项目并没有提供任何有意义的能力。更不幸的是，该项目只是国防部在软件密集型系统方面令人不安的记录的一个例子。"[10]

这对我们来说是一场大胜利。可以肯定的是，麦凯恩并没有让我们负责联合空中作战中心的大修。沃特及其团队仍然负责，但必须与我们合作。这会很尴尬。沃特不喜欢我们背着他接触麦凯恩。与此同时，我们一开始就对沃特游说将我们踢出联合空中作战中心表示不满。

为了平息一切，我们求助于莫菲特机场的职业空军军官恩里克·奥蒂，他组建了工程师团队，开发了加油应用程序。恩里克在空军服役20年，精通五角大楼的外交艺术。尽管我们有很多关于编写软件的东西要教空军，但恩里克知道，只有我们一起帮助沃特"捡起碎玻璃"，我们才能有机会。为了促成和平，他邀请沃特及其团队前往旧金山，并在我们位于莫菲特机场的办公室为他们铺上红地毯。我们希望他们看到我们是乐意和平的，我们可以对他们有用。我们的办公室看起来像一家初创公司，而不是空军基地。入伍的空军程序员穿着牛仔裤和连帽衫（完全不是军人着装规范）在开放式桌子上工作，而不是在隔间里，使用现代软件工具和精益方法进行项目合作。克里斯托弗的金毛犬在大厅里来回游荡。[11] 演示我们的软件的那个女人有一头蓝色的头发，这绝对不符合军方的仪容仪表标准。

也许沃特认为他别无选择，只能与我们合作，因为麦凯恩参议员站在了我们一边。或者，也许他真的在硅谷重生了，并对我们编写应用程序的速度印象深刻。无论是什么原因，沃特及其团队都同意与我们合作。他们采用我们的方法，并开始像初创公司那样编写软件。

更进一步，沃特及其团队与恩里克坐下来，决定在波士顿创建一个空军"软件工厂"[12]，就像科技初创公司一样运作，由空军和文职程序员混合使用现代软件开发工具和精益方法。沃特很快从我们的克星转变为DIUx最坚定的支持者和合作者之一，这进一步证明了国防部的大多数人是真正的爱国者，他们试图做正确的事情，但被困在一个制造不正当激励的官僚机构中。沃特和恩里克将这个团队命名为"凯塞尔之旅"（Kessel Run）。这是指汉·索洛（Han Solo）在《星球大战》中吹嘘的速度记录："你从来没有听说过'千年隼号'（Millennium Falcon）吗？这艘船在不到12秒的时间内完成了凯塞尔之旅！"空军参谋长戈尔德费恩将军对我们的加油机加油项目印象深刻，他任命恩里克为凯塞尔之旅的第一任领导人。在接下来的几年里，在沃特的支持下，凯塞尔之旅程序员和国防部内外的其他程序员合作重建了整个联合空中作战中心系统，并于2022年年底完成。

2021年8月，在喀布尔撤离期间，一位名叫沃拉米娜（Worahmeena）的阿富汗妇女和她五天大的儿子穆斯塔法（Mustafa）被一架C-17运输机运出哈米德·卡尔扎伊机场（Hamid Karzai Airport），飞往德国拉姆施泰因空军基地（Ramstein Air Base），最终前往美国。他们刚刚与数千名希望在美国从阿富汗撤军时逃离塔利班的难民一起在户外度过了四天，这也是穆斯塔法生命的最初四天。现在他们睡在飞机库的地板上，但很快他们就会开始"新的生活"。"我计划在美国为我的儿子及其兄弟姐妹建立一种'新的生活'。"沃拉米娜告诉美国国家公共广播电台的记者。[13]

有一点她可能不知道，但她和其他数万名成功逃离喀布尔的人，在一定程度上要感谢凯塞尔之旅的一小队程序员，以及他们为处理卡塔尔联合空中作战中心的规划行动而创建的一款名为"闪击"（Slapshot）的"任务和飞行架次流组织者"的软件应用程序。[14]与我们的加油应用程序一样，"闪击"取代了空军调度员以前使用Excel电子表格和甘特图的笨拙手动流程。该软件使联合空中作战中心能够协调历史上最大规模的非战斗人员疏散，当时有超过12万名美国人和阿富汗人从喀布尔空运过来。在两个星期的时间里，飞机每45分钟离开一次哈米德·卡尔扎伊机场。"闪击"在拥挤的空域跟踪飞机，维护乘客名单。

可以肯定的是，美国从阿富汗撤军受到了失误的影响。但在华盛顿发生的所有指责中，美国普通军人在ISIS恐怖分子和美国其他对手的巨大压力和持续袭击风险下，完成了历史上最大的后勤壮举之一。那些服务人员没有得到他们应得的感谢和认可。

在距离喀布尔6000英里的波士顿，凯塞尔之旅的程序员在空运期间夜以继日地工作，更新"闪击"应用程序，并在使用中迭代，以适应新的和突然增加的需求。这些软件工程师有着罕见的、难以形容的令人欣慰的经历，实时看到他们的工作在拯救生命。虽然软件工程师可以在谷歌或脸书赚很多钱，但如果那样的话，他们永远不会感受到那种拯救生命的感觉。

凯塞尔之旅的总部位于波士顿金融区附近的一栋办公楼里，风险投资家会误认为这是一家早期初创公司。自2018年推出以来，凯塞尔之旅已在汉斯科姆空军基地和兰利空军基地（Langley Air Force Base）开设了办事处，目前雇用了1200名员工，其中400人是程序员，远远超出了我们最初在DIUx的40人团队的梦想。一些程序员是空军预备役军人，他们曾在科技部门工作，回到现役后在凯塞尔之旅服役两年。凯塞尔之旅工程室里的一块白板上提醒着该组织雄心勃勃的——也许是大胆的——愿景："随时随地提供能够感知和应对任何领域冲突的作战能力。"

在喀布尔空运期间，凯塞尔之旅的指挥官是空军上校布莱恩·比奇科夫斯基（Brian Beachkofski），别名"比奇"（Beach），他拥有工程博士学位和麻省理工学院MBA学位，还拥有科技风险投资家和创业顾问的经验。当克里斯托弗在2021年年底访问比奇时，凯塞尔之旅指挥官试图表现得很积极，但他承认他经常感到沮丧。他和他的团队不断地陷入我们所遇到的"冻结的中间层"——在那里，高层的将军和底层的程序员就一个计划达成一致，但中间的人会挡道。与五角大楼的官僚机构斗争是令人精疲力竭的。即使人们有良好的意愿，也很难用如此多的复杂性和层次来完成任何事情。当人们不认同你的想法时，这种僵硬的中间层会提供无限的阻碍机会。

2022年4月，在克里斯托弗访问比奇几个月后，凯塞尔之旅指挥官在掌舵两年后离职，成为一家体育博彩公司的首席技术官。和我们一样，比奇一直想有所作为——他确实有所作为。但最终，一个被设计成跨越体制界限的角色让他疲惫不堪。

就我们而言，我们努力专注于积极的一面，并希望文化会逐渐改变。

事实上，当DIUx在联合空中作战中心工作时，还有数十个其他项目正在进行，从太空到网络，从机器人到人类表演。第一年，我们专注于在董事会上提出观点，为作战人员提供创新，并向四个国会委员会中负责DIUx的预算上级证明我们存在的合理性。在签署了一份又一份合同后，我们于2016年在波士顿和奥斯汀开设了新的办事处。拉杰继续对国会工作人员进行魅力攻势，每周飞往华盛顿。

美国财年从每年10月开始，每个部门都需要在10月1日前由国会通过并由总统签署拨款法案。但是，国防部的预算很少能按时通过——这种情况在过去的18年中只发生了4次。国会通常会通过一项持续性决议，防止政府关门，但也阻止了所谓"新开始"的立法。不幸的是，这阻碍了国防部按时启动和资助新武器项目的能力。

2016年的预算战和随后的持续性决议给了DIUx关键的几个月时间来推翻拟议的"归零"。拉杰从根本上认为，国会领导人希望并理解我们军队现代化的必要性，但DIUx在误解和不信任之间陷入了困境，这在很大程度上是由于部长的立法人员不愿意在DIUx 2.0推出之前与国会进行直接透明的对话。

2016年秋天，拉杰打破了常规：他与众议院军事委员会主席、得克萨斯州的共和党众议员马克·索恩伯里（Mac Thornberry）进行了一对一的会谈。索恩伯里最初并不是DIUx的忠实粉丝。他质疑，既然国防部已经有DARPA，为什么还需要DIUx。他的工作人员告诉他，这是一个虚荣的项目，为我们的部队带来改变的能力有限。索恩伯里让拉杰过来，他们两个人开了一个小时的会，双方都没有请工作人员参加。拉杰解释了我们的愿景、我们最初的成功以及为什么商业创新的参与对国防如此重要。这奏效了。索恩伯里当场承诺帮助推翻伊芙琳和埃德对DIUx预算的"归零"。他同意支持我们,并确保我们的预算增长,这样我们就有机会将我们的愿景变成现实。[15]与麦凯恩的会面一样,拉杰不得不"耍无赖",独自与国会山"交战"。

索恩伯里回忆起那次会议时说:"我很欣赏拉杰对该组织的愿景,他愿意来到我的办公室,直接向我解释为什么这对美国纳税人来说是一项很好的投资。我很自豪能支持他,也为DIUx为我们的军人所做的一切感到骄傲。"

第四章

朝鲜新的杀戮链

2016年夏天，DIUx被要求执行一项非常秘密的任务，我们只能在SCIF（敏感信息隔离设施）内谈论它的完整轮廓。SCIF是一个封闭的区域，旨在抵御监视，防止电信号或无线电信号泄漏到外部世界。这次任务涉及寻找新技术，以便在核导弹发射前阻止它，从而拯救一座美国城市。

参谋长联席会议副主席的顾问鲁本·索伦森在会议开始时说："总统本人正在推动这一点。这是国家安全的五大优先事项之一。"[1]

索伦森和担任国防部副部长军事助理的海军指挥官瑞安·法里斯（Ryan Farris）都支持DIUx的立场。他们在五角大楼联合参谋部办公室深处的SCIF与拉杰会面。

"问题出在朝鲜，"法里斯说，"我们知道朝鲜有核武器。现在朝鲜正在开发可以打击美国西海岸的弹道导弹。"[2]

索伦森在墙上的屏幕上放了一张照片，说："这就是KN-08。这是一种可携带核弹头的公路机动洲际弹道导弹。有了它，朝鲜有可能毁灭西雅图甚至洛杉矶。"索伦森展示了下一张照片，这是一张在朝鲜陡峭、富饶的山区，一枚可移动平板发射器上的导弹图像。将安装在卡车上的洲际弹道导弹放在花岗岩掩体中是一种低成本的方式，可以隐藏它们的位置，免受敌人先发制人的打击。

"问题是，我们无法准确地看到朝鲜把导弹放在哪里，多久移动一次，以及何时准备发射。我们基本上是在盲飞。"

索伦森和法里斯是一个特别工作组的成员[3]，该工作组成立于一个名为J-39的办公室，旨在找到精确定位KN-08导弹的解决方案。他们正在联系DIUx，希望我们能在硅谷找到一家公司，能够发射一个微型卫星星座，使朝鲜处于持续监视之下。这些卫星需要一种尚未发明的东西——一种小型化的合成孔径雷达传感器，通过从太空反射地球表面的雷达波来提供高度详细的图像。合成孔径雷达传感器可以在所有天气条件下昼夜不停地发现移动导弹发射器。

索伦森长着娃娃脸，30多岁，是一个拥有密歇根大学核工程博士学位的文职人员。在被要求接管联合参谋部一些最敏感的行动之前，他一直是在弗吉尼亚海滩为海豹突击队制定技术对策的奇才之一。可以肯定的是，这是一次晋升，也是一次好坏参半的晋升，从军队中行动最迅猛的部队转移到了他的指挥部所称的"慢速顾问"的总部。

拉杰说："我希望我们能一直看到朝鲜。"

"你是说像电影里那样？"法里斯笑着说。

法里斯提醒他，朝鲜每年大约有200天被云层覆盖。

当法里斯向拉杰提供我们对朝鲜的卫星覆盖率有多低的确切数字时，拉杰感到震惊。拉杰早就知道这不像詹姆斯·邦德（James Bond）的电影，你可以放大任何位置，并实时观察人们的移动。[4]但真的吗？拉杰坐在那里想，朝鲜对我们来说几乎是一个盲区吗？

2006年，朝鲜在某山体挖掘的隧道中测试了第一枚核弹。到2014年，情报界认为朝鲜制造了一种小到可以用弹道导弹携带的核弹头。[5] 2016年，朝鲜发射了五枚导弹，以测试其性能。2017年，朝鲜声称引爆了一枚氢弹，其威力是原来的1000倍。美国和韩国的官员对这一说法持怀疑态度，但无论是哪种爆炸，发表在《科学》杂志上的一项研究表明，这次试验"使山体侧向凸出约12英尺，垂直坍塌1.5英尺"。[6]

真正的问题始于朝鲜发展出制造多枚导弹的能力，这些导弹可以在太平洋上空携带弹头，如果同时发射，可能会突破美国的导弹防御系统。朝鲜领导人哪天早上醒来可能会决定用核武器袭击美国西海岸。[7]这种担忧成为美国国家安全委员会和总统的当务之急，总统经常与参谋长联席会议副主席保罗·塞尔瓦（Paul Selva）就此事进行接触。

找到正确的技术来定位这些导弹的位置只是DIUx面临的挑战之一。另一个挑战是，五角大楼和情报界的一批强大人物决心扼杀我们最终支持的项目。这并不是说他们希望朝鲜取得成功。相反，我们的项目是在一个不方便的时候提出的。美国国家侦察局（NRO）已经资助了一个独立的项目，建造可以监视朝鲜的新型合成孔径雷达卫星，但这个项目已经开始陷入困境。国防部内部有影响力的人士，包括国家情报局首席副局长、长期担任中央情报局（CIA）资深官员的斯蒂芬妮·奥沙利文（Stephanie O'Sullivan），担心资助一个未经测试的微卫星星座的请求可能会让国会感到不安，因为国会即将批准一项争论已久的间谍卫星计划。

我们最终也会发现五角大楼对依赖商业部门技术的固有偏见，像间谍卫星这样的东西尤其如此。五角大楼喜欢使用精致的"定制"装备解决方案，这意味着装备完全由五角大楼资助，并按照其确定的规格建造，而且只供其使用。五角大楼的情报部门对从一家可以向其他客户销售相同产品的商业公司购买图像感到不安。大多数情报部门的高层还认为，硅谷的产品容易出现故障，这在监控核武器等高风险应用场景中是无法承受的。

与此同时，硅谷提供了一些优势。他们的产品成本更低，而且可以在更短的时间内完成。索伦森和法里斯相信，如果DIUx能够帮助他们找到追踪导弹发射器的微型卫星，那么他们正在构建的新方法将超出所有人的预期。

没有时间可以浪费了。

索伦森说："国防承包商大佬们预计他们的解决方案需要花费几十亿美元。"

"这可能意味着60亿美元。"拉杰打断了他的话。

"也许100亿美元。"法里斯点点头说。

索伦森说："他们说这需要七到十年的时间。"

"这可能意味着永远不会解决。"法里斯说。

"无论如何，我们不能等十年来解决这个问题。"索伦森说。

"我们昨天就需要这种能力。"

碰巧，DIUx太空投资组合的负责人"巴基"史蒂夫·布涛上校已经偶然发现了一家小型初创公司，该公司正在设计一颗可以解决KN-08导弹问题的合成孔径雷达卫星。

拉杰说："我们可以为你做这件事。"

"真的吗？"

"我们的解决方案的成本将是国防承包商大佬预算的千分之一，我们可以在一年内交付。"

"老实说，"法里斯说，"这听起来不可能。"

拉杰说："DIUx就是这么做的。我们把不可能变成可能。"拉杰不知道的是（我们谁也想不到），我们很快就会遇到反对派的凶猛反击。

70年来，空中间谍活动一直是国家安全的中心。美国空军于1955年开始研制侦察卫星，比苏联发射人造卫星早了两年。美国第一颗侦察卫星KH-1科罗纳号[8]拍摄了照片，这些照片被弹射到胶片罐中，胶片罐在降落伞下飘浮回地球，并被经过特殊改装的空军飞机从空中捕捉。间谍卫星技术很快就实现了数字化，超越了光学，包括探测弹道导弹发射或核爆炸，以及窃听对方通信的传感器。间谍卫星仍然是超级大国武器库中最强大的技术之一，以至于它们的发展和确切能力仍然被最高级别的保密隐藏。

长期以来，美国一直在为朝鲜现在出现的新情况投资弹道导弹防御系统。奈基（Nike）防空系统可追溯到1953年，是早期方法的支柱，在随后的几十年里推出了许多变体和新项目。最雄心勃勃的计划被称为"星球大战"。1983年，罗纳德·里根（Ronald Reagan）总统宣布了"战略防御计划"，该计划旨在将激光和粒子束武器送入轨道杀手卫星舰队，将来袭导弹在空中拦截。四年后，在艺术家们对《星球大战》所能做的事情进行了一系列激动人心的演绎之后，美国物理学会发表了自己的意见，认为"星球大战的核心技术"离投入使用还有几十年的时间。揭露该技术好得不真实的关键人物是我们的恩人阿什顿·卡特，即DIUx的创造者。

到20世纪80年代末，"星球大战"已经演变成了"明亮的鹅卵石"，这是一个使用杀伤卫星发射的小型轨道导弹的概念，比如智能子弹。这也从未达到作战能力。然而，到2016年，美国已经部署了一个新系统，主要在阿拉斯加州部署了地面站和拦截导弹，以及一个探测导弹发射的天基卫星系统网络。与"星球大战"计划不同，这个系统起了作用。并非每一次拦截都是成功的，尽管代价高昂，但成功拦截的比例很高。[9]

即便如此，当拉杰与索伦森、法里斯会面时，人们担心朝鲜可能会同时部署10枚甚至20枚KN-08导弹，这增加了美国的防御系统不堪重负的可能性。美国的拦截系统可能会拦截大部分，但无法全部拦截。

确保没有任何东西能突破我们的导弹防御系统的最好方法是在KN-08导弹离开地面之前找到摧毁它的方法。用五角大楼的说法，这被称为"发射前"（left-of-launch）解决方案。[10]但是，探测朝鲜移动式发射器离开隐蔽处并准备发射的时间窗口非常短暂。将导弹从躲藏处运出来，给它加燃料，然后发射，所需的时间是以分钟为单位的，而不是以小时为单位。多年来，朝鲜在躲避对其即将进行的发射探测方面变得非常熟练。朝鲜将导弹和炮台藏在山坡上的洞穴中，还经常将它们从一个地方转移到另一个地方，其隐藏的地方比发射器多得多，这创造了一种美国和韩国情报部门试图看穿其中门道的游戏。在为下一场战争进行了几十年的偏执准备之后，朝鲜变得比我们的情报机构更善于玩"空城计"。

随着紧迫性的加剧，朝鲜成为塞尔瓦的前任参谋长联席会议副主席桑迪·温内菲尔德上将等军事领导人的优先事项。

温内菲尔德回忆道："我们有一个很好的'发射后'解决方案[11]，即弹道导弹防御，但我们担心对方的数量会超过我们。"温内菲尔德的工作人员创建了一张图表[12]，将KN-08导弹数量的潜在增长与我们能够对抗多少导弹的预测进行了比较。图表显示，在短时间内，朝鲜将拥有足够的KN-08导弹来压倒我们的防御。[13]几十年前，同样的问题导致时任国防部部长罗伯特·麦克纳马拉（Robert McNamara）在20世纪60年代中期对奈基反弹道导弹系统感到不满[14]，因为很明显，考虑到拦截率，苏联可以通过发射更多导弹来淹没该地区。

温内菲尔德认为，我们唯一的办法是完善发射前解决方案，给防御者一个短暂的机会，让他们"挡住朝鲜从隧道中拉出导弹、准备导弹并发射的去路"，他回忆道。[15]为了创造一个成功的发射前解决方案——在朝鲜导弹发射前摧毁它们，我们需要建立更好的情报系统来跟踪它们。

温内菲尔德认为，解决方案应该包括大量低成本的卫星，这些卫星可能不具备价值数十亿美元的卫星的所有能力，但可以快速开发，并运行几年，然后被具有更好的传感器和技术的升级版本取代，而不是依赖于少数"精致"卫星——这种美丽、高度工程化、极其昂贵的装备通常是由老牌军工企业建造的。温内菲尔德最关心的是让卫星更频繁地飞越朝鲜的能力，五角大楼称之为高"重访率"。[16]

此外，航空航天世界正在发生变化。太空发射和卫星运营一度由美国国家航空航天局和军方控制，但SpaceX（太空探索技术公司）、星球实验室（Planet Labs）、蓝色起源（Blue Origin）等新公司的成功已经颠覆和改变了太空产业的基本面。政府不再像20世纪60年代的水星计划和阿波罗任务那样承担建造航天器的费用。在21世纪前十年，政府只是商业发射公司的另一个客户，这些公司可以比美国国家航空航天局更便宜地将有效载荷送入太空。[17]SpaceX甚至可以用洛克希德·马丁公司和波音公司组成的联合发射联盟的一小部分成本来完成这项任务。每个月似乎都会有一次资金雄厚的新发射公司或卫星初创公司冒出来，它们采用一种新颖的技术手段，正朝着提供以前并不存在的能力的方向发展。这一趋势一直在持续。2023年，SpaceX将全球80%的有效载荷送到太空。

这就是为什么温内菲尔德在意识到情报界提出的解决方案没有跟上朝鲜核打击能力的发展速度后，组建了由索伦森和法里斯领导的J-39特警（SWAT）队，在全球范围内寻找替代解决方案。索伦森和法里斯可以容忍比情报界所寻求的更不严格的技术标准，只要求他们以高的"重访率"搜集大量数据。

为了抵御朝鲜的"攻击",美国联合参谋部首先转向了大数据和机器学习,使用新的功能强大的计算机芯片和算法来挖掘从许多不同来源汇编的大量数据集,包括揭示日常生活模式的朝鲜非机密商业数据。这些不知疲倦地获取数据的机器寻找与朝鲜发射准备相关的信号。这个实验系统被称为"数据平台"(Datahub)。索伦森在J-39中建立了"数据平台",并借鉴了DIUx投资组合公司的技术。他花了一年多的时间来改进它。现在,"数据平台"已经启动并运行[18],下一步是通过向模型中输入大量图像数据来增强它,这将使我们能够检测到朝鲜发射准备的微弱信号。

透过雪和云层进行近乎连续的实时监视是传统光学卫星无法实现的。但合成孔径雷达可以通过搜集电磁信号的回波并将其处理成视觉数据来实现这一点。就像蝙蝠用声音拍摄周围环境的照片一样,合成孔径雷达通过从地面反射无线电波来"观察",并通过测量这些发出的信号反射回传感器所需的时间来推断地面上物体的形状和位置。

合成孔径雷达并不是什么新鲜事。对它的研究始于第二次世界大战后的固特异公司(Goodyear),当时典型的雷达天线有房子那么大。洛克希德·马丁公司在20世纪50年代接管了合成孔径雷达的研发工作,并测试了一种名为"探矿器"(Douser)的机载系统,该系统是第一个创建地形特征图像的系统,最初能够识别500英尺以上的物体,很快就能在黑暗或云层中描绘出50英尺高的物体。20世纪60年代,洛克希德·马丁公司在其SR-71"黑鸟"(Blackbird)上部署了合成孔径雷达传感器[19],使飞机能够"看到"100英里外30英尺直径的物体,同时以三倍音速在目标上方15英里处飞行。合成孔径雷达的进一步改进,可以穿透丛林的树叶,区分树干和敌人的榴弹炮。

这种长期可用的技术缺少的是可负担性和小型化。合成孔径雷达卫星的巨大尺寸使其价格昂贵，这意味着可以建造的卫星很少。法里斯回忆道："最大的问题是，我们需要更多的合成孔径雷达数据，而情报界没有提供足够的数据来支持'数据平台'项目。"在加利福尼亚州的帕洛阿尔托，一位年轻而充满活力的企业家，正试图建造它。他的名字叫帕亚姆·班纳扎德，他刚刚在斯坦福大学完成研究生学业，为一家被他命名为"卡佩拉空间"的公司筹集了种子资金，卡佩拉是以夜空中第六亮的恒星来命名的。这是由创业公司DIUx 太空投资组合的领导者"巴基"史蒂夫·布涛发现的。

布涛是一名50多岁的空军国民警卫队上校。他的职业生涯始于特种作战 C-130 飞行员，最终指挥了为阿富汗军事人员执行所有救援任务的空军联队，也曾在"搜寻地外情报研究所"（SETI）工作，并在美国国家航空航天局艾姆斯研究中心工作过一段时间，为火星表面土壤分析开发概念仪器。他是最早看到将硅谷技术应用于军事任务价值的人之一。自2010年以来，他每月都会与投资者、企业家和军事领导人举行啤酒会。在DIUx成立时，他是第一位签约的高级军官。他领导太空投资组合的出色工作最终为他赢得了第一颗星——晋升为准将，他在2023年获得第二颗星并晋升为少将。

"卡佩拉空间公司能在一年内交付一款产品吗？"拉杰从华盛顿回来时问布涛。

布涛解释说，班纳扎德提出了一个伟大的想法，如果它奏效了，那将是一个重大突破。"但他甚至还没有建造出原型。[20]他还没有完成最终设计。24岁的他是第一次开公司。"布涛说。

"听起来不错。"拉杰回答说。

班纳扎德是一名出生于伊朗的移民，也是一位杰出的工程师，曾在奥斯汀的得克萨斯大学学习航空航天工程，本科时曾在具有传奇色彩的美国国家航空航天局喷气推进实验室（JPL）实习，该实验室曾将火星车送上火星，并向太阳系边缘发射探测器。毕业后，班纳扎德加入喷气推进实验室，领导深空探测任务。此后，他又前往斯坦福大学空间交会对接实验室，该实验室在小型卫星设计方面进行尖端研究。同时，他还获得了管理科学与工程硕士学位。

2014年3月，马来西亚航空公司370航班在南印度洋失踪，机上有227名乘客和12名机组人员，这引发了班纳扎德对合成孔径雷达卫星的兴趣。调查人员花了三年时间搜寻飞机残骸，但没有成功。当飞机失踪时，班纳扎德正在喷气推进实验室研究太空卫星，他对此感到惊讶："作为一名从事太空工作的人，我一直在问的问题是：嘿，我们今天在太空监视我们的星球方面做了什么？最先进的技术是什么？为什么我每天都没有看到该地区的一些照片？为什么搜救并没有真正涉及太空资产或能力？当我解开这条线索时，我非常清楚的是，在太空监视方面，我们实际上并没有做得那么好。"[21]

事实上，即使有数百颗卫星在轨道上回望地球，对地球的空中监视也参差不齐。对班纳扎德来说，马来西亚航空公司370航班的失踪以及在接下来的几周里决定其命运的徒劳尝试感觉像一个挑战。"我知道有很多基于光学的卫星，而且越来越多的卫星一直在发射。但光学卫星有很大的局限性。你在晚上看不见，你看不透云层。"班纳扎德没有选择光学和光线，而是转向了合成孔径雷达，它可以让你更可靠地成像。发现了一个机会后，班纳扎德去了斯坦福大学，学习了更多关于合成孔径雷达技术的知识，同时也学习了如何建立一家公司。斯坦福大学拥有世界上最好的合成孔径雷达研究小组之一。班纳扎德开始参加他们的会议，了解这项技术是如何工作的以及存在哪些挑战。"这是我个人经历的一段旅程，"他回忆道，

"而且，在一个非常高的层面，我对如何用一颗小卫星进行合成孔径雷达有了一个概念性的想法，而不是用一颗价值数十亿美元的巨大卫星。"

传统的合成孔径雷达设计需要一个巨大的天线和大功率发射。因此，合成孔径雷达卫星的体积仍然很大，发射成本高昂。自21世纪初以来，硅谷的商业卫星公司已经发射了数千颗小型卫星，但只有少数公司拥有合成孔径雷达成像技术。

在喷气推进实验室工作期间，班纳扎德专门研究如何将大量能力整合到小型卫星中。他参与的一个项目被称为"月球手电筒"（Lunar Flashlight），其任务是向月球发送一颗如同露营背包大小的微型卫星。卫星将由太阳能帆板提供动力，太阳能帆板向外翻转，捕捉太阳辐射出的能量，推动飞船前进。班纳扎德估计，他可以用同样的想法制造小型合成孔径雷达卫星供电的太阳能电池阵列。更小不仅意味着更便宜，还意味着可以发射更多的卫星。如果他成功了，班纳扎德将把合成孔径雷达的设计特点和成本结构降低到推动商业空间革命的规模经济水平。

班纳扎德在斯坦福大学校园附近大学大道上的一家咖啡店向布涛解释了这个概念。布涛建议班纳扎德在斯坦福大学学习一门名为"国防黑客"的课程，这门课程由DIUx赞助，并由史蒂夫·布兰克领导，这位传奇企业家开创了建立公司的精益方法。班纳扎德于2016年春季加入布兰克的班级，这是他在斯坦福大学的最后一个学期。

布兰克是一名空军老兵。在越南战争期间，他在"野鼬鼠"（Wild Weasel）飞机上担任电子机械师。这是一种反电子战飞机，其座右铭是"YGBSM"，意思是"你必须攻击我"（You Gotta Be Shittin' Me）。据说，一名空军士兵听说自己的工作是吸引苏联制造的地对空导弹（SAM），让导弹锁定自己的飞机，然后发射一枚雷达搜索导弹，在电线杆大小的SAM导弹击中他之前炸掉SAM发射装置。

回国后，布兰克没有受过大学教育，1978年在埃斯特林科技公司（ESL）开始了他的职业生涯。埃斯特林科技公司是一家为军方提供情报和侦察系统的国防承包商。他接着帮助硅谷创办了八家成功的公司，其中一家上市。现年70岁的布兰克留着一头卷曲的白发，留着胡子，看起来有点像教授。他对国防充满热情，喜欢提醒人们，硅谷的原始版本包括主要向军事和情报界出售技术的公司，他在一篇题为《隐藏在眼前：硅谷的秘密历史》的演讲中列举了这段历史。[22]布兰克说："我们的根在国防。"他在越南和埃斯特林科技公司的经历让他对硅谷在美国国家安全中所扮演的角色产生了尊重。令他困扰的是，这么多聪明的工程师都回避了开发有助于国家安全的产品。

布兰克在斯坦福大学的课程催生了无数向商业和国防客户销售产品的初创公司，"国防黑客"课程已经推广到美国其他大学。布兰克教授学生的主要内容是：要避免一开始就抱着一个很酷的产品创意这种错误做法；相反，去与客户交谈，采访他们，倾听他们的意见，然后构建他们需要的产品。在硅谷，我们称之为"从客户出发逆向工作"。布兰克写了一本书，即《四步创业法》[23]，这也是他所教课程的教科书。他在书中区分了"执行商业模式的现有公司和寻找商业模式的初创公司——寻找与执行是启动现代创业的概念"。

在斯坦福大学学习布兰克课程的学期里，班纳扎德通过采访100多名政府官员来寻找商业模式，了解他们如何使用合成孔径雷达技术以及他们需要什么。他听到的消息让他萌生了开发相对便宜的小型卫星的想法，通过发射几十颗卫星，形成一个可以探测地球的全视电子眼星座。到学期结束时，班纳扎德已经从风险投资者那里筹集了20万美元，足以创办他的公司——卡佩拉空间公司。

布涛一直关注着班纳扎德的进展情况。2016年6月，他和拉杰参加了班纳扎德的最后一次课堂演讲，班纳扎德在演讲中阐释了自己的技术和商业模式。布涛和布兰克都对眼前的景象印象深刻。几个月后，布涛带着一些好消息去见班纳扎德。他说："国防部想购买合成孔径雷达数据，我们将发布招标信息。我希望你能提交一份提案。我认为卡佩拉空间公司将具有竞争力，有可能获得DIUx授予的合同。"他没有提及朝鲜和J-39的特种部队。

DIUx于2016年9月发布了招标信息。卡佩拉空间公司是提交提案的几家公司之一。布涛和拉杰回到华盛顿，告诉索伦森和法里斯，DIUx已经找到了一个潜在的供应商，并试图争取更多资金，以打赌卡佩拉空间公司的技术可以为联合参谋部寻求的朝鲜问题提供突破。索伦森则委托一家外部分析公司对班纳扎德的设计进行尽职调查。分析结果证实了班纳扎德的说法——他的技术似乎能够在功能、尺寸和成本方面实现突破，而此前在这个联系紧密的小型合成孔径雷达领域，许多人认为这些突破是不可能的。

官僚主义的反击

2017年年初，拉杰和布涛再次前往华盛顿。这次他们是与高级军事和情报官员会面，为卡佩拉空间公司寻找资金。会议由国防部副部长鲍勃·沃克和参谋长联席会议副主席保罗·塞尔瓦共同主持：他们将决定是否资助卡佩拉空间公司。

出席会议的还有负责情报的国防部副部长，以及各情报机构、空军和DARPA的代表。

索伦森和法里斯向沃克和塞尔瓦介绍了他们的情况，认为五角大楼应该授予卡佩拉空间公司一份1500万美元的合同，以便该公司能够建造一颗原型卫星。他们解释说，卡佩拉空间公司将补充"数据平台"人工智能系统，实现对朝鲜的监视。如果进展顺利，计划总共投资5000万美元。

布涛是我们的卫星专家，他带领团队参观了卡佩拉空间公司为一颗背包大小的太阳能卫星设计的原型。布涛解释说，班纳扎德已经成功地在飞机上测试了他的一个合成孔径雷达传感器。下一步是，建造一颗原型卫星并将其发射到太空。

拉杰指出，1500万美元的合同对五角大楼来说很小，与国防部价值数十亿美元的定制间谍卫星相比，这简直是微不足道的小钱。如果我们能向卡佩拉空间公司承诺，国防部将成为它的客户，班纳扎德就可以筹集数百万风险投资来资助他的发展。实际上，我们将让硅谷投资者承担我们所需卫星开发的绝大多数研发费用。如果卡佩拉空间公司失败了，那么我们会损失1500万美元。但如果卡佩拉空间公司成功了，那么我们将拥有一个由小型卫星组成的星座，它有可能保护我们免受核攻击。

反对声立马涌现，而且不是因为钱。

会议室里的许多人刚刚参加了国会要求开展的一项漫长而详尽的审查，其目标是决定要为情报界和军方的合成孔径雷达要求提供多少资金。众议院和参议院委员会愤怒的工作人员不断收到关于谁想要什么以及每件事的成本的相互矛盾的说法。一旦他们认为自己有了一个综合的画面，就会有一些新的请求流入，为紧急任务寻求额外的能力。合成孔径雷达能力的构建成本高昂，国会和政府必须就资助哪些新能力做出权衡。每次国会审查合成孔径雷达能力时，他们都会重新评估是否值得继续进行耗资数十亿美元、超出预算、落后于计划的合成孔径雷达卫星计划——索伦森和法里斯必须找到替代方案，因为他们现在需要有关朝鲜的数据。情报界刚刚说服国会继续进行这一大型项目，但命悬一线。

这对DIUx解锁KN-08导弹战术画面的努力意味着什么呢？

这意味着会议室里的大多数人都反对它，因为我们耗资1500万美元的小试点项目如果成功，可能会让国会对这个失败的大型项目的持续支持产生怀疑，转而将我们的项目视为部分替代品。我们的项目只需很小的成本就能提供一些相同的功能。此外，在情报界卫星侦察的高级人员看来，使用未经证实的劣质商业技术的努力无论如何都注定会失败。为什么要冒一个对他们来说有很大政治风险的技术风险呢？

事实上，转向创业公司确实增加了风险因素。有了卡佩拉空间公司，国防部将转向购买卫星数据的使用权，而不是卫星本身。与传统的国防承包商不同，卡佩拉空间公司仍然可以向其他客户出售数据，这些客户可能包括商业公司，但需要获得美国政府、情报部门以及合作伙伴和盟友军队的适当许可。对五角大楼的一些人来说，这种数据的混合使用是可怕的。或许这也是可以理解的。

索伦森说：“它的辐射性太强了。这是我见过的最小的一笔让人头疼的钱。”

出乎意料的是，所有反对卡佩拉空间公司的论点都失败了。

国防部副部长鲍勃·沃克没有被反对意见动摇。在他看来，硅谷的太空初创公司是行动的地方，或者至少是行动的方向。沃克认可了DIUx的提议，即全面在轨演示卡佩拉空间公司的技术。副主席塞尔瓦附和道：“我赞成推进。”沃克和塞尔瓦是会议室里最有权势的两个人，也是五角大楼甚至整个美国政府在此方面最有权势的两个人。这里不会再有更多的讨论了：五角大楼会把钱拨给拉杰。

当拉杰和布涛乘坐优步的士前往机场时，布涛打电话给班纳扎德，告诉他为他开了绿灯。"我们很快就会为你准备好合同文件。"他说。

班纳扎德欣喜若狂。我们也是如此，这对DIUx来说是一场巨大的胜利。我们正在做阿什顿·卡特让我们做的事情：利用硅谷的力量为作战人员提供关键的新能力。

当时，我们不知道一根绊线已横在我们前进的路上，我们正要直接踩上去。我们离开华盛顿时感觉到已经胜利，但事实证明，这场战斗才刚刚开始。

韩国

在一个温暖的周六晚上，克里斯托弗走在首尔的街道上，在当天早些时候与驻韩美军司令部和美韩联军司令部司令文森特·布鲁克斯（Vincent Brooks）将军的机密简报会上了解到了一些信息。布鲁克斯是一名退伍36年的军人，从西点军校开始就有着杰出的记录，他是第一位非裔美国人的第一上尉，这是一名学员所能担任的最高职位。后来，他成为美国军队历史上最年轻的将军。与他肩负的责任形成巨大反差的是，他说话轻声细语，这是你意想不到的。

克里斯托弗在韩国是为了目睹DIUx将与卡佩拉空间公司一起解决的问题。他与美国国防创新委员会同行，后者正在评估朝鲜半岛的技术机会。

在一个安全且没有窗户的会议室里，布鲁克斯解释了他最担心的风险，以及为什么卡佩拉空间公司的合成孔径雷达卫星将改变游戏规则。布鲁克斯只是众多向五角大楼表示支持DIUx和卡佩拉空间公司的作战指挥官之一。布鲁克斯甚至谈到在他位于首尔的总部建立DIUx的分支机构，这样我们就可以更快地推进工作。

布鲁克斯说："朝鲜在山区建筑群里有导弹。他们有地下掩体，并且花了几十年的时间进行秘密建设。"布鲁克斯说，因为我们的卫星覆盖不足，"我们可能会进入一个局势升级非常快的周期，而我们没有信息主导权"。[24]这是一个令人不安的前景。在与布鲁克斯会谈后，该小组在釜山空军基地会见了情报中队，该基地仍在使用新的传感器操作U–2侦察机，该传感器安装在冷战时期的机身上，比驾驶飞机的飞行员的父母还老。克里斯托弗和美国国防创新委员会还飞往位于朝鲜海上边界岛屿的一个韩国陆军基地，该基地在21世纪初的一次韩国军事演习中遭到朝鲜炮击。第二天，该小组访问了非军事区（DMZ），这是韩国和朝鲜之间的无人区。非军事区成立于1953年，《停战协定》使朝韩双方停止了战斗，尽管没有正式宣布战争结束。这是一片约2.5英里宽的狭长地带，两侧都驻扎着对立的军队，双方都处于一触即发的状态。它被认为是世界上防御最严密的地方。每年，叛逃者都试图在炮火下越境。

自20世纪90年代中期以来，韩国与朝鲜的紧张关系一直在加剧。1994年，朝鲜驱逐了国际核武器核查人员。2010年3月，事态再次升温，韩国海军舰艇"切诺安"（Chenoan）号在黄海沉没，46人丧生。朝鲜否认对此负责，但某些国际组织认定是朝鲜鱼雷造成的。2010年11月，作为对韩国在延坪岛附近有争议海域进行炮击演习的回应，朝鲜军方向延坪岛发射了170枚大炮和火箭炮弹。韩国对朝鲜军队进行了回击。来回的冲突导致4人死亡、22人受伤，延坪岛也遭到破坏，克里斯托弗和美国国防创新委员会得以对该岛进行实地查看。这起事件发生在朝鲜公布新的铀浓缩设施几天后，这一威胁严重到让韩国政府考虑要求美国在韩国部署战术核武器。此后不久，金正日宣布，他的儿子金正恩将接替他成为朝鲜最高领导人。

美国司令部很清楚朝鲜的能力，这让首尔这个距离朝韩边境仅30英里、拥有近1000万人口的城市不断处于危险之中。轰炸（仅针对首尔，朝鲜人每小时就可以发射16000发炮弹[25]）只是其中一个威胁。布鲁克斯说："还有一件事让我彻夜难眠，那就是生化武器的威胁。"

美国司令部知道朝鲜拥有多少火箭发射器，还知道一旦袭击开始，韩国人需要多长时间才能进入地下避难所。根据这些数字，在冲突的最初几个小时，平民伤亡人数完全有可能达到数百万。谈话内容转移到了另一个话题上——如果朝鲜决定执行袭击计划，扩大太平间的容量将是必要的。

布鲁克斯说："如果我们不能在他们进入攻击位置之前阻止他们，那么我们的代价将非常高。"[26] 布鲁克斯迫切需要合成孔径雷达小型卫星能够实现发射前的解决方案。

当晚，克里斯托弗和美国国防创新委员会随行人员在首尔一个时尚的地方与美国大使馆和军事人员共进晚餐。之后，克里斯托弗沿着河流和街道散步，在首尔充满活力的周六晚上喝着酒，看到成千上万的人在这个繁荣的国家享受夜晚，尽管从技术上讲，南北之间的战争仍在进行。

当人们知道这座闪闪发光的现代化城市很容易被烧成灰烬时，他们的日常生活是如何进行的？虽然每个人都知道危险，但很少有人纠结于克里斯托弗和其他人在机密简报中遇到的复杂细节。回想与布鲁克斯的那次对话，克里斯托弗不寒而栗，但他肯定了DIUx工作的重要性。

启动卡佩拉空间公司

拉杰和布涛于2017年3月回到山景城，与卡佩拉空间公司签订了一份合同。该协议的条款是，DIUx将根据卡佩拉空间公司达成的既定里程碑，比如提供图像和演示系统工作，向卡佩拉空间公司分期支付1040万美元。索伦森说："这是从爬行到行走再到奔跑的过程，但我们正在将时间压缩到18个月或更短。"

DIUx支付的款项并非对股权的投资。这些款项是代表国防部的客户支付的，这些客户将购买卡佩拉空间公司的卫星搜集的数据。对卡佩拉空间公司来说，我们的合同代表了有保障的收入流——这是初创公司在筹集资金时向投资者展示的最有价值的东西之一。它将成为企业的涡轮增压器。在与DIUx签署协议后不久，卡佩拉空间公司在由DCVC（数据资本风险投资公司）和斯帕克资本（Spark Capital）两家著名的深度科技风险投资公司牵头的A轮融资中筹集了1270万美元。当年7月，《纽约时报》头版刊登了一篇题为《硅谷的微小卫星可能有助于追踪朝鲜导弹》的报道，报道援引拉杰的话说，卡佩拉空间公司有望在2017年年底或2018年年初让五角大楼使用一颗卫星。《纽约时报》资深国家安全记者大卫·E. 桑格（David E. Sanger）报道称："该公司表示，如果成功部署，天上的雷达舰队将能够每小时监测重要目标。"[27]

对合成孔径雷达技术来说，这是一个激动人心的时刻。卡佩拉空间公司准备成为第一家构建商用合成孔径雷达能力的美国公司。它花了整个夏天的时间进行人员配置，班纳扎德和他的团队正夜以继日地为我们建造一颗原型卫星。一个让人感觉良好的故事似乎正在实现，但事实上，卡佩拉空间公司的第一个付费客户——DIUx还没有得到承诺的资金。

一些奇怪的事情正在发生。我们期望从华盛顿得到的钱一直没有到位。起初，我们并不太担心。布涛正在密切跟踪这件事，有时会被告知有文书工作上的麻烦，或者需要另一个人的签字批准。他还会从一个接一个的人那里被推来推去。人们告诉他，这只是官僚主义。你知道事情是怎样的，五角大楼行动缓慢。

事实是，当沃克和塞尔瓦在2017年1月的会议上推翻了情报界的反对意见时，他们便触发了一种迅速且悄无声息的"自身免疫反应"，这种反应始于充满神秘色彩的隐蔽间谍卫星世界中的资金持有者。尽管三名作战指挥官签署了意向书，尽管我们得到了驻韩布鲁克斯将军的支持，尽管沃克和塞尔瓦直接下达了命令，尽管人们对朝鲜当地可能发生的事情越来越担忧，但卡佩拉空间公司的钱仍留在华盛顿。

渐渐地，我们确实有一些事情需要担心。有人在不知情的情况下扣留了这笔钱，或者至少放慢了转账的速度。而且，正如我们将要发现的那样，延迟是一个绊倒我们的计划的一部分。

当年春天，管理和预算办公室召开了一次会议，我们不得不再次提出1500万美元预算的理由。我们的对手成功地将我们的合成孔径雷达项目拖入了更大的斗争中，从而触发了国会重新规划预算的门槛。这就要求军方的四个监督委员会签署资金变更。

除了众议院国防拨款小组委员会（HAC-D）以及伊芙琳和埃德等人之外，国会山上的每个人都对这一请求表示同意。这些人曾试图把DIUx杀死在摇篮里。托尼·伊拉迪（Tony Ierardi）中将在伊拉克战争和阿富汗战争中都经历过战斗，指挥过陆军第一骑兵师，并在其职业生涯中达到顶峰，成为联合参谋部负责部队结构、资源和评估的主任，被称为J–8。近千人为他工作。一辆官方政府轿车载着伊拉迪中将和布涛来到了国会山。他们穿过我们为DIUx的生存而战的众议院拨款委员会办公室的同一扇门。"这是我一生中最悲惨的经历，"布涛回忆道，"伊拉迪将军打开他的演示文稿。我们甚至没有翻过第一张幻灯片。在后面的三个小时里，他们不停地斥责DIUx和整个部门。三个小时没停。"

这是拉杰和克里斯托弗与伊芙琳和埃德的又一次对决，只不过这次是联合参谋部的最高项目官员请求帮助瞄准朝鲜核导弹。伊拉迪将军说："嘿，这显然是一件针对你的情绪化反应。"他们本计划只在那里待45分钟，但会议持续了很长时间，当他们结束时，他们的司机已经回家睡觉了，让他们坐优步的士回五角大楼。"所有人都穿着我们的A级制服挤在后面，这是有史以来最荒谬的事情。"布涛回忆道。

更大的障碍出现在7月。五角大楼的一次高层会议在仓促的通知下召开，我们不得不在只有四个小时准备的情况下搭乘红眼航班。第二天早上，在国防部副部长的会议室里，国家情报局首席副局长斯蒂芬妮·奥沙利文直接呼吁沃克和塞尔瓦将卡佩拉空间公司项目的所有工作暂停更长时间，因为她仍然觉得继续推进会有扰乱国会委员会的风险。奥沙利文要求一名四星上将和国防部副部长停止追踪KN-08导弹的计划，因为她需要更多的时间在国会山推动自己的项目。克里斯托弗看着拉杰，拉杰看着索伦森，索伦森看着法里斯，我们都惊呆了，我们四个人从来没有见过这样的事情。然而，在平衡了许多考虑因素，包括五角大楼和情报界之间的关系，以及他们自己的个人工作关系后，沃克和塞尔瓦尊重了她的要求。等待将继续。

在战争中等待几乎总是错误的答案。在DIUx的第一周，我们遇见了"蛇"詹姆斯·克拉克（James "Snake" Clark），这位干劲十足的行动者，在"9·11"事件前几个月追捕本·拉登（bin Laden）的行动中，想出了如何在61天内将"地狱火"导弹安装在"捕食者"（Predator）无人机上。第一次试射发生在2001年2月16日。克拉克本可以更快地部署这种能力，但由于官僚主义的障碍而放慢了速度。他和他的团队非常接近于让美国有能力在"9·11"事件之前将本·拉登从战场上带走。如果他们在"9·11"事件几周前就具备了作战能力，那么世界历史将有所不同。克拉克告诉我们两件事："目标要远大；要知道，每个人都可能会来找你。"他像F-4战斗机前飞行员一样说话，非常直白地告诉我们被对手追赶时的感受，使用了一个涉及男性身体部位和美膳雅（Cuisinart）食品加工机的无法描写的比喻。

这或多或少地描述了我们在与沃克、塞尔瓦和奥沙利文会面后拖着疲惫的身躯回到旧金山时的感受。转折发生在2017年10月，当时我们仍在等待沃克最初下令的资金转账。华盛顿有人（就像我们的许多战斗一样，我们不知道是谁）威胁要就技术问题对我们进行调查。因为我们在没有资金转移的情况下与卡佩拉空间公司签署了合同，所以从技术上讲，我们违反了五角大楼的采购规则，即《反赤字法案》。这是国会在19世纪70年代通过的一项法案，旨在阻止行政部门和军队制造"强制性赤字"，即在没有国会批准和留出资金来支付债务的情况下与商业部门签订合同。在该法案实施的150年中，从未有人被指控违规。

然而，我们受到了法律后果的威胁。我们是时候暂停了。DIUx不得不向卡佩拉空间公司发出"停工令"。在资金实际到账之前，我们不能让自己面临进一步的风险。

我们被陷害了吗？感觉确实如此。就像很多事情一样，我们永远不会知道。

"停工令"给卡佩拉空间公司带来了更大的问题。

班纳扎德根据从DIUx获得收入的承诺筹集了风险投资，但现在收入将无限期推迟，可能根本不会到账。他将如何向那些向卡佩拉空间公司投入数百万美元的投资者解释这一点呢？布涛主动提出与卡佩拉空间公司的投资者交谈，并向他们保证，这个问题与卡佩拉空间公司的技术无关，完全是五角大楼的恶作剧造成的——尽管这也不能完全令人放心。如果DIUx不能信守其签署的合同，为什么有人要相信我们所说的话呢？

班纳扎德回忆道："这对卡佩拉空间公司来说真的很糟糕。确实艰难。我不想说这家公司走上了一条险境之路，但在资金非常紧张的早期日子里，当你正试图真正兑现承诺时，任何挫折都会有某种生死存亡的感觉。这肯定有那种感觉。'停工令'有一些神秘之处。为什么会发生这种情况？从总体上看，钱并不多。所以，它周围笼罩着一片乌云，这片乌云造成了很多不确定性。我们从我们认为的该产品最重要的客户那里收到了'停工令'，所以这件事情肯定很复杂。"

除了推迟卡佩拉空间公司的技术，停滞的合同意味着该公司不得不以较低的估值向投资者寻求新一轮风险投资，并放弃更多的公司股权。班纳扎德说："所以，我们的股份被进一步稀释了，我们不得不推迟第一次发射。这次发射的延迟真的很痛苦，因为如果你没有卫星，你就无法筹集下一轮资金。所有这些都是联系在一起的。"

这场惨败是DIUx 2.0在硅谷的第一次重大声誉挫折。多年来，传统观点一直认为，你永远不应该与国防部达成协议，因为国防部需要很长时间才能签署合同，即使你得到了合同，你也不知道钱什么时候会真正到位。但后来我们来了，告诉大家事情已经改变了，我们是能以硅谷速度完成任务的人。卡佩拉空间公司的"停工令"也破坏了我们的信誉。

几个月后的2018年7月，资金仍未到位，拉杰和布涛通过动用卡特在DIUx开业时指导的"机动资金"来支持卡佩拉空间公司。正是这些资金让DIUx与伊芙琳和埃德两位试图"归零"DIUx预算的国会工作人员产生了如此大的分歧。资金已经分配给了其他项目，但我们需要挽回面子，更重要的是，让一项有前景的技术落地。班纳扎德说，布涛能够发布"复工令"，"这很好，但它改变了我们对政府有多可靠的看法。从那时起，我必须意识到我不能依赖他们"。对于任何国防部合同，"我认为钱不会在那里。如果钱真的到了，那就太神奇了；但如果钱没到，它也不会对我构成生存威胁"。

那时，索伦森和法里斯已经离开政府，成立了自己的卫星公司——轨道效应公司（Orbital Effects）。鲍勃·沃克不久后也离开了。好消息是，对卡佩拉空间公司来说，这场惨败只是道路上的一个颠簸。2018年年底，该公司向太空发射了第一颗测试卫星。2020年，卡佩拉空间公司发射了第一颗商业卫星，并迎来了第一个客户——具有讽刺意味的是，这是一个盟国的情报部门（班纳扎德不能说出它的名字）。从那以后，卡佩拉空间公司又发射了七颗卫星，业务蒸蒸日上。2022年，卡佩拉空间公司筹集了9700万美元的风险投资，仅几个月后，又从另一家风险投资公司筹集了6000万美元。

最初为解决朝鲜KN-08导弹问题而组成的"数据平台"试点项目，最终被纳入其他更先进的人工智能预警项目中，尽管卡佩拉空间公司的图像数据并没有被纳入正在进行的工作中。当俄乌冲突爆发时，美国国家侦察局（NRO）开始购买卡佩拉空间公司的卫星数据，卡佩拉空间公司最终赢得了更多的国防部业务。[28]布涛希望在俄乌冲突中果断使用商业太空能力，从而能够带来他最初希望的卡佩拉空间公司项目可能引发的巨大变革。

至于奥沙利文和其他人极力保护的价值数十亿美元的卫星项目，

到2023年，赢得合同的公司仍然没有交付一颗工作卫星，五角大楼正在向其他主承包商征求新的投标。因为这是一个"黑色"项目，我们永远不会知道它到底浪费了多少钱，出了什么问题，或者是谁把事情搞砸了——这些都是机密。

与此同时，朝鲜继续展示实力。2022年12月，五架朝鲜无人机躲过韩国防空系统，向南飞行，其中一架甚至飞到了首尔。韩国军方就其未能击落无人机发表了正式道歉，韩国总统尹锡悦呼吁加强防空，并誓言要"加强我们的监视能力"。

随着我们继续发掘商业技术带来的更多可能性，布鲁克斯将军要求设立的那个DIUx办公室可能会出现。

第五章
X 局失去 X

截至2017年年底，DIUx利用来自30个军事实体的8400万美元资金，签署了48个项目合同。[1]通过使用我们的OTA解决方案，DIUx团队平均在60天内完成交易。对初创公司来说，我们的合同只是第一步——这些公司可以获得少量资金来开发一个试点项目或概念验证，如果成功了，它们将进入下一个阶段，它们的试点项目将转变为军方客户的实际生产合同。在五角大楼传统的采购过程中，从试点项目过渡到生产合同可能需要数年时间。但我们在几个月后就可以开始这么做了。2017年，我们将两个项目从试点阶段转入生产阶段，其中包括一份价值3500万美元的网络安全公司塔宁（Tanium）合同——为美国陆军网络事业技术司令部（NETCOM）提供服务[2]，该司令部为陆军提供所有网络基础设施。在国防部的世界里，这是闪电般的速度。正如卡特所设想的那样，当我们向投资组合公司承诺未来有来自国防部的收入时，它们就能够说服风险投资家对其进行投资。总的来说，我们投资组合中的公司筹集了18亿美元的风险投资。卡特吸引硅谷为军方生产产品的愿景正在实现。

　　我们在五个投资组合中下注：人工智能、自主性、人类系统、信息技术和太空。在人工智能领域，我们与一家名为C3.ai的公司合作，该公司的软件可预测飞机的维修需求，为空军节省了数百万美元，还能让更多的飞机保持飞行状态。我们的人工智能团队还帮助策划了一项名为"玛文专项"的倡议。亚马逊、微软和谷歌正在开发计算机视觉算法——可以看见的计算机代码，这增强了军方追踪ISIS武装分子的能力。在人类系统中，我们与一家公司合作，该公司使用可穿戴设备监测侦察排士兵的脱水情况——这曾经是任务失败的主要原因。另一家初创公司开发了使用骨传导进行通信的耳塞，使作战人员能够在高噪声环境中交谈。我们的IT团队在网络安全方面取得了胜利，并帮助将现代软件开发技术带到了国防部。

我们投资组合中的一个佼佼者是由卡内基梅隆大学计算机科学教授大卫·布鲁姆利（David Brumley）和他的几名研究生创立的福全安公司。2016年，布鲁姆利的团队参加了在拉斯维加斯举行的DARPA大挑战赛。在这场比赛中，黑客团队在超级计算机上运行自主网络安全软件，看看哪个团队能在没有人为干预的情况下最好地抵御网络攻击。布鲁姆利的软件名为"魅骇魔"（Mayhem），可以自行搜索数百万行代码，发现漏洞并进行修补。人类网络安全专家需要数月甚至数年才能完成的工作，可能在数小时甚至数分钟内由魅骇魔完成。DIUx网络团队立即意识到魅骇魔在保护武器系统方面的潜力。[3]在该技术击败数十名竞争对手并赢得DARPA大挑战赛后，他们安排福全安公司为国防部内部的几个客户进行试点项目。其中一个试点项目最终达成了一份价值4500万美元的合同。根据该合同，福全安公司将向空军、陆军和海军提供魅骇魔。[4]

另一个未来的赢家是盾牌AI，这是一家由两兄弟创办的公司，他们分别是海豹突击队前队员布兰登·曾（Brandon Tseng）和毕业于麻省理工学院的工程师瑞恩·曾（Ryan Tseng）。他们的第一个产品是基于布兰登在阿富汗期间的一个想法,当时海豹突击队在不知道是否有敌人的情况下突袭建筑物。布兰登认为,可以制造一种小型无人机,在海豹突击队破门而入之前,用它飞入建筑物并传输内部视频。在DIUx,我们在2016年发现了盾牌AI,当时该公司只有五个人。我们从我们的自主投资组合中授予了他们一份合同。到2018年,该公司的"诺瓦"(Nova)无人机已被部署在作战任务中。无人机使用人工智能自主操作,并在建筑物中自主飞行。由于我们的支持,盾牌AI后续筹集了数亿美元的风险投资,估值已超过20亿美元。该公司已经赢得了空军和海军的合同,《华尔街日报》称赞其技术是"第一款用于作战的自主机器"。[5]

2017年,DIUx一直从商业部门招聘顶尖人才。到当年年底,我们已经在山景城、波士顿和奥斯汀三个办公室培养了几十名全职员工,以及55名预备役军人和警卫。

与此同时,硅谷的投资者和企业家对与五角大楼合作越来越感兴趣,这不仅是因为DIUx降低了进入门槛,并推动了如此多的项目向前发展,还因为其他以国防为导向的大型初创公司正在获得吸引力。进行大数据分析的帕兰提尔公司(Palantir)和向太空发射有效载荷的埃隆·马斯克(Elon Musk)的SpaceX正在迅速发展,并赢得了政府业务。安杜里尔工业公司是一家计划开发无人机杀伤技术的公司,拉杰在其成立之前就接触过该公司的领导人。2017年,该公司在成立时迅速筹集到资金——风险投资家们非常渴望投资。到2019年,风险投资家们对安杜里尔工业公司的估值达到了10亿美元,使其成为硅谷的"独角兽"。

我们关于创新和以创业速度运作的想法正在军队中传播。空军的凯塞尔之旅团队,诞生于我们在卡塔尔联合空中作战中心的"贡库拉特"项目,正在获得动力。空军还开设了一个名为

"AFWERX"的技术加速器,其任务是识别具有创业能力的服役人员,与科技公司合作,并找到使用自主技术的方法。受DIUx的启发,在陆军参谋长马克·米利(Mark Milley)将军的指导下,陆军推出了自己的公共–私人技术孵化器,名为陆军未来司令部(AFC),以实现军队现代化。总部位于得克萨斯州奥斯汀的未来司令部从2018年的12人增加到2019年的24000多人,并获得数十亿美元的资金。这一切都是将硅谷的技术和思想注入五角大楼如何开展业务的运动的一部分。

我们这一年中最大的亮点(事实上,对我们来说,这是一个成败攸关的时刻)是2017年8月国防部部长詹姆斯·马蒂斯的访问,他在对西雅图和硅谷进行为期三天的访问期间参观了DIUx的办公室。他的行程包括亚马逊、微软和谷歌。自从特朗普总统当选,且我们的赞助人阿什顿·卡特离任,并被马蒂斯取代以来,我们一直屏住呼吸。向新政府过渡总是很棘手的。几个月来,我们一直生活在恐惧中,担心自己在刚开始起步的时候就被关闭。我们在五角大楼的所有支持都消失了。离开五角大楼的不仅仅是卡特,还有他的工作人员、副手以及与我们建立联系的军事部门秘书。我们正在重新开始,不清楚我们是否还能直接向国防部部长报告。

马蒂斯面临着额外的挑战。之前,他离开了中东的指挥岗位,前往斯坦福大学做研究员。他从海军陆战队战斗和牺牲的拉马迪(Ramadi)和费卢杰(Fallujah)战场,换成了一个阳光明媚的世界,那里的大学生骑着摩托车从庄严的"使命复兴风格"砂岩建筑前飞驰而过。到达硅谷后,马蒂斯成为西拉诺斯公司(Theranos)的董事会成员。西拉诺斯是一家血液检测初创公司,其创始人伊丽莎白·福尔摩斯(Elizabeth Holmes)因参与欺诈,最终陷入丑闻。马蒂斯于2017年1月担任美国国防部部长时辞去了该公司董事会的职务。但这段经历让他对硅谷保持警惕，他在公开场合发表了一些评论，大意是硅谷到处都是小贩和江湖骗子。

在马蒂斯访问DIUx的前一天晚上，我们在一次多位科技巨头参加的晚宴上招待了他。在一间私人房间里，我们让马蒂斯会见了顶级风险投资公司安德森-霍洛维茨（Andreessen Horowitz）的创始人马克·安德森（Marc Andreessen）和初创公司孵化器YC（Y Combinator）的创始人萨姆·奥尔特曼（Sam Altman），他们随后创立了ChatGPT的开发者OpenAI，并于2022年发起了一场人工智能革命。安德森向马蒂斯保证，风险投资公司希望投资于国防相关技术。虽然多年来硅谷一直回避与五角大楼做生意，但DIUx改变了主流观点。每周拉杰都会接到风险投资家的电话，他们渴望投资我们的投资组合项目。安德森还向马蒂斯保证，五角大楼首次组建了一个了解技术、能够与企业家合作、行动迅速的团队。"支持DIUx，"他说，"这是几十年来我们在国防部看到的最重要、最有价值的事情。"

这让马蒂斯成为一名信徒。第二天早上，当他在DIUx花了半天时间听取我们项目的简报时，我们达成了协议。他对我们使用无人机所做的工作印象特别深刻。马蒂斯从叙利亚和阿富汗的指挥官那里听说，无人机正在成为一个真正的问题。ISIS和叛乱分子使用廉价的无人机，这些无人机只需几百美元就可以买到，用于监视我们的部队并直接向我们的部队开火。他们甚至派遣无人机群进入摩苏尔，向我们的部队投掷手榴弹。在至少一起事件中，这种行为导致了人员伤亡。

马蒂斯知道我们必须解决这个问题。国防部库存中的主力无人机是昂贵的"扫描鹰"无人机和"捕食者"无人机。前者由波音公司制造，每架造价约100万美元；而后者耗资3000万美元，需要一个15人的团队在内华达州远程操作。这些装备以其自身的方式非常强大，但在与ISIS的战斗中，士兵无法从背包中拿出它们。

另一个挑战是，美国政府不希望军队在战斗中使用大疆无人机。[6]军队发布了一项命令，禁止士兵在战斗或训练中使用大疆无人机[7]，但士兵们还是自掏腰包购买它们，并用它们监视ISIS的阵地。士兵们之所以购买大疆无人机，是因为大疆垄断了小型无人机的市场，而美国制造商没有像样的替代品。

我们凭借两位技术奇才的演讲赢得了马蒂斯的支持，他俩组建了一个名为"侠盗中队"的DIUx无人机团队。[8]其中，马克·雅各布森（Mark Jacobsen）是一名空军中校，他的职业生涯始于货运飞行员。在斯坦福大学获得政治学博士学位之前，他研究过叙利亚内战。瑞安·比尔（Ryan Beall）是一名年轻的海军直升机飞行员、无人机爱好者和软件专家。当他们向马蒂斯展示他们一直在做的工作时，马蒂斯激动不已。

雅各布森和比尔在我们位于莫菲特机场的办公室旁边的一个旧仓库里成立了侠盗中队。这个仓库因其迷宫般的链环围栏而得名"笼子"，曾经用于储存武器，没有自来水、空调和暖气。夏天酷热，冬天寒冷，里面放满了实验室长椅、计算机终端，以及与外面模拟战场上的实验无人机和反无人机的实时通信连接设备。雅各布森和比尔拥有近50架不同制造商制造的各种型号的无人机。当他们提出将这些无人机捐赠给DIUx，为"蝙蝠洞"（Batcave）提供一套入门硬件时，我们的律师告诉他们不能这么做。DIUx缺乏"礼品授权"，因此接受免费商品或服务是违反规定的。律师从未注意到雅各布森和比尔完全无视她，并且及时用DIUx购买的无人机替换了他们捐赠的无人机。

侠盗中队的第一个任务是帮助我们评估无人机初创公司的技术主张。公司代表会声称拥有某些能力。雅各布森和比尔将把原型带到我们的测试场进行模拟战斗——侠盗中队的无人机和反无人机系统扮演红队，即坏人，初创公司的人扮演蓝队。"红队测试"很有趣，但从那时起，侠盗中队开始了他们的第一个真正项目，搜索大疆无人机内部的软件，以发现代码中的漏洞。

在美国军队，虽然没有人喜欢使用大疆无人机，但战场操作员知道大疆无人机比市场上的任何其他无人机都要好，比陆军和海军陆战队派往前线作战部队的标准便携式无人机领先了几代。我们需要找到一种使用大疆硬件的方法。大疆操作系统中的一个漏洞能够使比尔编写一个黑客代码，以便美国人能够安全地在现场使用。侠盗中队在一个安全的政府网站上发布了黑客攻击代码。一年内，国防部内的200多个组织下载了该软件，并将其安装在他们使用的大疆无人机上。[9]

一个更加雄心勃勃的侠盗中队项目始于DIUx大厅里的一次偶然闲聊，这种交流只有在一个创新者遇到另一个创新者时才会发生。在DIUx的第一个早上，比尔碰巧坐在大厅里的一名海豹突击队队员旁边。这位海豹突击队队员告诉他："我刚从阿富汗轮值回来，无人机在那里变得越来越重要。我们被打得很惨，我们看到的最大问题是，有时我们虽然缴获了无人机，但无法找到无人机操作员。"[10]当时，缴获的无人机数据被利用的唯一方法是，将其装箱并从战场运到实验室，实验室会在几周后发送一份取证报告。没有办法实时恢复无人机的发射位置。[11]

海豹突击队队员询问比尔是否可以开发一款安卓应用程序，作战人员可以携带该应用程序在战场上定位被缴获的无人机的操作员。比尔使用一种名为"线鲨"（Wireshark）的工具，逐字节显示网络流量，借此对大疆无人机的通信协议进行逆向工程。两周后，比尔完成了这款安卓应用程序。[12]"我刚自学了这个工具，将其连接到无人机，然后开始尽我所能地研究无人机中的软件，想弄清楚它是如何运作的。"¹³当时没有描述大疆软件协议的手册。对我们来说，幸运的是，比尔拥有一种天赋，能够梳理数千行代码来破译程序的工作原理，甚至连他自己都不完全理解自己为何有这样的才能。他回忆道："那就像在看《黑客帝国》(The Matrix)一样。我就是弄明白了。"

正如雅各布森所指出的，由于美国在世界各地的军事基地和港口不断受到无人机的监视，因而定位敌方无人机操作员的需求变得越来越迫切。用军事术语来说，无人机被称为"无人驾驶系统"(UAS)，用于对抗无人机的系统被称为"反无人机"解决方案。雅各布森回忆起舰队周活动中的一次事件，当时海军将数十艘船只停在港口进行公开展示，"我们在一天内遭遇了40架无人机闯入事件"。¹⁴这些可能都是业余飞行员四处窥探，但我们很容易想象，将业余无人机武器化会导致海军未来无法防御的"珍珠港事件"。

能够定位无人机操作员的侠盗中队软件是一件大事。但随着时间的推移，一场猫捉老鼠的游戏随之而来。无人机会更新软件，我们的黑客攻击不再有效。我们的黑客就必须重新开始。从本质上讲，我们的软件程序员正在对他们的软件程序员发动一场无形的战争。这是一种新型的战争，战斗不是用坦克和导弹进行的，而是用笔记本电脑和代码进行的。谁拥有最好的程序员，谁就会赢。

比尔自己也做了很多软件黑客方面的工作，但他也找到了一种创造性的方式来寻求外界的帮助，那就是加入网络论坛，世界上最好的无人机黑客会在这些论坛上分享他们的成果。比尔没有向这个群体表明自己是美国军方成员。他只是一个普通黑客，分享自己开发的代码，并获得了其他人的信任。¹⁵最终，他会招募其中一些人从事大疆软件破解项目。可以肯定的是，我们的使命是找到与商业部门合作的方法。但招募一群生活在"白帽"和"黑帽"之间灰色地带的神秘黑客，是一种相当极端的做法。不过，如果这意味着我们可以将更好的技术掌握在作战人员手中，那么我们愿意改变规则。

正如雅各布森所看到的，黑客攻击大疆无人机并不是一个令人满意的永久性解决方案。比尔破解了某一代无人机的代码，但大疆不断发布新型号和新软件，还会更新现有无人机的软件。这意味着我们需要一遍又一遍地进行同样的黑客攻击。首选但雄心勃勃的解决方案是，说服美国企业家创办新公司，并制造比大疆更好的无人机。从本质上讲，就是启动一个全新的行业。雅各布森说："我们一直将针对大疆所做的工作视为权宜之计，这是一种短期的解决方案。从长远来看，这是行不通的。我们不应该将使用大疆无人机当作使用美国产品的替代方案。"

曾经有几家美国无人机制造商，但大疆已经让其中大部分制造商倒闭。雅各布森认为，打破大疆的垄断需要美国政府的大量投资，首先是投资自动驾驶仪和数据链等组件，然后是投资完整的无人机。DIUx与陆军的新型四旋翼机合作，想看看征集适合军事应用的新型无人机设计方案能否促使美国制造商将新型无人机推向市场。确实如此，DIUx资助的其中一家公司斯凯迪欧（Skydio）成了美国军方监控无人机的主要供应商。[16] 斯凯迪欧由三名麻省理工学院的年轻毕业生于2014年创立，在安德森-霍洛维茨公司和其他风险投资公司的支持下，斯凯迪欧已发展成为美国最大的无人机制造商，估值22亿美元。事实上，我们确实做了看似不可能的事情：我们帮助摇摇欲坠的美国工业恢复了活力。

国防部将这项工作扩展到一个名为"蓝色无人机"（Blue UAS）的更大项目[17]中，该项目公布了一份符合国防部标准的无人机清单，这相当于一份军用版本的"好管家认证标志"，以便美国政府的任何人都可以下订单。

当马蒂斯在2017年访问时，雅各布森展示了侠盗中队软件如何关闭大疆的安全漏洞，从而使美国军队可以安全地使用大疆无人机。美国国防部部长知道我们已经取得了巨大的突破，并且可以改变战场上的力量平衡，他没有掩饰自己的热情。他说："这太棒了。把这个作为你的首要任务。加快速度，扩大规模，解决这个问题。我会提供资金支持。会议一结束就马上着手去做。我希望你们能将规模扩大到整个国防部。"

会议一结束，马蒂斯的随行人员就跑到雅各布森面前，告诉他可以获取他所需要的任何资源。访问结束后，侠盗中队将在未来三年获得300万美元的资金，比最初的2.5万美元大幅增加。雅各布森用这笔钱雇用了民用软件开发人员，并按照马蒂斯的要求紧急扩大规模。

除了侠盗中队，我们还向马蒂斯展示了其他几个项目，我们可以看出，他对此印象深刻。访问结束时，拉杰陪同国防部部长前往他的车队，马蒂斯保证，我们将得到他的全力支持。他说："我需要你们继续做你们正在做的事情，但我需要你们更快地行动。我需要你们扩大规模。你们可以随时打电话给我，你们也可以来五角大楼见我。"

马蒂斯随后召开新闻发布会，公开祝福DIUx："在我看来，毫无疑问，DIUx不仅会继续存在，而且对国防部的影响会越来越大。我不仅拥抱它，而且热烈地拥抱它！我很感激卡特部长有先见之明。"[18]他甚至在随身携带的皮革笔记本封皮贴上了DIUx标志的贴纸。在之后的几周，DIUx的工作人员很高兴看到我们的标志出现在国防部部长与沙特阿拉伯王储及其他世界领导人会面的照片中。不久之后，马蒂斯进一步巩固了他的支持，他删除了我们名字中的"x"，将我们简称为"DIU"。[19]"x"代表"实验性的"。马蒂斯发出了一个信号：该部门不再是实验性的，而是五角大楼的组成部分。尽管X局已经正式失去了X，但在我们看来，它永远是X局，这是一项正在进行的实验，旨在冒险推动五角大楼其他部门无法推动的工作。

几年后，雅各布森和比尔不情愿地离开了侠盗中队。不重视非传统任务的军事人事系统坚持让他们去担任新的职务。雅各布森感叹道："想象一下，一家初创公司不得不每两年解雇一次高管团队。"他在亚拉巴马州麦克斯韦空军基地（Maxwell Air Force Base）的空军教育中心从事教学工作，现在他在那里开办了一个项目，向空军军官教授创业精神。比尔因黑客攻击无人机而非驾驶直升机，两次被拒绝晋升，于是他离开海军，前往国防初创公司——安杜里尔工业公司工作。2023年，他启动了自己的初创公司，制造军用无人机。侠盗中队最终从DIU转移到了国防部的另一个部门。[20]

在雅各布森看来，侠盗中队喜忧参半。与许多其他举措一样，五角大楼的官僚主义和欺诈行为阻碍了其发展。一个例子是，另一个政府机构向侠盗中队索要其开发的一款应用程序，比尔照做了，可不久之后，他的逆向工程代码出现在一个竞争对手的应用程序中，该对手花钱请承包商逐行构建。另一个例子是，尽管马蒂斯曾承诺在三年内向侠盗中队提供300万美元，但大部分资金从未到位，因为挤在众议院拨款委员会的伊芙琳和埃德等人将DIU的预算从五角大楼要求的数额中划掉了。此时，DIU不再直接向马蒂斯报告。试图进入国防部部长的日程安排，并为一笔小小的预算大吵大闹是很困难的，也许是不明智的。DIU试图获得其他资金，但请求不断被弹回。问题不在于有人渎职，这只是另一个例子，说明五角大楼错综复杂的机构有时甚至连国防部部长的命令都无法执行。雅各布森记得他忙着向承包商付款。他回忆道："我花了很多时间来帮助我们生存。"

帆龙公司

给马蒂斯留下深刻印象的另一家初创公司是帆龙公司,这是我们投资组合投资的首批公司之一,它正在开发可以在海上停留数月的自动驾驶船,以建造和部署驱逐舰的很小一部分成本来进行海洋监视,每艘驱逐舰的价格为20亿美元甚至更高。

帆龙公司创始人理查德·詹金斯本身就是一个多姿多彩的人物,这位英国人最初在2009年因打破风力陆地速度纪录而成名。他驾驶一艘名为"绿鸟"(Greenbird)的光滑"陆地游艇"在加利福尼亚州莫哈韦沙漠(Mojave Desert)以每小时126.2英里的速度航行。他是一个勇敢的人,是一个狂热的飞行员和水手,14岁时学会开飞机,16岁时便乘船横渡大西洋。对他来说,把自己绑在一个薄薄的碳纤维外壳里是家常便饭,当然,这个外壳本质上是一个带轮子的飞机机翼。

"绿鸟"是詹金斯将注意力转向海洋后将要建造的风力航行无人船的原型。在搬到加利福尼亚州阿拉米达(Alameda)后,他于2012年创立了帆龙公司,并在一年内建造了一艘无人驾驶船,在32天内从旧金山航行到夏威夷。2014年,他与美国国家海洋和大气管理局(NOAA)建立了合作关系,搜集海洋数据,并为保护目的进行渔业调查。他最初的商业计划是研究海洋,以评价气候变化的影响。但很快,他就意识到了自主船在国防方面的价值。詹金斯最终被介绍给DIUx,DIUx向卡特分享了他的技术,卡特随后将詹金斯召集到华盛顿做演讲。

詹金斯回忆道:"我甚至不知道国防部部长是谁。有人告诉我,'你要向阿什顿·卡特介绍',我想,'阿什顿·卡特是谁?'"[21]

詹金斯来到这里后发现,他是要向卡特以及国防部负责采购、技术和后勤（AT&L）的副部长弗兰克·肯德尔（Frank Kendall）做汇报的五位企业家之一。肯德尔是五角大楼的主要武器买家，现在是空军部部长。卡特是一位才华横溢的科学家，但也因其犀利的言辞和易怒的个性而闻名——基本上可以说是可怕的。詹金斯说："就在我正要上台的时候，一个穿着空军制服的大个子向我走来，问我是否需要一些建议。我说好，然后他说，'别搞砸了'，接着拍了拍我的后背，把我推上了讲台。"

詹金斯不用担心，卡特和肯德尔立即看到了帆龙公司正在打造的产品的潜力，几周内，詹金斯接到五角大楼的电话，问他部署一支覆盖北太平洋的无人舰队大概需要多少钱。每艘无人艇都将配备通信设备，以便作为一个网络来运行。就在特朗普当选几周后，卡特和肯德尔失业了，这个项目也没了下文。但DIU的另一个机会出现了。2017年，帆龙公司为美国南方司令部（SOUTHCOM）运营了一个试点项目。该项目表明，帆龙无人艇可以通过拖曳声呐阵列来追踪毒品走私者使用的快艇和潜水器，实际上为这一特定用途提供了与海军驱逐舰相同的能力。

詹金斯很快意识到，无人艇本身并不是业务的核心——真正的产品是无人艇可以生成的数据。他的技术人员在无人艇上安装了摄像头，每五秒钟拍摄一张照片，迅速积累了大量数据。然后，他们训练了可以分析图像的机器学习软件。詹金斯说："人们看到帆龙公司，就会认为我们是一家硬件公司，但硬件只是整个难题的20%。"他将无人艇比作卡车，甚至将帆龙公司的三款机型称为F-150、F-250和F-350，以向福特致敬。"卡车能让你进入这个领域。但正是你放在卡车里的东西给了你价值。正是你对这些数据的处理给了你向客户销售的东西。"

如今，帆龙公司已经积累了一个数据集，其中包含数十亿张鸟类、鲸鱼、海豚、冰川和船只的图像。它的自主船只也变得越来越有能力。2019年，帆龙无人艇成为首款完成南极环球航行的无人驾驶船。2021年，帆龙公司还将一艘船送入飓风萨姆（Hurricane Sam）的风眼。在拍摄历史性视频的同时，它经受住了每小时高达135英里的大风和100英尺以上的巨浪。

在DIU合同的支持下，詹金斯为早期的帆龙公司筹集到3000万美元的风险投资资金。现在，帆龙公司已经筹集了近2亿美元。DIU的OTA承包系统使政府机构很容易与帆龙公司签订合同，该公司如今在为许多军事和民用机构提供服务。现在，帆龙公司拥有260名员工，其中许多是软件工程师。

2022年，当伊朗海军扣押了两艘在红海执行监视任务的帆龙船只时，帆龙公司出现在了新闻中。[22]詹金斯和他的团队通过实时观看无人机传回的摄像头画面，目睹了整个事件的过程。在紧张对峙和多次交涉之后，这些船只被归还给了美国海军。对詹金斯的帆龙无人艇的临时扣押突然成为全球头条新闻，这是伊朗和美国海军之间的最新纠葛。詹金斯解释说，这件事最终对公司的业务很有好处，因为"它让我们在整个政府部门中都有了知名度。五角大楼的很多人从来没有听说过帆龙公司，或者只是认为这些船只仅仅是用于试点项目的原型。四年前，我曾试图向海军高层推销帆龙公司，但他们简单地拒绝了我们。他们说：'你们这些家伙，你们的船就像玩具。船太小了，没什么用。我们有大船，有航母。'现在，情况完全改变了，人们开始欣赏小型无人驾驶船的功能了"。

与伊朗的小冲突也支持了詹金斯一直提出的论点，即这些船只绝对会被扣押。"我很惊讶它花了这么长时间才发生。"他说，但这不是问题，因为硬件方面没有什么特别之处，数据是加密的或可删除的。正如詹金斯所说的，这次扣押有助于帆龙公司了解当无人艇在"被拒环境"中运行时会发生什么。"我很长一段时间以来一直在说,你应该期待无人系统被缴获。除非你愿意真正保护它们,否则你无能为力。这就是为什么它们需要使用不受出口管制的现成技术建造。你应该能够将你的资产交给最老练的对手",并确信他们无法从中得到太多信息。

詹金斯的角色已经从简单的构建技术发展到为无人系统在防御战略中的作用提供建议。"在最初的几年里,我总是在展示这项技术,并思考,'我是来告诉你如何使用它的那个人吗?那么你必须是专家'。我想,三四年后,当我向一位海军上将描述我们可以做的事情和我们可以解决的问题时,这是一个黎明时刻。他说:'你们在我们需要去哪里的问题上远远领先于我们的想法。'当事情进展迅速时,政府几乎会被其惯性束缚。"

俄乌冲突也有助于提高人们对远洋无人艇力量的认识,无人艇与反舰导弹一起被用来击沉黑海的俄罗斯舰艇,其中包括俄罗斯的导弹巡洋舰旗舰"莫斯科"号,这是一艘600英尺长的军舰,有510名船员。乌克兰甚至没有海军,却基本上消灭了俄罗斯的黑海舰队,将其40艘舰艇变成了海军战略家所说的"存在过的舰队"[23]——一支在功能上被击败的舰队。这场冲突使许多人意识到,海上战争的未来正在发生变化。在一个高超音速武器和反舰导弹可以轻易摧毁海军舰艇的世界里,花费数十亿美元建造驱逐舰和战列舰已经没有意义了。詹金斯回应了参谋长联席会议前副主席桑迪·温内菲尔德上将和其他人的评论,他说:"在我们找到反舰高超音速飞行技术的解决方案之前,你不会在与我们最先进的对手的冲突中再次部署舰艇。舰艇在和平时期具有有用的力量投射能力,但在真正的冲突中非常脆弱。"

正如无人机越来越多地承担起以前需要战斗机执行的任务一样,

海洋无人艇也将承担起以前大型海军舰艇所做的工作。詹金斯认为，未来的冲突将在很大程度上依赖潜艇和远程导弹，以及在水面和海底以网状网络运作的无人驾驶船只舰队。与其他地方一样，机器学习和人工智能将有助于理解数据，并为实时目标识别提供驱动力。

乔比航空公司

2016年，我们的一位合作伙伴、谷歌X实验室资深员工艾萨克·泰勒，发现了一位年轻的发明家乔本·贝维特和他的团队。他们当时在圣克鲁斯山脉（Santa Cruz Mountains）牧场的谷仓里工作。他们试图建造一辆飞行汽车，这是贝维特小时候在加利福尼亚州拉斯特钱斯（Last Chance）的一个偏远嬉皮士社区时就有的梦想。在技术语言中，它被称为电池供电的电动垂直起降飞机（eVTOL）。它酷到了极致。

艾萨克和DIU提出要帮助贝维特的乔比航空公司，获得该公司在加利福尼亚州蒙特雷附近乔隆的陆军基地亨特·利格特堡（Fort Hunter Liggett）测试原型的许可。[24]贝维特回忆道："我们选择了一个偏远的旧址，搭建了一个帐篷机库和相关设施，这样我们的试飞测试团队就可以在这里进行操作了。"[25]该公司开始试飞其"小尺寸"版本，但到2017年，他们已经在测试中制造出了全尺寸飞机。贝维特表示："该设施大大加快了我们飞机的研发和测试速度，并为公司的发展奠定了基础。"

像许多DIU项目一样，乔比航空公司正在设计一种"军民两用"产品，这意味着该产品既可以出售给商业客户，也能卖给军方。包括优步在内的几家公司都在试图打造空中出租车，这种出租车可以短距离接送乘客，以避免拥挤城市的交通堵塞。但我们也看到了军事应用的潜力，海豹突击队和空军也是如此，他们很快前往亨特·利格特堡去查看乔比航空公司的飞机，看看如何使用它，比如如何将人员和物资空运到战区。

从不同的角度来看，乔比航空公司的飞机看起来要么像一架巨大的无人机，要么像一架小型直升机。它的六个电动机水平设置，将机体抬离地面，然后翻转90度，起到螺旋桨的作用。该飞机可搭载四名乘客和一名飞行员，飞行速度高达每小时205英里，使乘客能够在7分钟内从曼哈顿中心快速抵达肯尼迪机场。它单次充电可以飞行150英里。此外，该飞机非常安静，这使它对隐形军事任务更具吸引力。

2018年，乔比航空公司从丰田人工智能风投那里筹集了1亿美元的风险融资，部分原因是DIU正在准备潜在的军事合同。2020年，丰田和其他公司又投资了5.9亿美元。那时，该公司已经完成了飞行器的设计，并在加利福尼亚州的马里纳市立机场（Marina Municipal Airport）建立了制造工厂。同年，乔比航空公司收购了其竞争对手之一优步电梯（Uber Elevate），这是优步创立的空中出租车服务项目。

2023年，乔比航空公司推出了它的首款量产飞行器，并宣布获得了一份价值1.31亿美元的合同，向空军提供电动垂直起降飞机，[26]这使美国军方成为乔比航空公司的第一个付费客户。乔比航空公司在2023年年底交付了第一架飞机，预计将于2025年投入使用。从圣克鲁斯山脉的原型机过渡到军方使用的飞机只需要不到十年的时间，这在军用航空领域的推广速度非常快。想想洛克希德·马丁公司的F-35战斗机，最早构思于20世纪90年代，在2015年最终投入使用之前，经历了严重的延误和成本超支。乔比航空公司于2021年上市，目前市值为55亿美元，这是硅谷的又一个成功故事，也是一个初创公司通过生产小型、灵活、相对便宜、能够快速投入使用的产品来击败老牌公司的例子。

玛文专项

五角大楼和老牌国防承包商大佬并不是我们需要征服的唯一对手——有时我们会与硅谷的普通员工进行斗争。玛文专项就是这样的，这是一家由DIU和包括亚马逊、谷歌和微软在内的几家商业软件公司组成的合资企业，有助于提高五角大楼内部对人工智能在现代军事中重要性的认识。

玛文专项的官方名称为"算法战争跨职能团队"（AWCFT）[27]，由美国国防部副部长鲍勃·沃克于2017年启动，其任务是创建机器学习软件，该软件可以研究无人机的镜头和图像，以保护美国及其联军，从而降低平民伤亡和附带损害。军方面临的挑战是，作为反恐和反叛乱工作的一部分，正在搜集的视频数据量如此之大，以致单靠人力根本无法完成全部分析工作。美国在创建可以搜集信息的传感器和摄像头方面做得很好，但还没有弄清楚如何分析这些设备搜集的数百万小时的视频资料。人工智能算法可以快速处理拍字节（petabytes）量级的视频数据，以便军事分析人员做出更好的决策。该软件不会自动运行；相反，人力分析人员会对算法筛选出并提请他们注意的数据进行审查。我们的目标是帮助我们的人提高分析的精准度，这可以使我们在打击ISIS和其他对手的战争中获得关键优势。例如，该软件可以跟踪ISIS武装分子的位置和行动，从而有助于防止袭击的发生。

玛文专项更广泛的目标是作为一名先行者，推动美国国防部更广泛地使用人工智能，而当时五角大楼内部的大多数人对商业领域的公司如何使用人工智能和机器学习来改善业务几乎一无所知。空军中将杰克·沙纳汉曾担任F-4和F-15战斗机的武器系统军官，负责监督该项目。他解释说："玛文专项被设计成一个试点项目，一个探路者，一个能点燃国防部其他部门人工智能火焰并加速迸发国防部机器学习集成的火花。"[28]

我们的参与始于布伦丹·麦科德（Brendan McCord）给拉杰写的一封信。麦科德曾是一名海军军官，在潜艇上服役，之后退役过上平民生活。他在信中描述了自己在艾沃夫技术公司（Evolv Technology）所做的工作。这是一家位于波士顿地区的初创公司，得到了比尔·盖茨（Bill Gates）和中央情报局旗下的风险投资机构In-Q-Tel的支持。艾沃夫技术公司可以使用人工智能扫描大量图像数据，以应用于安全领域，比如保护体育场馆。麦科德曾在那里担任软件和情报总监，拥有麻省理工学院工程学学士学位和哈佛大学工商管理学硕士学位。他听说了DIU，知道我们要在他母校所在的剑桥市开设一个办公室。拉杰邀请麦科德来为新办公室剪彩，卡特在那里发表了演讲，麦科德回忆道，这是"推动人工智能进步的号角，尤其是推动计算机视觉的号角"[29]，而这恰恰是麦科德当时正在做的工作。

他进一步受到了一次会议的启发。在这次会议上，埃里克·施密特以及几位著名的硅谷技术专家［包括谷歌的顶尖人工智能科学家约翰·詹南德雷亚（John Giannandrea），不久后成为苹果的人工智能研究负责人］讨论了后来被称为玛文专项的倡议。伊拉克、叙利亚和阿富汗的作战人员被困在战场上，对局势感知有限。另一个问题是，我们根本没有足够的人力分析人员来覆盖美国业务的每一个领域。如果朝鲜半岛出现新问题，分析人员就会被要求放弃他们一直在研究的手头工作。麦科德和其他人都知道计算机视觉可以解决这个问题。这就是为什么麦科德回到波士顿，说服未婚妻和他一起搬到旧金山，这样他就可以加入我们的团队。麦科德和我们从私营部门招募的许多其他人一样，为此放弃了七位数的薪酬。我们团队的大多数成员所赚的只是他们在私营部门所能赚的一小部分。他们之所以加入我们团队，是因为他们相信使命。

麦科德首先召集硅谷顶尖的计算机视觉和人工智能人才——来自学术界、谷歌等大型科技公司或小型初创公司的人才——了解计算机视觉研究的最新进展。很快，麦科德和他的团队创建了一套人工智能模型，超过了国防部以前所做的任何事情。当麦科德参观位于马里兰州阿伯丁试验场的陆军超级计算机中心时，与他同行的一位工程师，曾帮助建设了谷歌大脑（Google Brain）和OpenAI的基础设施。麦科德回忆道："我们被他们落后的程度惊呆了。他们只想和我们谈论他们那老旧的大楼是如何快要塌到河里去的。"

大约在这个时候，麦科德与一位名叫德鲁·库科尔（Drew Cukor）的头发花白的海军陆战队上校联手。库科尔曾在伊拉克和阿富汗战争中经历过激烈的战斗，也失去过战友。干劲十足的库科尔得到了谷歌内部一个团队的帮助，该团队正在研究广域运动图像技术，这是一项艰巨的挑战，需要同时对整个城市的特定物体实现细致的可视化呈现（比如区别卡车和救护车），并能够在它们移动的时候对其进行追踪。他们所使用的传感器之一是"戈尔贡凝视"（Gorgon Stare），这个名字源于古希腊神话中的三姐妹，据说她们的凝视能将看到她们的人变成石头。它由368台摄像机组成球形阵列，用无人机在25000英尺的高空飞行，每秒可以采集相当于迪士尼乐园大小区域的18亿像素数据。在玛文专项之前，空军分析人员只能实时了解这些数据的5%。[30]当软件成熟后，库科尔、麦科德和玛文专项团队在阿富汗的海军陆战队中对其进行了测试。他们把一个装有专用计算机的集装箱空运到坎大哈，这些计算机里面安装了运行这种高性能人工智能软件所需的240个英伟达处理器。果不其然，该软件的性能正如广告中所说的那样，作战人员能够追踪坏人。[31]

回到五角大楼，关于DIU的这个小专家团队正在用人工智能创造奇迹的消息传开了。参谋长联席会议主席约瑟夫·邓福德将军似乎从未对克里斯托弗在约翰·波德斯塔备忘录中的坦率感到不安，他要求麦科德用人工智能进行战争博弈分析，预测与朝鲜冲突的前十五步行动。一天早上，刚从旧金山坐红眼航班来到五角大楼的麦科德，向整个参谋长联席会议介绍了对朝战争的战略，这是他未曾想过的情况。

玛文专项与武器无关。用五角大楼的话说，它只会识别汽车等物体和人脸，将计算机视觉用于"非攻击性"用途。尽管如此，2018年，当科技新闻网站Gizmodo爆料谷歌正在与国防部合作时，一切都失控了。文章明确指出玛文专项涉及图像识别软件，但其标题——《谷歌正在帮助五角大楼为无人机制造人工智能》[32]——让许多人相信谷歌正在制造自主武器。2018年4月，也就是在科技新闻网站Gizmodo的文章发表一个月后，3000名谷歌员工签署了一封公开信，要求谷歌退出该项目，因为"我们认为谷歌不应该从事战争业务[33]……因此，我们要求取消玛文专项，并要求谷歌起草、宣传和执行一项明确的政策，声明谷歌及其承包商都不会开发战争技术"。

对我们来说，这太荒谬了。首先，谷歌没有制造武器，甚至压根就没沾边。其次，谷歌和其他科技公司绝对应该帮助保卫美国及其盟友，[34]无论是为战场上的作战人员构建解决方案，还是保护民众、企业、政府机构和军队免受网络攻击。这是克里斯托弗在为《纽约时报》撰写的一篇关于这场争议的专栏文章《硅谷必须参战》中提出的论点。[35]对于身着制服的拉杰来说，3000名抗议玛文专项的员工是无可救药的天真甚至鲁莽——他们拿着高薪，享受着西方国家的好处，但不想支持让他们享有这些自由的相关事务。6月，谷歌云部门总裁黛安·格林（Diane Greene）宣布，由于玛文专项引发的内部动荡，谷歌将不会在2019年与我们续约。尽管文特·瑟夫等科技名人反对这一点，但这个情况还是发生了。他宣称，该项目旨在创造"态势感知"，帮助部队识别埋设简易爆炸装置的敌对分子。瑟夫说："人们对与公共部门合作的积极好处有很多误解，军队也是公共部门的一部分。"[36]

从我们的角度来看，谷歌放弃玛文专项是一个巨大的错误。他们的许多工程师也有同样的感受。与签署公开信的员工不同，真正参与玛文专项的谷歌开发人员坚信他们所追求的使命的重要性。在访问谷歌并与玛文专项工程师会面时，许多人告诉拉杰，这是他们在谷歌做过的甚至他们整个职业生涯做过的最有影响力的工作，因为他们正在开发的软件将使分析人员做出更好的决定，从而挽救美国、盟军以及无辜百姓的生命。

这些工程师中的一些人是从其他地区移民到美国的，这使得这项工作对他们来说有着很深的个人意义。好的一面是，在谷歌退出后，玛文专项开始的工作有增无减。此外，正如沙纳汉将军所预测的那样，玛文专项是整个国防部人工智能进一步发展的火花。2018年，沙纳汉游说建立一个可以监督整个国防部人工智能开发项目的组织。当时，涉及人工智能的600多个项目正在各个分支机构内进行。沙纳汉想把他们都放在一个保护伞下，名为"联合人工智能中心"，并请麦科德想办法做到这一点。麦科德与建立了大型人工智能组织的私营部门人士进行了交谈，比如谷歌大脑的负责人吴恩达（Andrew Ng）。麦科德回忆道："从优步构建机器学习平台的人到脸书的计算机视觉主管，我都找到了源头。"

麦科德向每一位愿意听他讲的高层领导提出了自己的想法，包括国防部负责研究和工程的副部长迈克·格里芬（Mike Griffin），他曾担任美国国家航空航天局局长。格里芬是出了名的易怒，他并不是玛文专项或DIU的铁杆粉丝，但他确实钦佩该项目的进展速度。格里芬告诉麦科德："不管你们对玛文专项做了什么，至少你们想好了如何快速完成任务。我不知道这件事是否总是对的，但你们做得非常非常快。你们只需要继续前进，不要让人给搅黄了。"麦科德说格里芬很支持，但他们的关系并不算融洽。他回忆起格里芬在走廊里把他拉到一边，告诉他需要一个了解人工智能的人。"我问：'你是说我吗？'他说：'嗯，我也没有其他人了。'所以，这并不完全是赞美。"麦科德回忆道。下一步是要赢得国防部负责情报事务的副部长约瑟夫·克南（Joseph Kernan）对联合人工智能中心的支持。麦科德又把自己的那套说辞讲了一遍，他记得克南（一名海豹突击队前队员，而不是技术专家）批准了此事："布伦丹，我不知道你在说什么，但参与玛文专项的人知道。所以，我们行动吧。"

因此，联合人工智能中心作为五角大楼内部又一个强大的创新引擎而复活。为了确保人工智能可以被负责任地部署，国防创新委员会与人权组织协同制定了一套规则，并于2019年发布。[37]终于，国防部开始认真考虑建立一支由数据和人工智能驱动的军队，并且负责任地做到这一点。从这个意义上说，从我们的角度来看，玛文专项是一个巨大的成功，因为它从一个职责简单的小项目转变为整个部门。我们认为那是一场胜利。

彼得·蒂尔和国防"独角兽"

在硅谷，创始人和投资者中的反五角大楼情绪正在减弱，这在一定程度得益于彼得·蒂尔（Peter Thiel）的风险投资公司"创始人基金"（Founders Fund）投资的公司提起的两起大型诉讼。这些法律手段旨在打破传统政府供应商的寡头垄断。蒂尔是一个有趣且富有争议的人物。他出生于德国，在南非和美国加利福尼亚州长大，先是在斯坦福大学学习哲学，之后在斯坦福大学法学院获得法学学位。

1998年，蒂尔帮助创立了PayPal（贝宝），并成为所谓的"PayPal黑手党"的一员，这是一个由有影响力的人组成的团体，其中包括另一位南非人——特斯拉、SpaceX和其他初创公司的领导人埃隆·马斯克，以及后来创立领英（LinkedIn）并成为著名风险投资家的里德·霍夫曼（Reid Hoffman）。彼得·蒂尔用他从PayPal赚来的钱开始了他的投资生涯，正如亚伦·索尔金（Aaron Sorkin）的电影《社交网络》（The Social Network）所描述的那样，他作为脸书最早的投资者之一，取得了第一个重大成功。随后，蒂尔创立了帕兰提尔公司，为美国情报部门提供数据挖掘能力，并创建了"创始人基金"，该基金投资了帕兰提尔和安杜里尔工业两家公司。

2014年，蒂尔帮助SpaceX（由他的老朋友埃隆·马斯克创立）起诉美国空军，原因是空军与联合发射联盟（ULA）签订了一份价值110亿美元的军用卫星发射独家合同。联合发射联盟是洛克希德·马丁公司和波音公司的合资企业，这两家公司都是顶级公司。2015年，在空军承诺将军事发射任务向更广泛的竞争开放后，这起诉讼得以解决。

2015年，帕兰提尔公司起诉了美国陆军，原因是其在为陆军分布式通用地面系统（DCGS-A，一种情报搜集和分析系统）提供软件的投标中被排除在外。陆军想在内部开发该软件，并且已经在该项目上花费了数十亿美元，但正如我们在DIU已经熟悉的情况，实际使用该软件的作战人员讨厌它，声称其存在漏洞。一些地面部队一直在小项目中使用帕兰提尔公司的软件,并且很喜欢。但当他们开始要求帕兰提尔公司开发该项目时,陆军拒绝了他们的请求。2016年,一名法官做出了有利于帕兰提尔公司的裁决,称帕兰提尔公司的Gotham平台满足了军队的需求,且成本低于军队内部开发的软件。这使得帕兰提尔公司能够与雷神公司竞争该项目。最终,2019年,帕兰提尔公司赢得了这份为期10年、价值近10亿美元的合同。

渐渐地,这些诉讼迫使五角大楼重新思考其采购过程——部分原因是国防部受到羞辱,向公众揭露了其过时的寡头垄断方法。"我告诉你,SpaceX必须做些什么才能有效地与美国空军做生意,这让我们在公共场合感到尴尬。没有一位军种的部长愿意当众难堪。"空军将军约翰·海顿(John Hyton)后来说道[38],他在保罗·塞尔瓦退休后成为参谋长联席会议副主席。

第三家创始人基金投资的公司——安杜里尔工业公司也开始改变五角大楼采购产品的方式。2014年,其创始人帕尔默·拉奇以20亿美元的价格将自己的第一家公司——虚拟现实眼镜制造商傲库路思出售给脸书时,年仅21岁。几个月后,拉奇参加了创始人基金在不列颠哥伦比亚省举办的务虚会,该基金曾是傲库路思的投资者之一。在务虚会上,他结识了特雷·斯蒂芬斯(Trae Stephens)。斯蒂芬斯曾是一名情报分析师,还在帕兰提尔公司担任过高管,他加入创始人基金的目的是风险投资支持的公司。

和硅谷的许多人一样,斯蒂芬斯进入科技界走的是一条不同寻常的路。在前往情报界从事计算语言学工作之前,他在乔治敦大学主修区域和比较研究。在想象了未来主义的指挥中心和实时分析之后,他对各机构正在使用的技术的实际状态感到沮丧。就像拉杰在位于卡塔尔的空军指挥中心所发现的一样,斯蒂芬斯看到美国情报分析师使用无法相互连接的不兼容数据库时，大吃一惊。"我想说，20%的时间实际上只是用于运行搜索和合并数据库文件。每周都要为此耗费整整一天的时间。我以为我的出现会像詹姆斯·邦德一样——他们会给我一台超级计算机和一把阿斯顿·马丁的钥匙。相反，这只是一个笑话。"斯蒂芬斯回忆道。[39]

斯蒂芬斯努力引进现代技术，比如帕兰提尔公司开发的软件，但他的请求被拒绝了。当他继续争取时，有人叫他闭嘴。于是，他辞职去了帕兰提尔公司的工作。该公司成立于2004年，是对"9·11"事件的回应。当时，创始人阅读了"9·11"事件调查委员会的报告，意识到"这只是没能把各个线索串联起来。我们有数据，但从来没有把它们整合到一个合适地方"。创立帕兰提尔公司的技术人员知道如何进行把线索串联起来的工作——他们在PayPal做了多年，以打击欺诈。斯蒂芬斯说："他们知道可以把学到的东西转化为产品，然后将其卖给政府。"

斯蒂芬斯在加入帕兰提尔公司时发现，尽管这些人都是才华横溢的软件工程师，但他们不知道如何与政府打交道。帕兰提尔公司的部分资金来自In-Q-Tel（该机构帮助他们销售试点项目），但他们很难将项目投入生产。多年来，他们拼命想从政府那里赢得生意。[40]"在硅谷，我们已经习惯了这样一个世界，一旦你找到适合市场的产品，你就开始赢得客户。这就像电影《梦幻之地》（*Field of Dreams*）——如果你建造了它，客户就会来。但跟政府打交道可没有这样的梦幻之地。即使你建造了它，他们仍然不会来。"回忆起帕兰提尔公司最终不得不起诉陆军才能获得竞标合同的机会，斯蒂芬斯说："帕兰提尔公司必须先打官司才能获得机会。陆军处于一种全面的堡垒模式。他们只是想封锁帕兰提尔公司。"

当斯蒂芬斯和拉奇决定在科技领域做些什么时，他们去DIU办公室拜访了拉杰,并花了90分钟讨论了一些想法。他们当时还没有给公司取名字,甚至没有决定要开发什么产品。他们只是在寻找要解决的问题。他们也担心与国防部做生意,因为获得合同和开始创收需要太长时间。

"我们应该这样做吗?"斯蒂芬斯问拉杰,"我们应该在这方面花很多精力吗?因为很多人似乎对与政府打交道持怀疑态度。"

拉杰说:"不,真正的变化正在发生。我们这里有50人,但这不仅仅局限在国防部。陆军正在成立自己的创新部门,即陆军未来司令部。军队的其他部门也开始效仿我们。"

在国防部工作了一年多的拉杰表明了国防部多么需要斯蒂芬斯和拉奇这样的创新者。拉杰给了他们一些建议,并讨论了他们最初的想法,即在南部边境部署传感器,阻止移民越境进入美国——这是特朗普试图建造的实体墙的数字版本。这个想法是有争议的。在自由的硅谷,美国国土安全部(DHS)的边境政策被视为可恨的。现在,一群技术人员热情地加入了"筑墙"的行列。这种光学技术不同寻常,彭博社将安杜里尔工业公司描述为"科技界最具争议的初创公司"。[41]

斯蒂芬斯和拉奇想要追求的另一个想法是,创造一种击落敌方无人机的方法。在与拉杰的第一次头脑风暴会议上,他们描述了一个系统,该系统由一个打开的盒子组成,可以释放出一群无人机,这些无人机可以击落敌方无人机,然后飞回盒子充电或加油。当时,虽然这一想法需要到2023年才能实现,但安杜里尔工业公司的监视塔设计确实取得了早期的成功,可以部署在美国南部边境和军事基地。安杜里尔工业公司还开发了一套作战无人机,其中包括一种名为"安维尔"(Anvil)的无人机[42],它利用计算机视觉来发现敌方无人机,然后以每小时高达200英里的速度将其摧毁。另一种是名为

"幽灵"（Ghost）的隐形无人机[43]，可以装在背包里，供美国军方、国土安全部、海关和边境保护局使用。安杜里尔工业公司的业务的皇冠明珠是一个名为"莱迪思"（Lattice）的AI软件程序，[44]该程序可以分析传感器搜集的大量数据。

斯蒂芬斯说，安杜里尔工业公司从SpaceX和帕兰提尔公司提起的诉讼中获益。他回忆起在In-Q-Tel的一次会议上无意中听到美国国土安全部的人谈论他们为什么要与安杜里尔工业公司做生意："安杜里尔工业公司是由建造帕兰提尔公司和SpaceX的同一拨人创立的。我不想在接下来的十年里卷入诉讼。这些人都有手段。"帕兰提尔公司和SpaceX花了五年时间才获得第一笔1000万美元的收入，但安杜里尔工业公司只用了22个月就做到了。

截至2021年年底，安杜里尔工业公司的年收入为2亿美元。2022年，该公司从美国特种作战司令部赢得了一份价值10亿美元的合同，同年晚些时候，该公司筹集了高达15亿美元的风险投资，这使得公司的估值达到85亿美元。该公司是迄今为止最成功的以国防为中心的科技初创公司。拉奇的长期目标是将安杜里尔工业公司打造成下一个大型国防主承包商，从而取代洛克希德·马丁公司等。

安杜里尔工业公司的成功引发了硅谷投资者对国防技术的更多兴趣。帕兰提尔公司在2020年的首次公开募股也起到了推动作用，当时该公司的估值为165亿美元（该公司现在的市值为300亿美元，每年产生20亿美元的收入）。到2023年，SpaceX的估值达到1370亿美元，这一事实进一步推动了这一势头。斯蒂芬斯说："现在人们的胃口比过去20年中的任何时候都大。当风险投资家看到他们可以投资国防并赚钱的明确模式时，许多抗议参与武器研究的情绪化诉求消失了。如今成功的新国防科技公司正站在帕兰提尔公司和SpaceX的肩膀上。"

斯蒂芬斯对硅谷的人没有耐心，他们坚持认为谷歌和微软等商业科技公司不应该为国防部工作。斯蒂芬斯说："有少数人直言不讳，比如那些把谷歌从玛文专项赶出去的人，他们不明白为什么这很重要。"他补充道："但你认为全球供应链重要吗？你意识到这取决于美国海军的力量吗？如果你关心全球供应链，你就应该关心国家安全。如果你关心蜂窝技术，你就必须关心国家安全。如果你关心言论自由，你就必须关心国家安全。DIU已经完成了一件事，那就是它为这些想法创造了一个对话论坛，即一种'召集力量'。"

按下弹射按钮

尽管我们取得了进展，但这项工作令人疲惫不堪——特别是，拉杰开始担心他负责的企业家的窗口可能会关闭。新总统随心所欲的风格使制度主义者陷入了困境。椭圆形办公室的混乱局面向下蔓延，甚至给我们合作的购买改变游戏规则的技术的军事单位带来了混乱。拉杰被邀请参加特朗普总统的一场会议。这对他来说是一次陌生的经历。几十位美国最大的科技高管抵达白宫，与总统及其内阁会面，贾里德（Jared）和伊万卡（Ivanka）也在场。[45]这场活动本应持续一个小时，其间总统及其顾问将听取有关重要新兴技术的简报。相反，前25分钟都被浪费在介绍别人和赞扬特朗普上了，特朗普沉浸在奉承之中。总统对会议中涉及实际技术的部分不太感兴趣——事实上，他一点也不感兴趣。

硅谷科技公司克斯普瑞（Kesprey）的首席执行官展示了一架无人机。美国电话电报公司（AT&T）首席执行官兰德尔·斯蒂芬森（Randall Stephenson）简要介绍了5G。预定会议进行到一半时，特朗普总统站起来准备离开。议程上还有更多的事情，但特朗普没有留下来。"你们做得很棒。我们的技术很棒。下周我们将宣布我们伟大的医疗保健计划。"就这样，特朗普和他的整个内阁都走了出去，只有商务部部长威尔伯·罗斯（Wilbur Ross）留下来，继续与为这次会议飞往华盛顿的首席执行官们交谈了20分钟。没有更多的汇报。这件事预示了我们在新政权中必须经历的状态。

但五角大楼的官僚作风是两党的共同特点，无论哪届政府掌权，这都是生活的一部分。感觉就像我们和硅谷的同行们一直在与五角大楼及国防承包商大佬们针锋相对。我们试图提供帮助。我们唯一的目标是用最好的技术武装我们的军队，使美国军队更有竞争力。但对拉杰来说，这关乎个人情感。他有一些亲密的朋友，那些在伊拉克和阿富汗服役过的人仍然穿着作战服服役。在某种程度上，我们的任务简单明了得离谱：做对军队最好的事。我们组建了一支伟大的团队。我们与才华横溢的技术专家和企业家合作，他们冒着巨大的风险，试图创办自己的公司，并相信我们会帮助他们取得成功。我们知道战争的未来将建立在技术的基础上，我们知道硅谷充满了可以解决我们最大问题的伟大想法。高层也知道这一点。然而，在如此多的转折中，我们遇到了激烈的反对。卡佩拉空间公司的惨败只是众多例子中的一个，当时我们给五角大楼带来了一个能拯救生命且成本仅为替代方案一小部分的系统，结果我们发现的这个宝贝却被弃之不用。

从伊拉克到国家安全委员会，克里斯托弗连续13年承担国家安全领域压力最大的工作。2017年11月，就在马蒂斯访问并认可DIU之后，他决定离开DIU。这个来自俄亥俄州沃辛顿的孩子开始于一场公共服务的冲刺，后来这一冲刺变成了一场超级马拉松。他在三届总统任期内的工作给他的个人生活带来了可怕的代价。他那原本就岌岌可危的13年婚姻状况进一步恶化，不久就结束了。是时候离开了。四个月后，也就是2018年3月，拉杰也悄然完成了过渡。在达到了他承诺的两年任期后，他的精神状态同样疲惫不堪。他的一位导师曾建议他："你应该在讨厌公共服务之前离开，这样你总有一天还会回来。"随着组织规模的扩大和合同的执行，其模式已经牢固确立，似乎此时离开正是时候。

拉杰制定有序领导层过渡计划的努力遭到新任国防部负责研究和工程的副部长迈克·格里芬的阻挠。在一次官僚式的降级中，DIU将被分配到格里芬的管辖组织下。更糟糕的是，格里芬团队中有一名女性，拉杰曾在卡特的指示下不得不否决她的意见。现在到了她以牙还牙的时候了，她让格里芬相信DIU是一个需要彻底改革的"流氓部门"。格里芬甚至没与拉杰见面，也没有考察过DIU，就拒绝面试拉杰推荐的接替自己的候选人。虽然选择下属是任何新领导的权力，但格里芬的办事速度极其缓慢，让DIU由一位善意的海军军官照管，这位海军军官因其"代理"头衔而受挫，并且失去了国防部部长的保护。新的领导层最终任命了赛门铁克前首席执行官迈克·布朗，他于2018年9月担任主任。尽管离开时苦乐参半，但我们为自己在DIU取得的成就感到骄傲，并决心继续推进这一使命。但现在是传递接力棒的时候了。

离开DIU后，克里斯托弗休息了一个月，然后在哈佛大学政治学院教课。之后，他与埃里克·施密特合作，担任施密特未来基金会（Schmidt Futures）的高级董事。这一角色最终导致他与埃里克·施密特合作，为国家安全委员会在人工智能方面的努力做出贡献，并帮助推动《芯片法案》（CHIPS Act），该法案旨在重建美国半导体行业，减少美国对中国的依赖。

拉杰则成为复原力公司（Resilience）的创始首席执行官，这是一家网络保险公司，是他与在DIU工作过的威萨尔·哈里普拉沙德共同创立的。拉杰也开始做一些天使投资，风险投资公司希望他寻找与国防相关的投资机会。国防业务越来越火热，以至于许多风险投资公司想加大投资，因而急需一个了解五角大楼和军队的情况且能够发现有前途的初创公司的合作伙伴。这个机会很诱人。一些公司为拉杰提供合伙人职位，但拉杰犹豫了。他考虑过几年后创办自己的风险投资公司，而不是为其他人工作，但现在还不是时候。他需要全身心投入他的新公司中。

尽管过去两年令人精疲力竭，但我们都保持乐观。五角大楼对商业技术越来越开放，硅谷也越来越愿意与国防部合作，双方时断时续地向对方靠拢。

DIU投资组合中的公司正在产生影响，它们广泛应用卫星、无人机和传感器，这些设备正逐渐成为作战人员的数字耳目，搜集海量信息，并将这些数据输入强大的人工智能软件，这些软件可以在眨眼之间进行分析。事情仍处于过渡阶段，但你可以感觉到局势开始倾斜。无人驾驶船在海洋中漫游，搜寻毒贩。盾牌AI无人机在其早期原型阶段就看起来很有希望，这家初创公司似乎很可能成功地制造出帮助海豹突击队破门并摧毁恐怖分子藏身之处的设备。为"蓝色无人机"项目建造的无人机正在进入军事客户手中。瑞安·比尔的安卓应用程序使特种部队操作员能够将敌人的无人机掉头转向他们。乔比航空公司正在建立一个制造工厂。我们确信，几年后，乔比航空公司的飞机能够执行侦察任务，可以运载货物，甚至可能将作战人员送入战区。

DIU投资的其他公司正在用更好的软件、更强的网络安全和更智能的算法对国防部过时的计算机系统进行现代化改造，这些系统在舰队维护等日常但必要的琐事上节省了大量费用。福全安公司和塔宁公司的软件正在保护武器系统和其他关键基础设施。帕兰提尔公司正在授权情报部门做出更好的决定。安杜里尔工业公司正在设计新的方法来为军事基地提供周边安保，并设想可以将ISIS无人机摧毁的系统。

尽管谷歌已经退出了玛文专项，但亚马逊和微软仍然参与其中，商业部门正在长期致力于帮助国防部——即便不是出于爱国主义情怀，也是因为这是一笔好生意。在华盛顿，五角大楼正在向技术注入实实在在的资金——数百亿美元，比我们区区3000万美元的预算多得多。联合人工智能中心正在构建国防部所有部门的人工智能能力。凯塞尔之旅和AFWERX技术加速器已经在空军成长。在得克萨斯州奥斯汀，陆军未来司令部也在热火朝天地开展活动：向国防部程序员教授现代软件开发技术，资助数百所大学的研究，与商业公司合作，组装从高超音速导弹到导弹杀伤激光武器再到机器人战车的各种技术。

到2018年年底，DIU及其投资组合中的公司开始攻破五角大楼堡垒的围墙。尽管存在效率低下、官僚作风拖沓、各种故意延迟、令人筋疲力尽的内部斗争以及老牌国防承包商大佬及其游说者的阻挠等问题，美国国防部仍在努力迈向数字时代。阿什顿·卡特的公私合作愿景正在成为现实。如果你稍微眯起眼睛，再发挥一些想象力，你就可以看到一种新型军队的朦胧轮廓——正在形成，它行动迅速、灵活敏捷且由技术驱动。

第六章

华盛顿与机器的崛起

马德琳·奥尔布赖特在一次听取关于美国在人工智能领域相较于中国所处的地位的简报后表示:"美国要完蛋了。"

她是美国首位女国务卿,其优雅的领针和敏锐的智慧定义了20世纪90年代的美国外交。当时,作为美国国家民主研究所主席,她与人工智能及地缘政治专家坐在一起。这位迷人且工作认真的前国务卿正在接受DIU多年来一直在努力解决的问题——新兴技术,尤其是人工智能,正在颠覆世界。

到2018年夏天,华盛顿的政策制定者突然意识到,技术的结构性转变不仅仅是创新的一个小插曲。先进传感器和处理器的迅速采用推动了全球政治体系的变革,其速度比以往任何一次变革都快。中国开始看起来可能实现在多个科技领域超越美国的雄心壮志,而美国军队看起来不再像以前那样占主导地位。人工智能可以用于管理本国民众,用世界顶级人工智能研究人员之一的话来说:"人工智能可以创造超级稳定的政权。"[1]

阿斯彭战略小组(Aspen Strategy Group)选择了"技术与国家安全:维护美国的优势"作为夏季会议的主题[2],表明这些问题现在多么紧迫。这个会聚了外交官、立法者和国家安全官员等各界知名人士的小组，每年夏天都会与当届政府的国家安全团队举行为期五天的会议。美国时任国务卿和国防部部长或其副手通常与总统的国家安全顾问一起出席。能显示阿斯彭有这么多高级官员的唯一线索是，机场上停着一排被漆成像"空军一号"那样的空军湾流专机。在这个群体中，人们有时会找借口接听美国总统打来的电话。

2018年的与会者包括康多莉扎·赖斯（Condoleezza Rice）、马德琳·奥尔布赖特、阿什顿·卡特、戴维·彼得雷乌斯（David Petraeus），以及数十名参议员、大使、前内阁成员。克里斯托弗是战略小组的长期参与者，DIU预备队指挥官兼苹果公司副总裁道格·贝克也加入进来，埃里克·施密特则乘飞机赶来参会。

对克里斯托弗来说，见到埃里克是一个特殊的时刻，因为他在前一周刚刚同意为他工作。埃里克邀请克里斯托弗帮助建立他的新慈善事业——施密特未来基金会。

战略小组的开幕式主题报告为《结构转变：技术变革塑造美国力量的工具》，旨在解释为什么技术变革本质上是指数级的，以及这为何会让预测未来发展变得如此困难。两位经验丰富的专家——情报高级研究项目（IARPA）主任杰森·马森尼（Jason Matheny）和博学的海军部前部长理查德·丹齐格（Richard Danzig）——主导了讨论。他们用一个颇具吸引力的比喻来说明指数变化是多么难以发现，即使它变成了一股突然吞噬一切的浪潮。

"想象一下，"丹齐格说，"密歇根湖没有水。然后，在这个周长1600英里的巨大盆地中，我们将1盎司的水放在它的中心。之后每年加的水都会翻倍。如果从1940年开始，我们需要多长时间才能灌满密歇根湖？"

房间里的一群脑袋开始扭动着想找出答案。这太接近于那些荒谬的管理咨询面试问题，比如一个房间能容纳多少颗软糖。克里斯托弗以为坐在他身后的麦肯锡国防实践负责人会首先举手，事实证明，每个人都太害羞了，不敢大胆猜测。在一番意味深长的停顿之后，丹齐格进一步阐述他的比喻。

"到1950年，"他说，"我们会有1加仑水。到1960年，我们会有150加仑水。1970年，我们会达到16000加仑水，相当于一个游泳池的水量。"

丹齐格说："到2000年，湖底会有轻微的光泽。到2010年，湖底会有几英寸深的水。"

然后，他说出了每个人的想法。

"这似乎太荒谬了。70年过去了，你仍然没有足够的水来养金鱼。这项任务肯定是徒劳的吗？但等一下。"丹齐格兴奋地提高了声音，"就在你即将放弃的时候，事情突然发生了变化。到2020年，你会有大约40英尺深的水。到2025年，湖水就满了。"[3]

房间里一片震惊。

丹齐格和马森尼让听众们惊叹不已。

丹齐格总结道："经过前面70年的努力，你似乎还一无所有。但15年后，这项工作完成了。"

随后，马森尼和丹齐格浏览了一系列关于技术领域指数级变化的幻灯片，这些变化是我们的生活戏剧性变化的幕后推手。这个故事的寓意是，你永远不知道指数回报定律何时会导致一切改变。

政策制定者正在学习技术历史学家早就知道的东西。我们经常生活在所谓的"过渡时期"，即从一项转型技术被展示到其承诺通过广泛采用而完全实现之间的漫长停顿。

在爱迪生的第一个灯泡闪烁20年后，只有3%的美国人使用电。此后不久，电力在世界各地无处不在。

正是因为如此，我们不能把过去的线性变化视为既定的。

如果世界舞台上的另一个参与者比美国更快地学会利用指数变化的规律，那么自第二次世界大战以来，美国对技术优势的追求可能会改变。

如今，中国努力成为那个参与者。

中国的崛起

阿斯彭战略小组于2018年召开会议，此时距离1998年夏天比尔·克林顿乘坐空军一号抵达中国已经过去了很长时间。1998年那次是自1989年以来美国总统的首次访华，克林顿宣称中国和美国"对世界的未来负有特殊责任"。在他看来，当时中国可以进一步融入国际社会，能够与其他国家和谐相处。

到特朗普政府上任时，华盛顿已经形成了一个新的两党"共识"，即中国正在从盟友转向对手，我们最重要的贸易伙伴也可能是我们最危险的对手。这一转变发生得如此突然，以至于奥巴马的首席中国事务官员库尔特·坎贝尔（Kurt Campbell）在《外交事务》杂志上写了一篇道歉文章。

中国的雄心壮志已经不是秘密。华盛顿的中国问题专家可以流利地背出一系列清单："中国制造2025"计划，"2030年人工智能全球领导者"计划，2035年主导全球标准制定机构的计划。比如人工智能、下一代网络、半导体、先进制造业、合成生物学、生物制药、量子计算、核聚变能源，中国对其中每一项都有计划，而美国根本没有计划。[4]

中国在其战略背后投入了大量资金——1991—2015年，研发支出增加了3倍。尽管以全球标准来看，美国投入的金额不低，但当根据购买力进行调整时——中国的投资能发挥两倍的效用,事实上,中国的研发支出是美国的88%。[5]

中国人努力掌握的不仅仅是科学。他们创建了多家主导全球市场份额的"冠军公司"。中国已经在5G领域拥有华为,在面部识别领域拥有商汤,在无人机领域拥有大疆,在电子商务领域拥有阿里巴巴。抖音将很快成为中国最知名的"冠军公司"。

所有这些公司都已经超过了美国同行,部分原因据称是中国政府对这些公司进行了补贴,为它们提供了改进算法的数据,并确保了它们能够获得国内外庞大的客户群。2015年,在全球20家最有价值的公司中,有2家是中国公司。6年后,其中有7家是中国公司。中国的工业生产能力是美国的10倍。即使美国与亚洲及欧洲盟友合作,中国在制造业方面仍将以3∶1的优势超过它们。

尽管许多技术很重要,但人工智能之所以被证明是最重要的,是因为它开启了其他领域的指数级进步。比如人类语言处理、自动驾驶汽车、蛋白质结构建模、冷聚变反应堆中的等离子体控制,人工智能有可能解决这些看似棘手的问题。这场比赛的利害关系很快成为焦点。无论哪个国家首先大规模掌握人工智能,都将不仅掌握科学和商业力量,其军事能力也将呈指数级增长。自动驾驶汽车催生了自动驾驶坦克。检测信号的算法可以击败隐形能力。[6]人工智能将推动地缘政治,就像其他帝国在火药、蒸汽船和钢铁上的兴衰一样。

这里,中国也有一个实施了一段时间的计划。中国称之为"军民融合"。[7]在宣布这一消息的当天,克里斯托弗正与参谋长联席会议副主席温内菲尔德一同前往硅谷。当时,DIU甚至还没有创建。据说中国军队可以获得任何由中国公司制造的技术,可以让军事官员进入公司董事会,并将军事应用技术直接引入中国军队。

"你看到中国的声明了，对吧？"克里斯托弗问温内菲尔德，他们从帕洛阿尔托酒店出来步入车队。两人都阅读了五角大楼每天早上推送给高级官员的新闻简报《晨鸟》（*Early Bird*）。军方二级官员温内菲尔德肩上扛着四颗星，胸前挂着一排排奖牌，他说："是的，我们今天才刚刚开始与风险投资家和初创公司对话。"

华盛顿的一些人现在想知道，美国是否会突然失去其经济和军事优势。在这些人看来，中国正是使用美国在人造卫星发射后设计的国家资助型研发模式推动了中国的崛起，但美国在冷战后就忘记了。

我们现在该怎么办？

回到阿斯彭

由于前一年夏天的一次令人不安的会议，阿斯彭战略小组在2018年的整个会议上专门讨论了美国的技术战略。2017年，特朗普总统的国家安全顾问麦克马斯特中将在特朗普政府执政仅七个月后就飞往阿斯彭向该组织发表讲话。麦克马斯特是一位著名的军事思想家、退伍军人，毕业于西点军校，并获得美国历史学博士学位，他撰写了《失职》（*Dereliction of Duty*）一书，对林登·约翰逊（Lyndon Johnson）及其顾问如何错误地处理越南战争进行了尖锐的批评。他在预定发言之前及时抵达阿斯彭，赶上了会议。这篇论文的标题是《技术海啸》。当时还在DIU的克里斯托弗向该小组提交了一篇题为《更平坦的世界：技术如何重塑世界秩序》的论文。[8]该论文探讨了科学发现的传播如何改变权力的本质，以及为什么美国在这一转变中损失最大。他站在会议室前方的讲台处，面向一屋子的高级官员发表讲话；谈到了全球技术竞争环境是如何变得公平的。

例如，亚马逊的Alexa和苹果的Siri背后的人工智能是如何平等地用于挖掘地理空间数据和识别军事目标的。他还提到了自由贸易和开放边境，长期以来被认为能将全球人才吸引到美国和欧洲，现在却开始反过来，外国的博士和博士后纷纷返回北京或上海。

克里斯托弗论文的最后一行总结了形势的转变："技术——曾经是自由主义世界秩序的一个明确无误的比较优势——现在几乎同样赋予了那些寻求颠覆它的人权力。"

麦克马斯特与国家安全顾问的首席战略家纳迪娅·沙德罗（Nadia Schadlow）博士从华盛顿出发。沙德罗是一位杰出的冷战学者，她负责撰写特朗普政府的国家安全战略，这是美国用来对抗中国的计划。房间里的每个人都想知道这份计划的内容是什么。

当时，麦克马斯特正处于制定美国对中国及人工智能政策里程碑式转变的早期阶段，但当时他的回答缺乏与会小组希望听到的深度。

他们提出了一些棘手的问题。"我们如何看待一个战争廉价而不危险的世界？"一个人问道。"我们是否应该承认失败，转而进行战略调整？"另一个人质疑道。大多数问题是关于中国和技术的。

当麦克马斯特被各种问题困扰时，克里斯托弗俯身问自己之前共事过的沙德罗，她是否看到了克里斯托弗在2016年帮助制定的技术战略，这是国家安全委员会和白宫科技政策办公室共同努力的一部分。

"你们制定过一个技术战略？"她说道。

克里斯托弗闪过一丝愤怒。他突然意识到，政府之间的无序过渡扰乱了国家安全委员会的信息传递。克里斯托弗与美国首席技术顾问梅根·史密斯（Megan Smith）共同主持了这项技术战略工作，来自18个部门和机构的近百人组成的工作组参加了会议。

"里面有很多关于人工智能的内容。"克里斯托弗解释道。

该工作组征求了世界专家的意见，甚至邀请谷歌DeepMind的联合创始人穆斯塔法·苏莱曼（Mustafa Suleyman）到白宫待了一天。在战情室，穆斯塔法向总统的国家安全人员展示了一个视频，该视频显示DeepMind算法可以学习玩电子游戏，并且比人类玩得还好。国家安全委员会的工作人员称这份简报为"机器人时代来了"。

克里斯托弗和梅根向国家安全委员会、白宫幕僚长做了汇报，并最终向奥巴马总统简要汇报了这一战略。克里斯托弗现在意识到，他在国家安全委员会所做最重要的工作成果在交接过程中被弄丢了。

克里斯托弗说："我们把这两份报告都放在了'A级'过渡活页夹中。"他指的是即将离任的政府传递给即将上任的政府的关键决策备忘录、研究报告和调查结果的汇编资料。当麦克马斯特继续发言时，克里斯托弗打开他的笔记本电脑，获取了沙德罗在国家安全委员会的电子邮件地址，并将研究的非机密版本发给了她。

这是一次严重的体制性崩溃，奥巴马政府的一些最重要的政策调查结果未能提交给负责制定美国国家安全战略的特朗普官员。会议结束时，仍然存在许多棘手的问题，以至于该小组的联合主席决定将下一年的会议重点放在技术上。

面对混乱的政府，麦克马斯特和沙德罗巧妙地将美国政府的注意力集中在最紧迫的战略问题上，即直接对抗中国的必要性。现在是时候考虑这个令人不安的事实了。

在接下来的几个月里，麦克马斯特和沙德罗继续实施了自亨利·基辛格（Henry Kissinger）以来美国对华政策最根本的改变。在会说普通话的海军陆战队前军官马修·波廷杰（Matthew Pottinger）的帮助下，特朗普政府改变了奥巴马的做法。波廷杰在担任国家安全委员会中国事务高级主任之前曾在中国为《华尔街日报》工作。

此前，中国被美国视为一个不需要采取强制性措施就能控制其崛起的国家，而现在，中国被美国视为需要遏制的经济和军事威胁。针对中国的行动而形成的新的美国两党"共识"为历史性的转变打开了大门。美国过去一代人的政策旨在促进中美经济关系。但随着中国从合作伙伴转变为对手，这些政策现在需要反向运行，以阻止中国获取可用来对抗美国的技术进步。麦克马斯特是美国对中国实施技术遏制政策的开创者，拜登（Biden）政府延续并推进了这一政策。如果麦克马斯特第二年回到阿斯彭，那将是一场胜利。但到那时，特朗普政府已经进一步陷入混乱；麦克马斯特被解雇，由约翰·博尔顿（John Bolton）接替，而博尔顿懒得来阿斯彭，也没有派任何人代替他来参会。

冷酷勇士的担忧

奥尔布赖特是阿斯彭战略小组的高级成员，她越来越直言不讳地表示，我们再次陷入了与冷战早期同等的危机。她不确定美国这个"不可或缺的国家"在人工智能方面能否占上风。

奥尔布赖特出生于第二次世界大战前夕的布拉格。她只有4英尺10英寸高。她击败了萨达姆·侯赛因，动用美国军事力量推翻了斯洛博丹·米洛舍维奇（Slobodan Milošević）的政权，并与金正日就朝鲜的核导弹问题进行了谈判。奥尔布赖特经历了世界上最糟糕的事情。现在，她内心的"警报"再次响起。她看到，人工智能在中国这样的大国手中将如何改变历史进程。人工智能正在向全球事务抛出一个弧线球——一个硅弧线球。

一向充满好奇心的奥尔布赖特对技术并不陌生。她是DIU的首批访客之一，她带着20位外交部前部长来到了我们位于山景城的办公室。这是一个几乎全是男性的团体，他们开玩笑地称自己为"马德琳·奥尔布赖特的前任"，因为他们过去都与她有过外交关系。她希望这些来自加拿大、意大利、英国、澳大利亚、西班牙、希腊、墨西哥、法国、埃及和其他11个国家的头发花白的外交官目睹技术如何改变战争与和平。

在DIU的办公室里，他们参观了我们的一些项目，我们展示了人工智能驱动的无人机和我们的自主帆船。奥尔布赖特和部长们离开时都有点不安。很明显，技术可以改变世界，任何人都可以获得这些技术。

那天晚上，我们在瑰丽酒店举办了一场招待会，邀请了风险投资家和创业公司的首席执行官。克里斯托弗和前国务卿为DIU及其工作干杯。克里斯托弗突然想到，对房间里的几乎所有人来说，技术是便利和利益的源泉。但奥尔布赖特看到了技术在其他方面的应用。

国家人工智能安全委员会

现在很明显，新政府需要更快地应对日益严重的技术威胁。外交关系委员会特别工作组（该工作组成员包括拉杰、埃里克·施密特、里德·霍夫曼和麻省理工学院院长）的一份报告指出："特朗普领导的白宫在推动人工智能发展方面进展缓慢。"[9]该工作组认为，美国迫切需要一项关于人工智能的国家战略。该报告列出了20多个已经制定国家战略的国家，随后提到了国会新成立的一个委员会，该委员会可能有助于填补这一空白。它的名字是"国家人工智能安全委员会"（NSCAI）。

这个委员会是忧心忡忡的国会议员的杰作，他们察觉到国家正处于茫然无措的状态。众议院和参议院的两党议员联盟以写入《国防授权法案》的立法条文成立了该委员会。

在克里斯托弗开始为埃里克·施密特工作四个月后，此前通过恢复预算挽救了DIU的国会议员马克·索恩伯里任命埃里克为委员会成员。消息公布之时，埃里克正在为施密特未来基金会团队举办假日派对。

"克里斯托弗，"埃里克问道，"你认为我应该对这个人工智能安全委员会做点什么？"

"好吧，"克里斯托弗说，"我实际上写了关于国家安全委员会的博士论文。"[10]

"你在开玩笑吧。"

"没有，我真的是那种超级书呆子。"克里斯托弗回答，"我的论文题目是《修复国家安全：委员会和政治的灾难与改革》。"

就在其他工作人员聚在一起庆祝假日的时候，克里斯托弗给埃里克快速讲解了委员会取得成功的要素。"1794年，乔治·华盛顿（George Washington）任命了美国第一个委员会，目的是平息威士忌酒叛乱。但失败了。华盛顿不得不骑上马，率军前往宾夕法尼亚州。所以，委员会并不总是奏效。"

"委员会有三种类型，"克里斯托弗继续说道，"像'9·11'事件调查委员会这样的危机委员会，在执行其建议方面的成功率最高——确切地说，根据对1981—2009年成立的所有55个国家安全委员会的研究[11]，成功率是56%。人工智能安全委员会是一个'议程委员会'，它要应对的并非急需解决的紧迫危机，而是政治体系难以处理的复杂问题。议程委员会的成功率位居第二，为31%。你不想加入的是'损害控制委员会'。当一个政客想转移责任，需要找个地方把问题踢出去时，这类委员会就会被设立。"

第六章 华盛顿与机器的崛起 157

"你能帮我做这件事吗？"埃里克问道。

几天后，委员会成员选举埃里克为主席。成员包括甲骨文公司（Oracle）首席执行官萨夫拉·卡茨（Safra Katz）、微软研究负责人埃里克·霍维茨（Eric Horvitz）和未来的亚马逊首席执行官安德鲁·贾西（Andrew Jassey）。曾为DIU命名的国防部副部长鲍勃·沃克当选为副主席。在委员会成立并运行后，拉杰也作为附属专家加入了进来——我们俩都很高兴能再次一起共事。克里斯托弗的职责是帮助确保委员会的整体工作取得成功。

在从纽约回家的航班上，克里斯托弗的第一个想法是，他必须找到一位全明星级别的执行主任。他马上就知道该给谁打电话。伊利·巴亚克塔里和克里斯托弗曾在参谋长联席会议主席的领导下合作，伊利帮助副部长鲍勃·沃克得出五角大楼需要一个硅谷前哨基地的结论。如果说有人能以埃里克的速度工作，那就是伊利。很庆幸联合航空公司航班的Wi-Fi能正常工作，克里斯托弗给伊利发了短信，伊利就像一名优秀的国家安全助理一样，总是随时待命。

克里斯托弗写道："嘿，有一份工作，你可以做出巨大贡献。把你的简历发给我。"

"好吧。是什么工作？"伊利说。

"国家人工智能安全委员会执行主任。你将直接为埃里克·施密特工作。"

克里斯托弗和伊利于2010年相识，当时他们乘坐一架载有国防部副部长的空军C-17飞机访问伊拉克和阿富汗。他们之后一同在参谋长联席会议主席的私人幕僚中任职，然后在DIU成立时再次一起工作。克里斯托弗还与伊利的兄弟伊尔伯（Ylber）一起在伊拉克待过，在增援期间，他们都是驻伊拉克的文职顾问，住在萨达姆宫殿后面拖车里的"安全区域"。

巴亚克塔里兄弟从饱受战争蹂躏的科索沃普里什蒂纳（Pristina）流离至此，他们移民到美国，后来成为美国公民，最终成为五角大楼的公职人员。伊尔伯成为阿什顿·卡特的副幕僚长，伊利进入特朗普领导的白宫担任H. R.麦克马斯特的幕僚长。[12]

克里斯托弗把伊利的简历发给了埃里克，埃里克几分钟后回复道："看起来很棒！！！"

当克里斯托弗抵达旧金山时，委员会已经有了执行主任。

那是华盛顿一个寒冷的三月天，委员们聚集在一个借来的会议室里召开第一次会议。[13]工作人员仍在确认自己的办公室。一些委员乘坐私人飞机抵达。其他大多数人则乘坐经济舱，这是国防部所允许的唯一舱位等级。还有几位住在城里的人乘坐地铁。

会议当天一开始，克里斯托弗向大家讲述了让委员会取得成功的要素。[14]然后，情报界的一位简报官就相关威胁做了概述，分享了对手计划如何使用人工智能。由于并不是每个专员都有安全许可，所以这份简报是非机密的，但对于以前没有在国家安全部门工作过的专员来说，这是非常可怕的。

"从三个方面来思考人工智能，"简报官说，"用人工智能做坏事、对人工智能做坏事以及因人工智能而发生坏事。"

为了说明第一种情况——"用人工智能做坏事"，简报官在屏幕上展示了几张照片，照片上是一辆刚刚部署在叙利亚的俄罗斯半自主坦克。这辆Uran-9履带地面战车的炮塔上装有一门30毫米自动火炮，配有热成像和光电瞄准镜、激光测距仪、制导反坦克导弹和地对空导弹。它看起来像《终结者》（*Terminator*）电影中的东西，可以利用人工智能自主行动。它甚至具备"天网"功能，四辆Uran-9可以协同作战。它还没有被证明是战场上的终结者[15]——数据链路的限制和其他操作问题损害了它的作战效能。但这只是第一代，改进版型号即将问世。

为了说明"对人工智能做坏事",简报官谈到了即使是复杂的计算机视觉系统也很容易被愚弄。一些简单的事情,比如在停车标志上贴一个小贴纸,就会让一些自动驾驶汽车径直开过去。很容易想象以类似的方式破坏敌方的人工智能系统,或者敌方破坏己方的人工智能系统的情况。第三种是"因人工智能而发生坏事",这是最令人担忧的,尤其是人工智能系统可能引入虚假信号,从而加速事态升级的可能性。

这就像虚构的科幻连续剧《黑镜》(Black Mirror)中的某一集,剧中两个无意开战的国家意外开战。这种情况以前也发生过,甚至在美国也发生过。1964年8月的"北部湾事件"成了导致美国与越南交战升级的导火索。第一天,北越军队和美国"马多克斯"号(Maddox)驱逐舰进行了短暂的交火。第二天,随着局势越发紧张,无线电操作员认为他们截获了有关即将遭受袭击的通信内容。随后,三艘美国驱逐舰报告称发生了交火。作为回应,美国国会通过了《北部湾决议》(Gulf of Tonkin Resolution),赋予约翰逊总统全权,使其可以向任何受到威胁的东南亚国家提供作战援助。此后不久,美国常规部队进入南越,尽管那些截获的通信内容后来被证明是假的。实际上,北越并没有向那些认为自己受到攻击的驱逐舰开枪。

北部湾的意外升级激发了2003年纪录片《战争迷雾》(Fog of War)的创作灵感。在这部纪录片中,国防部前部长罗伯特·麦克纳马拉(Robert McNamara)对监督一场导致130多万人死亡的战争表示遗憾。想象一下现代版的意外升级情况,只需将一艘北越巡逻艇换成一艘中国驱逐舰,把被误解的通信截获内容换成人工智能系统的误报就行。那样的话,超级大国之间卷入的将是相互核打击,而不是在越南进行的地面战争。

到目前为止，房间里的气氛已经从最初的激动变为对未来任务抱有一种清醒的现实主义态度。当时在任的美国总统不会解决美国的人工智能危机，国会已经沦为党派的地狱，国防部几乎有一半的政治领导层没有到位。没有其他人前来救援。

15名志愿者委员为这个世界超级大国绘制了一条人工智能之路。

下午，埃里克召集了委员会的第一次执行会议。他提出了他认为委员会必须回答的一系列棘手的问题，进一步唤醒了人们的认知。其中包括：由于大多数人工智能技术是开源的，有没有办法控制其传播？如果可以的话，科学发现的成本，比如不能治愈的癌症，会超过安全收益吗？我们与中国的总体战略应该是什么？是加深双方的接触，让彼此变得像连体双胞胎一样，还是试图让经济伙伴关系脱钩（这种伙伴关系使数百万人摆脱了贫困，并推动了美国有史以来最大的财富创造）？

从咖啡和糕点开始的一天，以一种恐惧感结束。这将是困难的，弄错答案可能会改变历史的进程。

出于对居住在旧金山或西雅图的许多委员的尊重，埃里克在加利福尼亚州召开了第二次和第三次会议。这两次会议和第一次一样令人沮丧。简报显示，中国在人工智能研究、中国商业公司在全球市场部署人工智能以及利用人工智能推动其他科学领域的发现方面，都非常接近美国。每个关于中国正在做什么的简报，都会有另一个关于美国什么都没有做的简报与之对应。对五角大楼合同的一项分析显示，除了DIU，国防部只与美国前100家人工智能公司中的3家有合作。即使五角大楼想采用人工智能，其云计算基础设施也无法满足高级人工智能应用程序的计算要求。

回到DIU的未来

迈克·布朗现在担任DIU的主任,看着2019年人工智能安全委员会的委员们与中国的角力,以及如何唤醒沉睡的五角大楼的问题,他感到自己似曾相识。中国的崛起是布朗在辞去当时世界最大的网络安全公司赛门铁克的首席执行官职务后,于2016年以"总统创新研究员"的身份加入DIU的主要原因。布朗经营着一家帮助客户避免被黑客入侵的公司。在DIU的第一个项目中,他探讨了中国通过风险投资获得美国技术的程度。他的发现使所有人都感到惊讶。

在他的研究中,布朗发现了令人震惊的事实,这些事实关乎中国投资者对创新型美国公司的投资有多深。在一篇题为《中国的技术转让战略:中国对新兴技术的投资如何使战略竞争对手获得美国创新的皇冠宝石》的论文中,布朗写道,中国投资者参与了所有风险投资交易的15%—18%,这基本上使他们对相当一部分美国初创公司有了很大的了解。布朗发现,美国政府并不限制风险投资或早期技术诀窍的潜在转让。美国政府还对技术转让的速度以及哪些技术应该受到保护缺乏全面的认识。可怕的事实是,美国最大的潜在战略竞争对手没有必要来窃取其技术。中国投资者可以简单地给初创公司开支票,这些公司会为他们完成这项工作。

布朗对自己发现的情况感到震惊,并在报告草稿中提出了积极的建议,以纠正这种情况。DIU于2017年年初发表的这篇论文最终引发了自冷战结束以来美国对外投资政策的最大转变。

克里斯托弗通过DIU的正式渠道将论文转交给了国防部部长,同时谨慎地与他在白宫和华盛顿特区认识的其他人分享,他们会重视论文的结论。当这篇论文放在国务卿的收件箱里等待阅读时,一个典型的"华盛顿现象"随之而来。论文被泄露了,《纽约时报》发表了一篇引人注目的报道，题为《中国押注美国敏感的初创企业，让五角大楼感到担忧》。[16]华盛顿特区的每个人，包括五名内阁部长，都立即逐页阅读了布朗的这篇论文。

不出所料，布朗很快就成了权威人士，为国家安全委员会进行了一项夏季研究，并向国会议员介绍了情况。五个月后，参议员约翰·科宁（John Cornyn）提出一项立法提案，旨在改变美国政府审查外国投资的程序。

在一年内，特朗普总统签署了2018年的《外国投资风险审查现代化法案》[17]，使其成为法律，该法案大大扩大了美国外国投资委员会（CFIUS）可以限制的投资和合资企业的种类。

布朗的这篇论文不只产生了一点小影响。它变成了一颗小行星，砸出了一个冒烟的火山口，从椭圆形办公室一直延伸到北京。

几年后，当他们回忆时，克里斯托弗评论道："你很少能写一些最终成为法律条文的东西。"

布朗说："能有人读就不错了，更别说成为法律了。"

DIU和人工智能

DIU现在已经开始将人工智能的全部变革力量应用于其项目。结果改变了游戏规则，尤其是随着越来越多的技术人才加入DIU的行列。

我们认识的一位名叫贾里德·邓蒙的年轻的人工智能研究员在午餐时向我们寻求职业建议。贾里德精力充沛、容易相处，棕色的头发与他一直穿着的棕色皮夹克相衬。他是一位真正的博学者，拥有斯坦福大学机械工程博士学位和牛津大学工商管理硕士学位，他在牛津大学以罗德学者的身份学习。

当贾里德的博士后研究即将结束时，他面临着硅谷顶尖人才的困境。如果他瞥一眼人工智能初创公司，一份年薪七位数的录用邀约就会立即出现在他的收件箱中。但他的祖父是一名绿色贝雷帽军人，他的父母都是空军医生，他的公共服务意识根深蒂固。在斯坦福大学，他与卡佩拉空间公司创始人帕亚姆·班纳扎德在同一学期选修了"国防黑客"课程。

吃着帕洛阿尔托的墨西哥卷饼，我们敦促贾里德去DIU谋个职位："去和迈克·布朗谈谈，了解一下你可以对人工智能投资组合做些什么。你可以在管理人工智能项目的同时，为人工智能政策做出贡献。"

我们下次见面时，贾里德已经在DIU担任人工智能投资组合的技术总监。差不多过了两年时间，贾里德迎来首个重大胜利，这是与负责远征系统的海军PMS-408办公室合作取得的。他们的任务之一是部署反水雷行动的技术。

水雷最早是由中国发明的，一位明朝炮兵军官在14世纪的一篇文章中对此进行了描述。从那时起，这项技术几乎出现在每一次军事冲突中，包括在美国独立战争中，当时殖民者用水雷将一艘英国军舰炸沉到特拉华河（Delaware River）河底。

PMS-408办公室的工程师们希望在自动扫雷艇中使用人工智能，从而彻底改变海军的反水雷能力。最快的方法是，将最新的机器视觉技术嵌入新一代扫雷水下机器人中。事实上，DIU就是这样做的，它制作了两个来自商业制造商的模块化水下机器人原型[18]，该原型可以在一半的通常开发时间内以两倍于当前型号的续航能力扫雷。新装置在使用人工智能后更加先进。[19] 但这里有一个问题。操作员注意到，当环境改变时，负责识别水雷的计算机视觉模型的性能有时会下降。PMS-408办公室打电话给DIU，询问他们是否听说过这个问题。

贾里德说："这对我来说是美妙音乐。"他很高兴能在国防部内部实施人工智能的"全生命周期"方法。[20]

很快，贾里德和PMS-408办公室开始解决这个问题，使无人潜航器在不同地点部署时更加有效。

贾里德回忆道："你会把最初的无人潜航器放在水中，给它设定一个搜索模式，然后它会利用一些传感器组合去搜索。然后，它会回来，你必须手动查看所有传感器数据，识别出你认为是水雷的东西，而且往往还得返回去对其重新进行更详细的成像。想象一下，在一大片水域上这样做。这是一个非常耗费时间和资源的任务。为什么不让无人潜航器识别出，'嘿，那里有一个水雷，所以我这时应该拍张更清楚的照片'，同时不断训练模型，这样它就能在遇到新环境时把学到的东西整合进去。"

这是DIU第一批在军事平台内不断改进人工智能模型的项目，展示了当行业最佳方法与国防部运营商的专业知识相结合时，可能会发生什么。但这一独特的成功只会让真正的问题变得更加明显。军方如果要充分利用人工智能，就需要成千上万个这样的项目，而不仅仅是一个。

荒野中的DIU

就在DIU在迈克·布朗的领导下开始全力以赴之际，该部门发现自己身处荒野，孤立无援，与五角大楼格格不入。几乎所有的事情都出了问题。

布朗被选为主任一事以一种高调的姿态开始，他与马蒂斯部长进行了15分钟的交谈。"马蒂斯告诉我三件事。"布朗回忆道，"第一件事不只是专注于单个项目,而是改变整个部门的能力。第二件事是'我希望你闹翻天,我希望你极具颠覆性,让国防部发生变化'。这真的让我头疼。DIU这个非常小的组织,怎么能为整个国防部带来新的能力?但他的指示一直困扰着我。我们开始选择对整个国防部产生更广泛影响的项目。"[21]

马蒂斯告诉布朗的第三件事是:"官僚主义是地狱。人们会试图阻止你。任何时候你遇到困难,我都希望你拿起电话告诉我。"

"当时,我不可能知道他说的话有多么正确。"布朗说。

在布朗就职90天后,马蒂斯邀请他参加一个会议,重点介绍DIU的三个项目。"他主持那次会议的方式给我留下了深刻的印象,"布朗回忆道,"他在前15分钟谈论了自己在技术方面的经验,以及技术如何使他摆脱阿富汗和其他战区的困境。然后,他告诉我他与中国国防部部长的一次会面,马蒂斯希望对方在考虑与美国的冲突时能得出'今天晚上不是曾经的那个晚上'的结论。"

这是典型的马蒂斯。有一次被问及是什么让他彻夜难眠时,他回答说:"没有什么能让我彻夜难眠,我只会让我的敌人睡不着觉。"会议结束时,马蒂斯明确表示,他对DIU寄予的期望与阿什顿·卡特当年的期望一样具有变革性——他希望DIU帮助改变整个军队。马蒂斯说:"如果我们做得好,那么你正在做的工作不仅仅对我很重要,而且对我的继任者的继任者也很重要。"

布朗回忆道:"这是你真正被某人的领导力和行事方法打动的时刻之一。"

2019年1月,马蒂斯因特朗普突然决定从叙利亚撤军而辞职,此后DIU的情况急转直下。在此期间,马蒂斯首先由副部长帕特里克·沙纳汉(Patrick Shanahan)接替,最终由参加过伊拉克战争的西点军校毕业生陆军部部长马克·埃斯珀(Mark Esper)接替。

布朗回忆道:"我们突然没有了帮助,没有了兴趣,什么都没有了。我称之为'荒野漫步时期'。"漫步很孤独。同样令人不快的是,DIU现在不是向国防部部长报告,而是向美国国家航空航天局前局长迈克·格里芬报告。格里芬被任命为负责研究和工程的国防部副部长,继续无视DIU,并解雇了国防创新委员会的成员。

"DIU向马蒂斯报告意味着它没有向其他任何人报告。"技术专家本·菲茨杰拉尔德(Ben FitzGerald)回忆道,他在领导了颇有影响力的智库"新美国安全中心"(CNAS)指导技术和国家安全项目后加入了特朗普政府。他说:"所以,当时的问题是,DIU应该向谁报告?负责研究和工程的副部长成了最符合逻辑的候选。"[22]

格里芬上任时已经快70岁了,他早就名声在外,但不是什么好名声。"他觉得自己必须是房间里最聪明的人,而且他显然不在乎与别人相处得如何。"迈克·布朗回忆道。

菲茨杰拉尔德说:"当谈到如何与五角大楼的同事共事时,格里芬的原话是'我不分享'。"

格里芬与他最重要的对手、负责采购的副部长艾伦·洛德(Ellen Lord)的关系立即恶化。没过几天,格里芬和艾伦就无法忍受在同一个房间里了。"他甚至想要艾伦的办公室。"菲茨杰拉尔德回忆道,因为艾伦的办公室的视野更好。

尽管五角大楼内部对DIU的需求不断增长,但格里芬拒绝支持国会为其提供更多资金的意愿。在特朗普总统任期内,DIU的最高支出仅占国防部预算的0.01%,不到采购预算的0.05%。

"DIU每年的支出大约相当于一架F-35战斗机的成本。"DIU太空投资组合负责人兼高级军官、现任陆军少将"巴基"史蒂夫·布涛这样说道。DIU没有发展到与DARPA相当的规模,DARPA每年花费30亿美元,并引领整个军队采用商业技术。然而,DIU相对可怜的预算没有给它带来阿什顿·卡特或詹姆斯·马蒂斯所期望的影响力。

2020年9月，格里芬解雇了包括埃里克·施密特在内的国防创新委员会成员，震惊了所有人。菲茨杰拉尔德回忆道："他认为国防创新委员会毫无意义，因为他认为自己比所有成员都聪明。"格里芬的鲁莽行为最终让他陷入困境，他本人在上任不到18个月后就被要求辞职。但他已经造成了严重的破坏。

尽管情况并不理想，而且DIU的预算仍然有限，布朗还是不断取得成果。"我们扩大了内部承包能力，这使我们能够同时完成多达100个项目。我们一半以上的项目成功过渡到现在每天都在使用的军事部门。我们增加了愿意与国防部合作的公司数量。DIU进展得非常顺利。"布朗骄傲地回忆道。

国家人工智能安全委员会第二阶段

随着特朗普领导下的五角大楼将创新视为次要事项，领导人工智能安全委员会成为埃里克·施密特的全职工作。在2019年的整个春季、夏季和秋季，埃里克一直在不停地工作、主持会议，让工作人员按计划行事，与拉杰和其他外部专家交流想法，并开始在华盛顿建立政治共识，以通过委员会的最终建议。

埃里克的穿梭外交正在获得回报。工作人员不断对美国与中国的竞争进行更深入、更令人担忧的分析。委员们对他们正在吸收的令人震惊的见解做出反应，越发地支持更大胆的政策转变。埃里克和鲍勃·沃克在国会大厦的所有工作人员面前宣讲，并通过新闻采访和圆桌会议等形式进行推广。

人工智能安全委员会的起步如此之好，以至于其他人都渴望效仿它的模式。国会成立了网络安全委员会。独特的是，两名现任参议员和两名现任众议员在该委员会任职，各自担任委员会的联合主席。任命现任议员担任委员是一项出色的结构创新，因为它创建了一个将调查结果转化为法律的内置机制。事实上，情况也确实如此。委员会中极高比例的建议都得到了实施。

网络安全委员会执行主任阅读了克里斯托弗为人工智能安全委员会准备的备忘录，并询问克里斯托弗是否可以向他的委员会提交同样的简报。于是，有一天，克里斯托弗来到了国会大厦，当时这里的政治分歧达到了新的高度，许多共和党人和民主党人不再相互交谈。在做简报之前，克里斯托弗来到大厅对面的男厕所，发现敞开的隔间里有一个马桶坏了，哗啦啦的水旋转着往下冲，这似乎是美国政治现状的一个恰当隐喻。而没有人急于修理它，使得这个隐喻更加贴切。

简报室里呈现出一种两党合作的气氛，与华盛顿其他地方正在进行的激烈竞争形成鲜明对比，让人欣慰。这种积极的气氛归功于负责委员会工作的四名成员的突出贡献。缅因州独立参议员安格斯·金（Angus King）与威斯康星州温和派共和党人迈克·加拉格尔（Mike Gallagher）共同主持委员会，加拉格尔曾与H. R. 麦克马斯特一起在伊拉克服役。另外两位杰出人士也加入了他们的行列：拥有美国历史学博士学位的内布拉斯加州参议员本·萨斯（Ben Sasse）和第一位在国会任职的四肢瘫痪者吉姆·兰格文（Jim Langevin）。

这场引人入胜的对话引发了第二场对话，其契机是克里斯托弗第二天早上醒来时收到了参议员萨斯邀请他去参议院餐厅共进午饭的便条。在特朗普政府执政的鼎盛时期，共和党参议员甚至可以邀请曾被奥巴马任命的官员用餐吗？萨斯是一位真正的爱国者，如果能更好地为国家服务，那么他是少数愿意跨党派的共和党人之一。

会见特朗普

伊利·巴亚克塔里作为人工智能安全委员会的执行主任，目前已经召集了一批才华横溢的人，其中包括来自国家安全委员会、中央情报局以及国务院、商务部和国防部的许多最优秀和最聪明的人。他们的简报和详细报告都体现了这一点。委员们彼此之间也变得更加融洽，他们的想法也渐趋一致。埃里克管理着委员们，伊利管理着工作人员，在2019年年底的关键时刻，一切都恰到好处。是时候落笔撰写并向国会提交中期报告了。[23]

在华盛顿，中期报告以前根本没有被当回事。委员会就像写学期论文的大学生一样，把最好的成果留到最后期限。伊利和埃里克有意引导人工智能安全委员会另辟蹊径。当时迫切需要战略思维，而委员会没有为美国人工智能制定战略的每一天都是中国领先的一天。因此，在11月，委员会租用了一个酒店宴会厅，在距离国会大厦三个街区的地方举行为期一天的研讨会，并邀请了所有对推进人工智能政策至关重要的人。

这份中期报告长达96页，有239个脚注，做出了27项初步判断，并提出了7项共识原则，以形成关于人工智能政策的讨论。它清晰地反映了委员会在8个月的紧张工作中所取得的智慧成果。

在一个有委员会标志背景的舞台上，面对所有站着的观众，前后有35位发言人发表了演讲。参议院多数党领袖查克·舒默（Chuck Schumer）发表了讲话，国防部部长和能源部部长也发表了讲话。

其中有一场会议特别引人注目。埃里克与五角大楼联合人工智能中心主任杰克·沙纳汉中将和谷歌总法律顾问肯特·沃克（Kent Walker）就政府和私营部门之间的合作关系进行了讨论。那些关注过玛文专项争议的人立即明白，他们正在见证一个和平委员会的诞生——埃里克促成了双方的休战。肯特·沃克宣布，谷歌在发布暂停开发人工智能军事用途的原则后，已恢复与国防部的合作。尽管谷歌没有部署可能直接造成伤害的技术，但沃克强调，这绝不意味着谷歌"普遍不愿意"与国防部合作。沃克说："归根结底，我们是一家自豪的美国公司，我们致力于保卫美国、我们的盟友，以及维护世界的安全。"

为了支持他的声明，他指出，谷歌已恢复与五角大楼在一系列用途上部署人工智能，从网络安全到医疗保健，再到发现深度造假。沃克首先与谷歌自己的员工达成了和解，他寻求与华盛顿缓和关系。在这样做的过程中，他与微软和亚马逊的首席执行官一起公开承诺与国防部合作[24]——这是后斯诺登时代的一个重大变化，部分原因是DIU来到了硅谷。

一向体贴的沙纳汉也给予了亲切的回应。他说："我认为谷歌和玛文专项的遭遇就像煤矿里的金丝雀。事实上，它发生在我们寻求帮助解决的冲突或危机之前，我们已经移除了一些障碍，现在可以继续前进了。"[25]

更值得一提的是，伊利采取了一项出乎意料的行动，他一直保密到最后一刻。他说服了特朗普总统的工作人员，总统在人工智能方面展现领导力的最佳方式是亲自在椭圆形办公室接受中期报告。这将是历史上第一次有在任总统就中期报告向听众发表讲话。

"椭圆形办公室，真的吗？"当伊利告诉克里斯托弗时，克里斯托弗惊呼道。

伊利安排一部分委员和工作人员上车，沿着宾夕法尼亚大道快速驶向白宫。

事实证明，特朗普本来就认识埃里克·施密特，而且并没有被围绕在"坚毅桌"两侧的大群人干扰。当天晚些时候,白宫发布了一张特朗普在椭圆形办公室举着中期报告的照片,表明他支持国家人工智能安全委员会的努力。这是一次令人难以置信的改变——国家人工智能安全委员会现在正直接与白宫合作,努力加快解决人工智能问题。

特朗普团队已经主办了一次白宫峰会,后来白宫科技政策办公室发布了行政命令和国家战略。[26]

委员们和工作人员仍然不太相信他们是如何推动国家就人工智能政策达成新共识的,当晚他们一起在附近的一家酒吧庆祝。

《芯片法案》

随着总统本人收到中期报告,美国是时候更加雄心勃勃了。委员会关注的技术竞争中最令人担忧的方面是计算机芯片。芯片为美国人日常生活中使用的一切提供支撑,从烤面包机到汽车,再到智能手机,等等,几乎所有插电或由电池供电的东西都是由芯片驱动的。没有芯片,现代生活就会停滞。即使有电也没用,因为没有东西可供电力驱动。更重要的是,高性能芯片对人工智能苛刻的计算要求至关重要。谁拥有最好的芯片,谁就最有机会赢得竞赛。

晶体管于1947年在贝尔实验室发明。20世纪50年代,首批制造半导体的晶圆厂在帕洛阿尔托兴起。晶圆厂迅速发展,硅谷因此得名。大约在1980年,美国在芯片设计和生产方面都处于领先地位。但在不到一代人的时间里,经济全球化改变了历史上的生产模式,使其面目全非。突然间,生产线转移到日本,然后是劳动力成本较低的韩国和中国台湾,这在经济上是有意义的。芯片继续由加利福尼亚州的工程师设计,但越来越多的高科技晶圆厂转移到亚洲,尤其是中国台湾。[27]

随着中美竞争日益激烈，全球最先进芯片生产全部建立在台积电（TSMC）运营的三个工厂集群上，这突然对美国的生活方式构成了巨大的风险。如果中国大陆统一中国台湾或接管岛上的晶圆厂，美国的技术进步就会停滞，然后倒退。汽车和计算机中运行的芯片最终会失效，而且没有备件来代替它们。每年秋天都会推出一个新版本的iPhone，这也将成为一个技术时间胶囊，其开发将停滞在原地。随着越来越多的电子产品老化，美国的生活将退化到互联网出现之前的样子，回到用固定电话聊天和读纸版书的时代。

委员会和其他专家现在才意识到，芯片生产的离岸外包曾经是经济收益的来源，现在已经成为美国最大的国家安全漏洞。然而，修复它并不容易。这个问题花了两代人的时间才显现出来，而且至少需要一代人的时间才能解决。晶圆厂的建造要花费数百亿美元和数年时间。即使美国愿意投资，它也缺乏让最先进的晶圆厂运转的技术。台积电垄断了生产资料，而且操作这些工厂的专业劳动力现在集中在中国台湾。谁也不知道台积电是否愿意分享技术？当中国实现了统一的时候，如果台积电分享其秘密，那么美国会急于"保卫台湾"吗？

将晶圆厂带回家需要采取冷战以来前所未有的产业政策。中国台湾将不得不被说服分享它的秘密。人工智能安全委员会的工作人员已经制定了国会发起人要求其制定的国家战略。其最关键的支柱是，以尽可能快的速度进行本土芯片生产。

现在，持不同观点的利益相关方聚在一起进行紧张的讨论，这预示着政治的重大转变。芯片行业也开始有动作，建立了一个联盟，其中包括汽车和电子制造商、研究型大学以及渴望加强本州创新中心的州长。

查克·舒默的办公室汇集了一份《芯片法案》的立法草案。此后不久，埃里克让人工智能安全委员会邀请众议院议长南希·佩洛西（Nancy Pelosi）和其他议员共进晚餐。这么做的目的是，与佩洛西讨论委员会的工作和《芯片法案》，并让议长在两党议员和委员面前表明她的承诺。晚宴于2019年一个寒冷的夜晚在距离国会大厦几个街区的一家餐厅举行，两位国家安全的坚定支持者——众议员迈克·加拉格尔和马克·索恩伯里出席了晚宴。

佩洛西从欧洲参加完一场峰会后乘飞机返回，抵达时已经迟到了。她的工作人员与埃里克的工作人员一直保持联系，埃里克的工作人员试图让疲惫的议员们多待一会儿。

80岁的佩洛西穿着一件开司米上衣、一件紫色连衣裙和高跟鞋。她坐在埃里克对面，一边小口吃着芝士蛋糕，一边感谢大家留下来，并为迟到道歉。"我想告诉大家我第一次见到埃里克的事，"佩洛西说，"那是15年前在旧金山。他刚刚开始与谷歌的两位创始人拉里和谢尔盖合作。他告诉我，他们的公司——谷歌将彻底改变我们使用互联网的方式。"她回忆道："我觉得这个名字有点奇怪。但天哪，他是对的。"不苟言笑的埃里克此时笑容满面。

佩洛西接着感谢委员们及其工作人员的服务，然后说出了委员会的政策想法，包括关于芯片的想法。她告诉所有人，她致力于看到这些建议成为法律，并表示她已经在为众议院通过委员会的建议奠定两党基础。那是一次令人着迷的会议，不仅仅是一场表演。佩洛西信守诺言，帮助通过了几十年来一些最重要的国家安全立法。美国当时陷入了自20世纪60年代以来从未出现过的政治和文化动荡。然而，在最重要的时候，美国的机构保留了引导"明智路线"的能力。

慕尼黑摊牌

两个月后，埃里克开始了与中国在人工智能问题上迄今为止最重要的外交接触。他将与中国外交部副部长傅莹进行现场直播对话。他们将在每年2月于巴伐利亚霍夫宫廷酒店（Bayerischer Hof）举行的慕尼黑安全会议上会面。来自70个国家的约350名外交官和国家元首举行了为期三天的会议。这是那种让国家元首下车的贵宾车队自己造成交通堵塞的地方。

伊利留在了华盛顿，这意味着克里斯托弗陪同埃里克前往慕尼黑。伊利和他的团队为埃里克在慕尼黑做会前准备，帮助他与傅莹在现场对话时应对棘手的问题。棘手的问题确实出现了，首先是在与北约情报主管的晚宴上，其次是在与会议年轻领导人项目的会议上，最后是在阿斯彭战略小组举办的午餐会上。

会议上讨论最多的话题是中国的崛起和技术。最大的收获是，尽管欧洲越来越担心中国的崛起，但欧洲在制定自己的技术战略方面落后了。

与此同时，另一个危机正在酝酿，确切地说，就在慕尼黑。不久前，世界出现了疑似"非典型肺炎"的病例报告。克里斯托弗曾在白宫埃博拉（Ebola）特别工作组服役，并帮助领导军方在西非阻止埃博拉病毒的任务。[28]他已经对要在冬季前往参加将世界各地数百人聚焦在一家拥挤酒店的活动感到不安。他和埃里克后来才知道，就在他们身处慕尼黑之时，新冠疫情正在慕尼黑迅速传播。德国的第一例确诊病例就在离酒店几英里的地方。在他们离开后不久，德国关闭了学校并实施了宵禁，世界变得截然不同。

在傅莹与埃里克会面的前一天，她与南希·佩洛西针锋相对。佩洛西是从华盛顿飞来发表主旨演讲的。主旨演讲安排在主会场的一次专题会议上。佩洛西呼吁各国在5G网络建设中远离中国手机制造商和电信公司华为。佩洛西解释说，对美国来说，这不仅仅是出于商业考虑。她说："这是关于在信息高速公路上选择方向问题。"

傅莹大使拿起话筒，告诉佩洛西："中国自40年前改革开放以来，在维护自身政治制度的同时，引进了各种西方技术。中国没有受到这些技术的威胁。如果华为的5G技术被西方国家引进，它怎么会威胁政治制度？你真的认为民主制度这么脆弱，华为区区一家高科技公司就能威胁到它？"

当晚，克里斯托弗和埃里克在那风格奇特的现代化酒店房间里做准备时，回顾了傅莹和佩洛西之间的交流情况。这场对话将由爱沙尼亚总统克尔斯季·卡柳莱德（Kersti Kaljulaid）主持，这个国家曾是第一个遭受大规模网络攻击的受害者。2007年，俄罗斯的网络行动瞄准了从电话到金融交易的所有领域，致使爱沙尼亚大多数地方的互联网被切断。从那以后，爱沙尼亚就确保自己成为最具数字弹性的国家之一。我们很想听听卡柳莱德对中国和人工智能有什么看法。

当埃里克走进现场时，傅莹热情地迎接他，傅莹穿着一件绿色夹克，左翻领上戴着镀金的珠宝。埃里克穿着格子西装。卡柳莱德穿着一件鲜红色的连衣裙。爱沙尼亚总统在会议开幕式上指出，慕尼黑会议"两年前曾试图讨论人工智能，但很快就明显发现，我们对人工智能的理解与我们祖先对雷电的理解没有太大区别"[29]，也就是说，没有一点不同。

幽默过后，卡柳莱德转入了最具争议的话题，她问埃里克关于人工智能在军事系统中的武器化，以及我们在使用致命技术时面临的风险。

埃里克反驳了杀人机器人的说法。

"理解人工智能最简单的方法是,如果你有大量的训练数据,你就可以预测接下来会发生什么。国家安全领域有一些例子,如果有大量的训练数据,我们就能做出预测。"他说,"世界上典型的剧烈冲突(幸运的是,这种冲突非常少见),并没有太多的训练数据,所以人工智能在国家安全领域的最初用途将主要是情报分析、视觉和监控方面。"

卡柳莱德再次用《终结者》电影里的场景攻击埃里克。

他给出了更尖锐的回答:"我很欣赏这个故事,但你描述的是一部电影。"

向傅莹提出的第一个问题是关于人工智能和隐私的,她的回答让本来存在的问题更加突出了。

"我参观了一家公司,他们做健康管理,"她说,"你走过去,镜子告诉你如何改善皮肤,床垫告诉你如何改善睡眠。这听起来很好,但我不想看,因为我不知道他们会如何使用我的数据。"

傅莹继续说:"几乎在每一个领域,中国政府都在寻找商业保护隐私的方法。在中国,如果我是消费者,我更信任政府,而不是私营部门。有一次我去询问购买公寓的事宜,从那以后我就收到了公寓广告,因为接我电话的人卖掉了我的电话号码。"接着她建议:"国家以不同方式运作,他们制定的规则和条例应该因国情不同而不同。"

诚然,在中国,隐私是人们最关心的问题。特别是在儿童上网方面,中国建立了比欧洲和美国更为完善的保护措施。

20分钟后,埃里克尝试将话题转向一个积极的话题——人工智能全球合作的潜力。他说:"我们正处于帮助人类过上更好生活的巨大系统的塔尖,市场将变得更加高效,教育系统将变得更好。我们当然必须遵守我们的法律和原则。我承认中国的原则和法律是不同的，但我们可以相互学习。如果他们在医疗保健领域发明了一些东西，那将有助于欧洲，也有助于美国，反之亦然。在许多领域，进步可以为全球带来好处。"

随后，对话转向了另一个方向，关于中美两国在人工智能领域合作可能是什么样子的，以及我们应该如何朝着这一方向努力都未得到探讨。

布鲁金斯学会（Brookings Institute）主席约翰·艾伦（John Allen）将军提出了第一个问题，他直截了当地谈到了核心问题。

艾伦说："我想大家明白，这场对话极具象征意义。我们让中国和美国参加由（爱沙尼亚）总统主持的对话。我认为这确实象征着我们未来的发展方向。如果我们要为人工智能和其他新兴技术制定行为规范，我们就必须找到一种方法，让美国和中国找到共同点。"

艾伦的干预也未能引发人工智能安全委员会所希望的有意义的交流。克里斯托弗瞥了一眼坐在他旁边的国家人工智能安全委员会新闻秘书塔拉（Tara）。他们对视了一眼，共同怀疑这次会议是否会产生他们所希望的盛大外交时刻。

几分钟后，看上去对话似乎要触及一些更严重的问题了。卡柳莱德就人工智能将"影响我们如何相互战斗或如何威慑对方"向埃里克施压。

"我认为好消息是，大冲突将减少。如果你看看第二次世界大战以来的数据，那么你会看到全球死亡人数持续下降。我们有充分的理由认为，作为一个社会，情况正在好转。全球化正在发挥作用。一般来说，人们希望一起工作，而不是互相攻击。数据说明了这一点。"

埃里克继续说道："同样正确的是，各国都在局部冲突中花费了大量时间，无论是干预选举、相互监控等。今天的大部分活动不是使用人工智能完成的。"

埃里克勇敢地尝试将一个真正的问题提出来讨论——当各国开始使用人工智能干涉彼此内政时会发生什么？

卡柳莱德没有顺着埃里克抛出来的话题继续探讨，剩下的20分钟被现场零散的听众占据了。

最终，中国人工智能领域的外交官和美国事实上的人工智能领域的外交官之间的会面错失了机会。也许人们对这种形式的期望过高，也许另一位主持人本可以将对话引导到更接近存在的分歧点上。无论出于何种原因，这都不是中国和美国在相互理解方面取得进展的一天，也不是开始理清人工智能给他们本已复杂的关系带来何种影响的一天。

那些在晚间庆祝活动中挤在酒吧周围的人当时并不知道，新冠疫情让世界局势紧张，使得在人工智能方面的进一步合作变得不可能。埃里克和他的团队曾试图打开人工智能外交的窗口，现在，一种病毒即将把这扇窗钉死。

2020年的大选

在团队从慕尼黑返回后不久，国家人工智能安全委员会在华盛顿的办公室就变得像美剧《行尸走肉》（The Walking Dead）中的场景一般。随着隔离令关闭了企业和学校，人工智能安全委员会的工作仍在家里继续，但人们在家里很难重现伊利培养的"让我们开干"的氛围。

从春天到夏天，总统竞选活动与有关新冠疫情的新闻一起在广播中占据主导地位。克里斯托弗应拜登过渡团队的邀请，撰写了一篇关于国家安全委员会技术重组的报告论文。[30]这很容易做到，因为他已经在国家安全委员会与科技政策办公室的审查中提出了他的建议。

仲夏时节，他接到了一个神秘的电话，电话来自拜登过渡团队内部的一位前老板。在寒暄之后，打电话的人提出了一个问题："你有兴趣回到华盛顿，再次处理你以前负责的技术问题吗？如果有兴趣，有个职位空缺。"克里斯托弗深深地叹了一口气，回忆起他上一次在五角大楼、白宫和DIU工作是多么的困难。他的第一反应是，现在回去还为时过早。停顿了很长时间后，他说："抱歉，虽然我不想这么说，但我真的在旧金山定居了。我开始了新的生活，遇到了新的伴侣。我们搬到了一起。我想尽我所能帮助新团队，但我不认为现在是我重返政府的时候。"

克里斯托弗没有问具体是什么职位，他不想知道。

同一周，过渡团队询问埃里克·施密特，是否可以召集一组技术专家，对"非对称方式"提供独立评估。埃里克生活中的许多线索开始交织在一起。

埃里克挑选出13个人加入这场最新的冒险，造就了一支非凡的团队。其中包括加密货币和Web 3领域人才阿维查尔·加格（Avichal Garg），谷歌量子计算专家玛丽莎·朱斯蒂娜（Marissa Giustina），对中国科技行业有深入了解的风险投资家加里·里舍尔（Gary Rieschel），以及Scale AI首席执行官、美国历史上最年轻的白手起家的亿万富翁亚历山大·王（Alexandr Wang）。

在三个月的时间里，他们每周都会会面，评估美国与中国竞争的动态。随着新冠疫情的肆虐，会议都是在线上进行的。他们还建立了一个虚拟社区，弥补了疫情期间失去的那些社交联系。

该研究小组在10月提交了一份34页的报告[31]，这是另一次试图记录崛起的中国给美国带来的挑战。一周后，拜登赢得大选。

这次选举启动了一系列建立在麦克马斯特早期行动基础上的政策事件。在白宫，国家安全委员会按照克里斯托弗的建议，设立了一名负责网络和新兴技术的副国家安全顾问。拜登总统继续限制中国获得先进微处理器，并削减外国对美国敏感技术的投资，这比迈克·布朗的论文最初建议的还要严格。

五角大楼成立了首席数字和人工智能办公室[32]，并任命Lyft公司前机器智能主管领导该办公室。根据迈克·布朗在2017年的论文中的建议，五角大楼于2022年年底成立了战略资本办公室[33]，与私营市场联络。

随着对技术竞争的重新关注，克里斯托弗重新审视自己退出政府的决定。罗恩·克莱因（Ron Klain）被任命为拜登的第一任幕僚长。在埃博拉危机期间，克里斯托弗曾直接为罗恩工作，而这位"埃博拉沙皇"一直是他的导师。罗恩的团队联系了克里斯托弗，询问他是否准备好重回岗位，到拜登领导的白宫工作。

克里斯托弗打电话给他的长期导师、通信战略家里基·塞德曼（Ricki Seidman）寻求建议。她问了三个简单却直接的问题。"你还记得上次在白宫工作的情景吗？"回答："凌晨2点在石溪大道开车回家时，我尽力避免发生车祸。""你的离婚手续办完多久了？"回答："刚过一年。""你真的准备好离开旧金山了吗？"回答："没有。"

这是一个艰难困境的快速解决方案。

你离国家安全工作越远，他们看起来就越有魅力：坐政府专机，在战情室开会，进出椭圆形办公室。但事实上，这些东西会给人带来创伤——压力极大，要做生死攸关的决定，以及目睹无法视而不见的东西。"你知道，我过去参与了美国的每一次无人机袭击，"克里斯托弗告诉里基，长长地叹了一口气，"目标、武器平台、打击时机……我不想再这样了。"

每次克里斯托弗被问到为什么不回去时,他都会讲述他与里基交流的故事。

提名迈克·布朗

当克里斯托弗和拉杰一起留在旧金山时,DIU主任迈克·布朗在华盛顿哥伦比亚特区准备购买公寓并开始询价了。拜登总统提名布朗担任国防部副部长,负责采购和维持(A&S)。布朗将是几十年来第一个拥有硅谷背景、负责监督五角大楼2000亿美元采购支出的人,上一位是1997年卸任的国防部部长威廉·佩里(William Perry),更早的是惠普联合创始人大卫·帕卡德(David Packard)。布朗的工作实质上是要改造整个五角大楼的采购系统,使其以DIU的速度工作。重点将放在开放式架构和快速迭代上,并帮助硅谷初创公司与国防巨头在平等的基础上竞争。

布朗回忆道:"当我被选中接受这项任务时,我非常兴奋。审查过程太荒谬了。他们审查了我的背景、性格、财务状况,以及我所在的经典摇滚乐队演奏过的歌曲里有没有可能让总统感到尴尬的歌词。他们仔细审查了我所做的一切。"

在被提名和等待参议院确认期间,布朗转而为这个新角色做准备。

他回忆道:"我一直在积极尝试补充我的知识,因为我担心自己对这份工作知之甚少。还将与能源部共同主持'核三角'的翻新工作,鬼知道那是什么!"

我们都开始行动起来,开始与前官员交流,并在乔治敦大学组织了一场与国防部前副部长比尔·林恩(Bill Lynn)的晚宴,他对这一角色了如指掌。拉杰通过打电话，整理了一份愿意在布朗的行政办公室工作的名单，包括军事助理。阿什顿·卡特和H. R. 麦克马斯特也积极为布朗提供建议。

在他的确认听证会即将开始的几周前，一名DIU的前员工向媒体泄露了一份此前已被裁决的举报投诉。[34]投诉内容是关于布朗领导下的DIU是否滥用了招聘权力。这项指控是那名员工在离职前一天提出的。经过详尽的内部调查，DIU的总法律顾问出了一份长达80页的报告，结论是，有关指控不成立。此事已经结案。但现在，媒体上一个模糊的指控让人觉得这件事似乎没有得到充分调查。

DIU的核心使命之一，是吸引硅谷最优秀的人才从事国家安全工作。DIU甚至没权管理自己的招聘工作——这一权力在五角大楼的办公室。所以，指控不免奇怪。指控还声称存在其他轻微的违规行为，包括负责办公室零食支出的初级官员在为办公室的克里格（Keurig）咖啡机购买奇多薯片和咖啡时，使用的现金核算系统不够完善。最初拒绝调查的监察长办公室突然表示，他们会做深入调查，而且更令人难以置信的是，调查可能需要一年或更长时间。

国务卿、副国务卿或白宫本可以要求监察长加快调查速度。DIU的总法律顾问已经做过调查了，因此可以很快查明事实。然而，他们没有采取任何措施，导致布朗的提名失败。[35] 18个月后，也就是布朗于2022年秋季卸任DIU主任一周后，监察长完全免除了布朗的责任。[36]监察长办公室的报告最终还赞扬了布朗雇用顶尖人才的方法。[37]眼看拜登的团队推动布朗的提名没有通过，这对创新倡导者来说是一个巨大的打击，他们知道"人事就是政策"，尤其是在新政府上任的头几个月。

多年后回想起来，布朗说："总的教训是，当你可以将监察长武器化，并且无论出于何种原因，总统对候选人职位的提名被否决时，这个系统就烂掉了。这并不是因为参议院的否决。为什么会出现这种情况呢？我很高兴接受调查，但众所周知，没有理由花一年多的时间来裁决这样的事情。"

对布朗来说，这是一个结束他的公共服务的酸涩音符。考虑到他将为五角大楼带来的创新议程，这也让他怀疑，与一个心怀不满的人向记者发送旧消息相比，投诉突然重新浮出水面是否有更复杂的原因。他不禁注意到，投诉人在一家主要与国防部做生意的咨询公司工作。没有人知道到底发生了什么，但布朗确实知道，尽管国防承包商大佬们在公开场合支持对他的提名，但他们私下里是反对他的。

最终，他把这一插曲抛在了脑后，决定像拉杰一样继续执行DIU的任务。他作为合伙人加入了拉杰的盾牌资本风险投资公司。

国家人工智能安全委员会最终报告和《芯片法案》

2021年7月13日，500多人涌入白宫以北两个街区的五月花酒店的一间宴会厅，人们只能站着参加。还有数千人在线观看了直播。国家人工智能安全委员会的全球新兴技术峰会是那年夏天华盛顿最大的活动之一。

委员会的最终报告长达746页[38]，重达5.5磅。该报告首先考察了在人工智能时代如何捍卫美国，然后探讨了如何赢得技术竞争。随后是一个同样冗长的章节，标题为"行动蓝图"，详细列出了每项建议的执行步骤。这在政府中算是极为详尽的、按部就班的操作指南了。

同样令人印象深刻的是，一群高级官员支持这份报告及其提出的战略。商务部部长、国务卿和国防部部长以及总统的国家安全和科学顾问都发表了讲话。参议员舒默、少数党领袖凯文·麦卡锡（Kevin McCarthy）和国会领导层的伊莉斯·斯特凡尼克

（Elise Stefanik）通过视频发表了讲话，新西兰总理杰辛达·阿德恩（Jacinda Ardern）以及其他十几位来自美国盟友的外交和数字部部长和科学顾问也通过视频发表了讲话。[39] OpenAI的联合创始人萨姆·奥尔特曼与金果生物（Ginkgo Bioworks）的联合创始人一起在台上发表了讲话。就个人而言，他们祝贺委员会的工作。

马德琳·奥尔布赖特在下午由美国有线电视新闻网的法里德·扎卡里亚（Fareed Zakaria）主持的一次会议上发表了讲话。她通过视频出现在乔治城（Georgetown）34街区家中的书房里，翻领上有一个标志性的胸针。听众中没有人知道，当时的她只剩下几个月的生命了。84岁时，她被诊断出患有癌症。这是她最后一次就技术问题发表长篇大论。

法里德直接转向奥尔布赖特，向她询问国际技术合作中新的危机。法里德指出，"在战后努力建立新的联盟和西方国家之间更高程度的合作之初"，奥尔布赖特作为国务卿是如何"竭尽全力"的。

"当时很多人担心，"奥尔布赖特说，"西方国家不会自动走到一起，把它们凝聚在一起的是苏联的威胁，要是没有这一威胁，单是价值观并不能成为一种足够强大的战略黏合剂。当我成为国务卿时，我们更多地讨论了如何把西方国家团结在一起，以及实际上如何扩大北约，因为这不仅仅是一个军事联盟。这是现在必须考虑的问题。21世纪有一些大趋势，也存在负面影响。"她表示："其中之一是技术，技术显然做了令人难以置信的事情来团结人们。但不利的一面是，信息变得碎片化，社交媒体介入，人们不知道从哪里获得信息，这让人们产生了分歧。"

接下来，北约前秘书长安诺斯·福格·拉斯穆森（Anders Fogh Rasmussen）谈到了技术是如何让他们回到早期的分歧点上的，自由社会和非自由社会之间存在着明显的差异。这些资深外交官在第二次世界大战的阴影下长大，亲身经历了冷战及其后果，他们发现技术——尤其是人工智能——正将他们带回一个更凄凉的早期时代。

奥尔布赖特最后说："现在是关键时刻。时间至关重要。这件事的组织层面非常复杂。我是一个乐观主义者，但我非常担心。我担心我们会在这件事上浪费时间……担心我们只是在审视这个问题，而不是在真正处理一些非常具体的问题。"

早些时候，在准备发表讲话时，她告诉她的团队："在我们弄清楚人工智能之前，我早就不在了。这将由你们这一代人来解决。"她的团队不了解她的病情当时已经很严重了。

该委员会实际上制定了一项长达746页的国家人工智能战略。团队在汉米尔顿餐厅庆祝他们的成功，这是一家离白宫几个街区远的热门餐厅。这群人一起沿着康涅狄格大道走到那里，埃里克走在最前面。最后留下来的工作人员是国务院一位态度坚定的执笔人，他后来起草了限制先进芯片出口到中国的行政命令——一位分析人员称之为"技术窒息"。[40]

还有一个后续事件，那就是《芯片法案》的通过，委员会在起草该法案时发挥了重要作用。一个更大的立法政治群体曾阻碍该法案的通过，原因与该法案获得的两党支持无关。该法案于2022年8月9日由拜登总统签署成为法律，释放了800亿美元的公共资金，用于重建美国半导体行业。该法案支持微处理器的生产以及政府资助的未来芯片和人工智能研究。

这是与中国脱钩进程的一次惊人加速，也是几十年来的第一次重大产业政策行动。这些举措是少数得到两党广泛支持的政策之一，不仅加深了中美之间的竞争，也使商业技术的地缘政治层面更加明显。

美国进入了一个新的阶段，但至少现在它有了一个计划。

第七章

风险资本参战

中美关系的转变推动了国家人工智能安全委员会的大部分工作，也推动了资本市场的变化。拉杰意识到机会来了，采取了创业的方式，最终创立了盾牌资本，这是一家专注于国家安全的风险投资公司。

在全球十大科技公司中，有八家总部位于美国，一家位于中国台湾（台积电），另一家位于中国大陆（腾讯）。在美国，我们不能强迫公司为军队生产产品，但我们可以为公司创造强有力的激励措施。私营公司和投资者的动机是赢利。政府只需要利用这种利润动机来鼓励其想要的行为。例如，如果政府愿意从非传统供应商那里购买先进技术，公司和投资者就会蜂拥而至。当这种情况发生时，美国公司的表现通常更为出色。

也就是说，随着美国进入21世纪20年代，企业家和五角大楼才刚刚开始对话。尽管DIU取得了巨大成功，但华盛顿和硅谷之间的文化分歧依然存在。为了让双方都专注于眼前的机会，离开DIU后，拉杰在斯坦福大学的公共政策智库胡佛研究所设立了一项名为"技术二轨"的项目。"二轨外交"是美国国务院所称的"非官方外交"。

"它通常用于俄罗斯等国家，"康多莉扎·赖斯在首次"技术二轨"会议上说，"但现在我们需要它用于政府和工业。"

拉杰与美国前国家安全顾问H. R. 麦克马斯特中将、斯坦福大学胡佛研究所高级研究员艾米·泽加特以及时任DIU负责人的迈克·布朗共同创立了"技术二轨"。他们组织了一次会议，邀请了40人（20人来自五角大楼，20人来自硅谷）进行为期一天的私人对话。在斯坦福大学校园中心的塔脚下，他们聚集在安纳伯格礼堂，这是一个圆形的小房间，中间有一张圆形的桌子，周围摆放着一圈椅子。拉杰要求不做会议记录，这样大家就可以自由地表达自己的真实想法，比在公共场合更加开放。参会者的姓名和议程上的内容都没有对外公布。但如果你那天走在校园里，你可能会注意到一支黑色的雪佛兰"萨博班"SUV车队停在外面，车上下来一群将军，其中包括时任美国空军参谋长大卫·戈尔德费恩将军，还有几位前国务卿和国防部部长，以及DIU未来的负责人道格·贝克和拉杰未来的盾牌资本联合创始人菲利普·比尔登。阿什顿·卡特则通过视频参会。

当天会议结束时，道格和戈尔德费恩达成了一项人才交换协议：苹果公司将派遣五名工程师加入空军，空军将派出五名服役人员加入苹果公司。这个想法是为了帮助双方融入彼此的文化。可以肯定的是，十个人不会神奇地改变大型组织的文化，但这是一个开始。

拉杰还被任命为胡佛研究所的客座研究员，并与史蒂夫·布兰克和乔·费尔特（Joe Felter）在斯坦福大学教授一门名为"技术、创新和大国竞争"的课程。史蒂夫·布兰克是一位成功的科技企业家，而乔·费尔特毕业于西点军校，曾是美国陆军游骑兵，还担任过美国负责南亚、东南亚和大洋洲事务的国防部副助理部长。这门关于技术如何推动国家和军事力量崛起的课程是"国防黑客"课程的演变，"国防黑客"课程已经催生了几家成功的公司。其目标是培养斯坦福大学那些聪明的本科生和研究生对国防技术战略的兴趣。与"技术二轨"会议一样,拉杰希望在军事和民用世界之间建立联系。"技术二轨"与高层决策者及有影响力的投资者打交道,但这门课采取的是基层路线,面向年轻学生,如果他们了解了军队的文化和目的,他们可能就会受到启发,进而将自己的才能应用于国家安全。主讲嘉宾包括詹姆斯·马蒂斯、阿什顿·卡特和美国驻俄罗斯前大使迈克·麦克福尔(Michael McFaul)。麦克福尔曾与弗拉基米尔·普京(Vladimir Putin)面对面交谈过。他向学生们提供了对这位俄罗斯总统的信仰和世界观的第一手评估,并促使他们思考美国如何应对俄罗斯。

虽然连接人们的努力很重要,但拉杰认为,最大的影响将来自帮助科技企业家在国家安全和商业应用的交叉点上开发产品。他热衷于资助那些为私人和军事客户解决重要问题的公司。幸运的是,这里不乏感兴趣的企业家。几乎所有有创业想法的人都找到了与拉杰联系的方法,甚至有不少人来到了拉杰在旧金山诺尔谷(Noe Valley)的餐桌旁。在他们看来,为捍卫国家做出贡献比创建一个照片分享应用程序或送餐应用程序更有成就感。他们想得到拉杰的意见——以及他的投资。

拉杰与菲利普·比尔登以及一小群其他投资者一起,开始进行天使投资——平均开出10万美元的小额支票,帮助初创公司在准备好筹集适当的A轮风险投资之前开始创业。菲利普是汉博巍的联合创始人,这是一家管理着1000多亿美元的全球私募股权投资管理公司。他在中国香港建立并领导了该公司的亚太业务,在那里目睹了中国的崛起。在拉杰执掌DIUx之前,他和拉杰讨论过建立一家专注于国家安全的风险投资公司的想法。现在拉杰卸任了,他们开始行动起来。

在硅谷生态系统中，天使投资者对最早的公司起着关键作用。这些个人投资者承担着大型投资公司不愿承担的风险。他们指导和准备刚刚起步的初创公司，一旦机构投资者参与进来，这些公司就会扩大规模。拉杰为自己制定的一条规则是，他不会投资在DIU工作期间合作过的公司——他觉得这会有利益冲突。这意味着要传递DIU的一些成功故事，比如安杜里尔工业公司和卡佩拉空间公司。在三年的时间里，他会见了200多家公司的负责人，听取了无数的演讲，并观看了无数的PPT演示。在大多数情况下，他都没有投资。最终，他选择了20多家早期初创公司进行了小额投资，其中许多公司后来发展成为成功的企业，为国家安全构建重要的解决方案。

有一家叫范内瓦实验室（Vannevar Labs）的公司，以第二次世界大战期间领导美国科学研究与发展办公室的工程师范内瓦·布什（Vannevar Bush）的名字命名，该办公室负责监督曼哈顿项目和原子弹的制造。他在1945年撰写的报告《科学：无尽的前沿》，促使国会成立了国家科学基金会（NSF）。

在拉杰的厨房里喝咖啡时，范内瓦实验室的两位联合创始人分享了他们使用自然语言处理（一种人工智能）来支持美国反恐工作的愿景，分析人员能够筛选大量语音数据并找到重要细节。这两个人分别是美国情报界的前反恐官员尼尼·穆尔海德（Nini Moorhead）和中央情报局风险投资机构In-Q-Tel的资深员工布雷特·格兰伯格（Brett Granberg）。拉杰的另一项早期投资是鹰眼360公司（HawkEye 360），该公司运营着一个卫星群，这些卫星能够检测射频信号以进行地理定位，这在过去只有美国和苏联的间谍卫星才能做到。这些卫星能够处理各种各样的事务，从寻找自然灾害幸存者到通过定位对讲机信号来发现毒品走私者等。鹰眼360公司的创始人约翰·塞拉菲尼（John Serafini）后来加入了盾牌资本，成为风险合伙人。

第三项投资是Nexla，其创始人正在打造高速软件"管道"，以提高人工智能系统的性能。这三家公司在随后的几年里都蓬勃发展，成为各自领域的佼佼者。它们也有一些相似的特征，这些特征使它们成为有吸引力的投资对象。它们发明了先进的技术，其他人很难复制。它们的客户包括政府和商业买家。最重要的是，它们由充满激情、近乎疯狂的创始人领导。

最引人注目的且带有科幻酷炫元素的投资可能是埃尔罗伊航空公司（Elroy Air），其创始人大卫·梅里尔（David Merrill）大胆地实现了建造小型自动驾驶飞机的目标，该飞机可以在当天把货物运送到地球上的每个人手中。梅里尔设计了一种名为"查帕拉尔"（Chaparral）的电动垂直起降飞机，该飞机可以在没有飞行员的情况下自主飞行，在300英里的航程内运载多达300磅的货物。公司以20世纪60年代初电视节目《杰森一家》（The Jetsons）中的角色埃尔罗伊·杰森（Elroy Jetson）命名，该节目讲述了一个太空时代的家庭乘坐飞行汽车围绕轨道城飞行的故事。

梅里尔是一个30多岁的年轻人，他的出身背景和过往经历使他脱颖而出。他拥有斯坦福大学计算机科学背景和麻省理工学院博士学位。在遇到拉杰时，他已经创建并出售了一家初创公司。梅里尔、他的联合创始人克林特·科普（Clint Cope）和他们的小团队，正在旧金山以南10英里的贝肖尔（Bayshore）一个简陋工业区的旧仓库里制造原型飞机。拉杰对这个原型印象深刻，但梅里尔的热情更让他印象深刻。

梅里尔最初的计划是建造一辆类似于乔比航空公司正在建造的空中出租车。但在早期，他和科普就意识到了潜在的军事用途。他们两个人参加了一次自主航空会议，并听取了国防部代表对军队需要解决的问题的描述。军方需要一种在"对抗环境"中运送重型货物的方法。他们通常使用直升机来完成这项工作，但直升机价格昂贵。在高节奏的补给行动中，直升机往往不足以满足需求。但最重要的是，驾驶直升机进入危险区域意味着驾驶员要将生命置于危险之中。国防部代表说："如果有人在考虑研发自主航空系统，并将注意力集中在货物和军事补给上，请来和我谈谈。"[1]

对梅里尔和科普来说，这是一个激动人心的时刻。他们花了一下午的时间与那名军官交谈，很快就决定将此作为公司的首要任务。梅里尔回忆道："我们认为全球对此存在巨大需求。"在接下来的几个月里，他们会见了联邦快递以及通过空运提供人道主义援助的世界粮食计划署的人，这一信念得到了加强。"我们从每个人那里听说，他们需要新的航空货运选择，我们意识到有机会建立一个以军事补给为重要支柱的企业。"在这种情况下，埃尔罗伊航空公司已经有了一个客户，只需要做出产品就行。梅里尔回忆道："从创业的角度来看，听到一位客户如此明确地需要你有能力制造的产品，真的很令人兴奋。这让我们激动不已。"

设计一架可行的飞机是一个巨大的挑战。这将需要大量的资金投入，比创建一家软件公司所需的投入要多得多。但更大的挑战在于，要弄清楚如何将这架飞机出售给五角大楼。事实上，拉杰熟悉与军方打交道的方式，这促使梅里尔找到了他。

埃尔罗伊航空公司很快就与空军特种作战司令部（AFSOC）签订了合同，因为公司的创始人遇到了一位空军少校，这位少校很快就认识到了这架飞机的军事价值，并资助研发。虽然一些科技公司的员工对与军方合作的想法犹豫不决，但梅里尔表示，埃尔罗伊航空公司的情况并非如此，部分原因是新员工开始明白他们是为军方和商业客户建造的，但也因为他们知道飞机将用于货运，而不是作战。梅里尔说："我们团队中有一些人非常强烈地认为，他们不希望将飞机直接武器化。他们不想建立一个打击系统。但军方已经向我们发出了一个明确的信号，他们希望"查帕拉尔"用于补给和后勤，这样他们就可以避免使用C-130运输机和黑鹰直升机等大型载人装备。"

2022年1月，当埃尔罗伊航空公司推出"查帕拉尔"的成品时，该公司已经达成协议，向商业、军事和人道主义援助客户提供500架。[2] 其中包括与联合国和世界粮食计划署合作的艾尔物流公司（AYR Logistics），以及将使用它们运送包裹的梅萨航空公司（Mesa Airlines）。军事合同帮助埃尔罗伊航空公司初步打开了市场，但梅里尔相信埃尔罗伊航空公司的大部分业务最终将与商业客户合作。

拉杰的新方向

事实证明，与埃里克·施密特在公寓里的谈话对拉杰来说是一个转折点。坐在沙发上的是一些从事技术和国家安全问题工作的人，包括中央情报局前副局长艾薇儿·海恩斯（Avril Haines）和2009年将美国航空公司飞机紧急降落在哈德逊河后成名的飞行员"萨利"切斯利·萨伦伯格（Chesley "Sully" Sullenberger）。

在一次非正式的晚宴上，拉杰征求了埃里克关于他下一步职业生涯应该做什么的建议。他在DIU的经历给了他独到的见解，这对硅谷投资者来说是有价值的，他受到了几家公司的追捧。他仍在协助领导他的第二家初创公司，即一家名为复原力的网络安全保险公司，这是他和DIU合伙人、空军老兵"V8"威萨尔·哈里普拉沙德共同创立的。但拉杰想做得更多——继续将硅谷技术引入军队，但要以一种可以扩展的方式进行。

部分得益于DIU的影响，国防投资变得炙手可热。硅谷的一些顶级风险投资公司希望进入国防领域，开始寻找一个具有技术头脑的合作伙伴，帮助发现有前途的初创公司，同时也了解如何应对五角大楼错综复杂的官僚主义和阻挠——换言之，一个可以帮助投资组合内的公司与军方建立密切联系的人。这种罕见的复合才能使拉杰成为一种稀缺人才。硅谷的一家风险投资公司刚刚为他提供了一份利润丰厚的合伙人级别的工作，以寻找与国防相关的投资机会。但拉杰最想做的是建立自己的风险投资公司，专注于商业和国家安全技术领域。这样的公司能够通过私营企业和市场来维护美国的行事方式。拉杰和菲利普·比尔登重新提出了共同建立公司的想法。但双方都必须权衡这一重大承诺——可能是20年的承诺。做出决定的时机迫在眉睫。拉杰向朋友和导师寻求建议。克里斯托弗认为拉杰别无选择，只能创办一家公司，因为正如克里斯托弗所说的："你是一个糟糕的员工。你需要做自己的事情。"阿什顿·卡特喜欢这个想法。H. R. 麦克马斯特和北约盟军前最高指挥官"吉米"詹姆斯·斯塔夫里迪斯都给予了鼓励。这三位政治家都表示愿意以顾问身份加入，以表示支持。

拉杰和菲利普需要克服的一个不小的问题是，如何为首次设立的基金筹集资金。风险投资公司从被称为"有限合伙人"的投资者那里筹集资金，比如养老基金、大学捐赠基金和富裕的私人家庭，并代表他们进行投资。这些投资者期待着非凡的业绩。投资早期创业公司是一项高风险的业务。除非你能获得比投资股市更好的回报，否则为什么要冒险呢？因此，这些潜在的机构投资者对新基金持谨慎态度，这是有充分理由的：从长远来看，大多数风险投资公司的回报率不会超过股市。然而，排名前25%的风险投资公司往往会大幅超越股市回报率。大多数投资者宁愿等着看你的第一只基金表现如何。如果你打出几个"本垒打"，也许他们会参与你的第二只或第三只基金。

首次筹集基金将是一个挑战，但更大的挑战是发现有潜力的投资对象并进行明智的押注。这种天赋既是一门艺术，也是一门科学，需要直觉，而且每次交易都是一次信念的飞跃。有时，即使是那些有着长期获利丰厚记录的资深风险投资家，也会陷入困境，他们会因下太多的赌注而最终破产。然而，当风险投资发挥作用时，它可以创造巨大的成果，帮助建立标志性的公司，为养老金、捐赠基金和基金会等投资者带来长期回报。

埃里克也做过类似的事情。2001年，他在一家初创公司担任首席执行官，该公司由斯坦福大学的两名研究生拉里·佩奇和谢尔盖·布林创立，名为谷歌。他们有一个疯狂的想法，即建立一个能在互联网上找到任何东西的"搜索引擎"。当埃里克担任首席执行官时，他向这家羽翼未丰的初创公司投资了100万美元，尽管当时该公司刚刚开始通过销售广告创收。现在，当他和拉杰在餐桌旁交谈时，埃里克已经是世界上最富有的人之一。

对埃里克来说，这也许并不奇怪：拉杰应该忘记那家风险投资公司提供的利润丰厚的职位，而是瞄准更远大的目标——创建一家公司，而不是加入现有的公司。此外，这不仅仅是钱的问题，还关乎使命。有了一只专注于国防领域的基金，拉杰就可以资助数十家新的初创公司，这些公司可能会改变美国军队，保护美国的生活方式。这是他延续自己在DIU已经开始的工作的最好方式。

"你只有一次生命，"埃里克说，"你需要大胆去闯，建立自己的风险投资公司。"

受到埃里克热情的鼓舞，拉杰瞥了一眼外面曼哈顿天际线闪烁的灯光。这个世界似乎充满了可能性。"好的，"他说，"我干。"

盾牌资本：建造它，人们就会来

2020年新年伊始，拉杰站在菲利普·比尔登位于棕榈滩家中的海滨阳台上，俯瞰着波光粼粼的蓝色大西洋。在为他们的首只基金制定路线并计划组建一支能够执行他们愿景的团队时，他们锁定了"盾牌资本"这个名字，以契合公司推进国家安全的使命。

两位创始人的兴趣和优势互补。拉杰是一位对硅谷了如指掌的公司创始人，他与有兴趣建立支持国家安全的公司的企业家有着深厚的联系。菲利普作为私募股权先驱，拥有获得全球机构资本的途径。他们都曾在军队中担任军官。最重要的是，他们和各自的家人通过天使投资活动变得亲近起来。

拉杰和菲利普明白，创建一家风险投资公司和投资他人资金的责任需要几十年的承诺。这件事无法保证成功，即使对像菲利普这样经验丰富的投资者来说，筹集首只基金的门槛也很高，他之前管理着数十亿美元的机构资本。

菲利普当时50多岁，最近从他帮助建立的全球公司汉博巍退休。拉杰知道他不是那种喜欢在棕榈滩打高尔夫球和玩匹克球的人。尽管菲利普在特朗普政府中已不再考虑担任海军部部长，但他积极参与了多项国家安全事业，包括担任海军作战执行委员会主任和海军最大造船商亨廷顿-英格尔斯工业公司（Huntington Ingalls Industries）董事会成员。他的两个儿子都是海军学院的毕业生，当时正在海军服现役军官。我们国家的战士、他们的儿子和他们的战友都需要私营部门的创新。

拉杰和菲利普认识到，技术正在迅速发展，超出了国防工业基地和国防部采购及适应的能力。[3]美国航空航天和国防工业已从数百家公司合并为五家庞大的官僚国防承包商，[4]这些承包商的企业激励措施是根据国会预算来制定的，而不是依据作战人员真正需要赢得战争的东西来安排的。这些公开交易的国防企业集团在股票回购上的支出超过了研发支出。此外，在价值数万亿美元的美国风险投资市场上，很少有公司专注于国家安全技术——有些公司因为理念而衰落，而大多数公司是因为不了解政府如何购买技术而衰落。一家高度专业化的风险投资公司，只要拥有正确的团队和战略，就可以弥补这一差距。

现在是时候行动起来了，我们可以在其他人不可避免地跟随之前领先一步。握手祝酒后，一家新的风险投资公司成立了。菲利普对他的新联合创始人说："拉杰，盾牌资本将是我们未来20年人生中最高和最好的目标。如果我们建造它，人们就会来，像团队、投资者、企业家，当然还有回报。"

招募A团队

拉杰和菲利普从头开始创建盾牌资本，这意味着工作时间长、员工数量有限、自掏腰包支付费用，还要四处筹资，谦恭地向朋友、家人和前商业伙伴寻求信任。最重要的是，他们必须组建一支精英团队，团队成员要受使命驱动，并且有着丰富的经验，能够进行出色的投资。为了寻找进一步支持他们未来投资的方法，拉杰和菲利普调查了航空航天和国防工业，寻找一个对新合作持开放态度的战略合作伙伴。尽管许多国防部部长涉足风险投资，但他们的业绩表现不佳。他们需要一家愿意尝试创新方法的公司，这让他们选择了L3Harris技术公司，其首席执行官克里斯·库巴西克（Chris Kubasik）已经通过超过35次收购扩大了公司规模。

在2020年一个寒冷多雨的退伍军人节上，拉杰和菲利普会见了L3Harris的高级副总裁、美国海军部前代理部长肖恩·斯塔克利（Sean Stackley），向他阐述了他们的想法。由于新冠疫情，L3Harris的办公室显得格外空旷。听了他们的简报后，斯塔克利赞许地点了点头，说道："我想我的老板会对此感兴趣的。"几个月后，在佛罗里达州墨尔本（Melbourne）的一家海滨餐厅，拉杰和菲利普见到了L3Harris的首席执行官克里斯·库巴西克。库巴西克果然名不虚传。10分钟后，他说："我明白了，伙计们。盾牌资本可能是我为L3Harris制定的'值得信赖的颠覆者'（Trusted Disrupter）战略的一部分。我们就这么干吧。我会为你们的基金注资，让它发挥作用。"

L3Harris的锚定投资营造出了极为有利的形势。L3Harris是第五大主要国防承包商，年收入170亿美元。从表面上看，这笔交易可能违反直觉。国防承包商大佬是硅谷初创公司应该颠覆的公司，对吧？但库巴西克理解硅谷的格言，即与其让别人颠覆你，不如自己颠覆自己。将资金投资于盾牌资本，为L3Harris提供了一条从国防科技繁荣中获得回报的途径。但更重要的是，这将帮助L3Harris掌握硅谷的最新创新，并找到与初创公司合作的有希望的方式。库巴西克表示："初创公司的创新和技术对于为L3Harris的客户提供最佳能力至关重要。与拉杰、菲利普和盾牌资本团队的合作，使我们能够独特地接触硅谷及其他地区的公司。"

找到一位主要投资者使他们更容易招募A团队。拉杰和菲利普将其比作电影《福禄双霸天》（The Blues Brothers）中的"让乐队重新团结起来"。他们的顾问委员会包括阿什顿·卡特、詹姆斯·斯塔夫里迪斯、H. R. 麦克马斯特、国家地理空间情报局前局长"蒂什"莱蒂蒂亚·朗（Letitia "Tish" Long），以及空军前参谋长、DIUx和"技术二轨"的早期支持者大卫·戈尔德费恩。

他们从鹰眼360公司引进了约翰·塞拉菲尼，他毕业于西点军校，曾是陆军游骑兵、风险投资家，也是公司创始人。高盛资深人士丹·霍兰德（Dan Holland）出任首席运营官。拉杰招募了DIU的队友，包括迈克·布朗和曾主导那里所有合同事务的美国空军采购高手大卫·罗斯扎伊德（David Rothzeid）。海军陆战队特种部队军官阿克希尔·伊耶尔（Akhil Iyer）曾是阿什顿·卡特的助教，在哈佛大学完成研究生学业的同时加入了团队。

丽莎·希尔（Lisa Hill）曾在DIU与我们共事，后来加入了拉杰的复原力公司，负责投资者关系相关工作。她的丈夫尼克（Nick）是一位杰出的海豹突击队员和职业军官。在丽莎看来，盾牌资本让她以一种新的方式继续为国家服务。"感觉我的工作很重要，"她说，"这关乎影响，关乎变革。"2011年，两架直升机在阿富汗被击落，导致38名服役人员丧生，其中包括17名尼克的海豹突击队战友。随后，丽莎特别有动力继续自己的职业生涯。她和尼克去了德国的拉姆斯坦空军基地（Ramstein Air Base），看着棺材从飞机上抬下来。她说："好几个星期，我一直感到不安。每次我闭上眼睛，看到的都是那些遗孀们排成长队。我对自己发誓，我绝不会让自己陷入这样一种境地，如果尼克出了什么事，我自己没有办法照顾孩子。"

盾牌资本迄今为止最大的投资对象是艾伯多公司（Albedo），这是一家初创公司，其卫星的分辨率比现今常见的分辨率高出数倍。其中的差异是，为谷歌地球提供图像的卫星的每个像素对应的是地球上1平方米的区域，而艾伯多公司的鹰眼相机可以拍摄出每个像素代表10平方厘米的图像。前者只能识别某个物体是一辆汽车，而后者还能判断出这是什么类型的汽车以及车上是否贴有保险杠贴纸。

事实证明，盾牌资本的时机是有先见之明的。该公司于2021年秋季完成了首只基金的募集，[5]并于2022年3月宣布正式开业，就在俄乌冲突几周后。俄乌冲突在硅谷引发了一场新的淘金热，曾经不愿投资国防科技初创公司的风险投资家突然间急于为这些公司提供资金。2022年，风投向国防科技公司注入了330亿美元；[6]而2019年，这一数字为160亿美元。一批新的国防"独角兽"诞生了，包括安杜里尔工业公司和盾牌AI。风险基金经常表现出"羊群行为"，这些成功故事产生了大量追随者。

硅谷终于开始尽自己的一份力量，为军队生产新产品。现在，五角大楼肩负着重任，要想办法购买它们，并以足够快的速度购买，以防止硅谷的钟摆因缺乏客户而动摇。

在菲利普和拉杰于棕榈滩握手四年后，他们的公司正在成为硅谷的一股推动力量。盾牌资本运营顺利，拥有一个紧密团结的团队，与一家国防承包商大佬建立了独特的战略合作伙伴关系，并且其超额认购的基金最终募集到1.86亿美元。建造它，人们就会来。

弥合文化鸿沟

仅靠投资无法解决美国面临的来自国外新对手的挑战。创建美国版的"军民融合"不仅仅涉及开发酷炫的新技术，以及将初创公司与国防部的客户联系起来。这些年也出现了一些重大的文化问题。多年来，我们一直在讨论这样一个事实，即美国没有实现"军民融合"，反而造成了军民矛盾和文化鸿沟。尤其是在越南战争后的几年里，民事和军事世界变得越来越不同。顶尖大学的毕业生不再大量投身于武装部队、国务院或情报机构。1960年，斯坦福大学和麻省理工学院各有100多名毕业生加入预备役军官训练营（ROTC），但如今这两所大学的毕业生中加入军队的只有十几人或更少。1980年，64%的国会议员和59%的《财富》500强首席执行官都是退伍军人，这是第二次世界大战、朝鲜战争和越南战争留下的遗产。如今，这一数字已分别降至19%和6%。国会议员已经与军队脱节，但他们控制着国防部的预算，并决定如何分配资金。

另一个令人不安的趋势是，兵役制已经成为世袭制。近三分之一的新兵父母曾服役，60%的新兵有亲密的家庭成员曾服役。这是一个问题，因为它使一小部分美国人服役，而大部分美国人不服役。这种孤立性使军人家庭体验到了军队的生活和普通平民家庭所没有的文化。历史已经表明，从古罗马开始，战士和平民之间失去深厚的联系不利于健康的制度。此外，军队的所有部门都发现更难招到新兵。只有不到1%的美国人曾在武装部队服役。

在过去的几年里，拉杰一直在提议改变政策，以提高美国的军事准备水平。以下是其中几条。

强制性服兵役。服兵役是一个有争议的想法，但韩国、新加坡、奥地利、瑞典等国家和地区都要求服兵役。让一小群美国人去打仗，而绝大多数人在做其他事情，这是一个可怕的想法。必须有共同的牺牲。首先，这将使更多的平民暴露在军队面前。但同时，当我们中更多的人让孩子穿上制服时，我们就降低了开战的可能性。如果每个参议员都有一个不得不去伊拉克打仗的孩子，那么美国会入侵伊拉克吗？也许不会。像拉杰这样参加过战争的人最不愿意支持更多的战争。事实上，我们开发更好的防御技术的最大原因不是能够在战争中击败敌人，而是防止战争爆发。

把一个来自纽约的富家子弟和一个来自亚拉巴马州的穷孩子推进散兵坑，你就会开始思考撕裂我们国家的文化鸿沟和两极分化。站在彼此的立场上思考可以建立同理心，并使我们现在缺乏的国家团结成为可能。当势均力敌的双方对修复政府的兴趣还不如在电视镜头前互相叫嚷的兴趣大时，什么都做不成。迫使美国人并肩服务是为公民身份而共同服务的基础。短期的强制性服兵役可能有助于弥补这一鸿沟。虽然我们很难为所有美国年轻人创造参军的机会，但国民服役可以包括在情报机构和其他民间政府部门工作。除了在预备役军官训练营或多年服役之外，进一步的职业道路肯定会更有帮助。美国如今拥有的专业化、全志愿的部队是一项巨大的成就，但这是以部队和公民之间失去联系为代价的。为了使国民服役实现国家团结在一起的广泛目标，不能有任何豁免或缓役的情况出现。

重新开放关闭的军事基地。 在过去的几十年里，美国国防部关闭了旧金山、洛杉矶、纽约和波士顿等富裕地区的基地，并将服役人员转移到亚利桑那州、得克萨斯州和佐治亚州等生活成本较低的地方。我们居住的旧金山湾区，已经没有现役基地了。远离高生活成本地区可以节省国防部的资金，但会加剧军民之间的分歧。我们应该首先重新开放旧金山和波士顿两个领先技术创新中心的主要军事设施。

想想上一代人，无论你在哪里长大，看到穿着制服的人四处走动是很常见的。班级上，有些孩子的爸爸或妈妈曾经在部队服役。你不太可能认为军人是暴力的肇事者。相反，你把他们看作做着他们信任的工作的普通人，他们把战争视为最后的选择。如今，这里有一道鸿沟。我们位于旧金山的邻居在很大程度上是从好莱坞电影中了解军队的。可以肯定地说，他们了解到的与现实相去甚远。他们看到汤姆·克鲁斯（Tom Cruise）驾驶战斗机以10马赫的速度飞行，还看到特种部队队员在黑屋子里折磨恐怖分子。他们自己不会考虑穿上制服服役，也没有意识到一个人即使在五角大楼做几年文职工作也可以做出重要贡献。

扩大预备役军官训练营、国民警卫队和预备队。从顶尖工程学校毕业的学生可以去任何他们想去的地方。我们应该让他们更容易选择服兵役。预备役军官训练营项目为大多数学生提供了一条服役之路。然而，许多顶尖大学已经关闭了预备役军官训练营项目。我们应该重新开放那些在越南战争时代关闭预备役军官训练营项目的学校，包括斯坦福大学。目前，斯坦福大学预备役军官训练营的学生必须开车去伯克利，在交通堵塞的情况下，单程可能需要两个小时。对那些有兴趣穿上制服但又想在私营部门工作的人来说，在预备役服役可能很有吸引力。为了鼓励参与，我们应该停止训练所有预备役部队做好战斗准备并能够立即部署的做法，而是将一部分部队视为战略预备役，配备现役部队所没有的人员和能力。预备役人员在软件开发和网络安全等领域可能特别有帮助。拉杰是通过距离普林斯顿大学最近的空军国民警卫队进入军队的，这使他能够在大学期间为服役做准备。

为现役军人创造更好的职业道路。为军人提供加入私营部门或预备役部队几年后重返军队的灵活性，这将显著提高留用率，并扩大技能范围。此外，五角大楼应制订计划，使现役成员在离职后的几年内保持安全许可，使他们能够更容易地以预备役或文职身份返回部队。从本质上讲，在一个顶尖人才不愿意在IBM或通用电气（GE）等公司工作30年的世界里，军方必须改革其人力资源分配系统，以创造更大的灵活性，使服役人员更容易过渡到私营部门。

修复我们的移民系统。我们目前的移民政策将顶尖工程人才从国家赶走了，阻碍了硅谷为五角大楼开发国防相关技术的能力。事实上，拉杰投资的每一家公司都遇到过与关键工程师获得H-1B签证有关的麻烦。我们需要让非公民更容易获得H-1B签证并留在美国工作。此外，我们还需要取消移民上限。仅在网络安全领域，就有近50万个空缺职位由于缺乏候选人而无法填补。新的人工智能热潮也产生了类似的短缺。美国可以从世界各地雇用1万名顶尖的人工智能科学家，但我们仍然需要更多。更积极地说，如果美国向排名前20的人工智能科学家及其家人提供签证，让他们在美国定居，我们可以明显地将全球人工智能竞赛筹码转向美国。

我们还应该制定政策，鼓励外国学生在获得STEM领域的学位后留在美国。2009年，众议员杰夫·弗莱克（Jeff Flake）提出了《阻止在美国接受培训的博士离开美国法案》（STAPLE Act），这将使外国学生在获得博士学位时能够自动获得绿卡（法案名称旨在宣传这样的想法：当有人获得博士学位时，美国会在他们的文凭上"钉"上绿卡）。该法案没有获得通过，弗莱克离开了国会。但我们应该重新提出这个法案。

移民更有可能成为企业家。在美国，25%的创业公司是由移民创建的。如果你只看"独角兽"（估值超过10亿美元的公司），55%是由移民创立或共同创立的。[7]谷歌、易贝、Stripe、优步、雅虎、SpaceX、Zoom、英伟达，名单还在加长。为什么我们要让下一批"独角兽"的创始人更难来这里生活呢？如果美国能够吸引世界上最聪明的1%的人，那我们将势不可当。

不要下命令——下订单就行。五角大楼不需要把钱投入硅谷的风险投资基金，更糟糕的是，也不需要尝试创办自己的基金。国防部的一种常见方法是，组织会议和晚宴，并试图指导风险投资家的投资方式。这是在倒退，反映了五角大楼与老牌国防承包商大佬接触的方式。国防部需要让自由市场优化资本流动，然后作为买家影响资本流动。风险投资家的工作就是投资伟大的公司。什么是伟大的公司？就是有客户的公司。五角大楼所需要做的，就是成为一个伟大的客户。购买产品，并相信优秀的风险投资家会把钱投入生产这些产品的公司中。这听起来很明显，但对五角大楼来说，这代表着心态的巨大转变。国防部习惯于与国防承包商大佬合作。在这些关系中，国防部扮演着风险投资的角色，投入资金开发产品。随着国防部将更多的支出转移到硅谷，它需要学会如何成为一名新的客户。

美国想找到应对中国模式的方法。与技术或风险投资相比，这在很大程度上与文化相关。美国不能照搬中国的做法，也不大可能这么做。很容易想象，中国的制度比美国更具有功能性，因为它在生产技术和使技术适应军事目的方面更有效。但美国的系统也具有一定的优越性，需要一些调整。美国拥有具有活力的创新生态系统，有欢迎移民和为科学基金提供强有力支持的历史，并与一些欧洲和亚洲国家结成了强有力的联盟。美国有一个信息自由流动的系统，自由竞争能确保最好的想法和产品脱颖而出。虽然这看起来很混乱，但几十年来，它被证明是一种成功的方法。

从印度到日本再到美国，西方国家通过押注本国企业家和风险承担者而获胜。从头开始创办公司是很困难的——初创公司一开始总是处于劣势。拉杰的两家初创公司有三次都险些在几周内倒闭。在把毕生积蓄投入第一家公司后，拉杰发现自己只剩下一周的工资，没有一条容易的前进之路。在那一刻，登上F-16战斗机重返战场比解雇所有信任他的员工要容易得多。但通过一次幸运的停顿和最后一刻与《财富》500强客户签订的合同，拉杰和公司成功了——几乎所有初创公司都有这种濒临死亡的经历。支持这些风险承担者是风险公司所做的。如今，盾牌资本可以帮助创新公司度过这些生存危机——是的，这是一种赚钱的方式。通过做有益的事来获得良好收益是绝对可能的。这一趋势正在蔓延，越来越多的五角大楼高级官员在帮助初创公司与国防部开展合作。[8]推动国防部创新的市场力量正在增强。

五角大楼在吸收为其创造的技术方面也发挥着同样关键的作用。如果将其采购资金用于购买风险投资支持的初创公司的产品，那么资本驱动的国防创新的飞轮将旋转得更快。

第八章
乌克兰与未来战场

俄乌冲突成了DIU曾设想过的那种战争，作战依靠无人机、卫星和人工智能，双方的黑客发动网络攻击，乌克兰民众使用智能手机应用程序向本国军队提醒俄罗斯部队的位置。这是一场混合战争，传统技术（如坦克和大炮）与数字技术相结合使用。

卡佩拉空间公司，就是那家我们曾经想监视朝鲜的卫星公司，现在正在运营一个卫星星座，观察俄罗斯部队的进展。卡佩拉空间公司创始人帕亚姆·班纳扎德自从我们上次见到他以来一直很忙。在我们无法兑现五角大楼承诺的5000万美元资金后，他的公司几乎破产了。尽管遭遇了挫折，班纳扎德就像优秀的其他企业家一样还是坚持了下来。到2022年，他已经建立了一个繁荣的企业，发射了一个由七颗合成孔径雷达卫星组成的星座，并向商业和政府客户出售卫星数据。卡佩拉空间公司的下一代产品有11英尺宽的网状天线。他们发出的信号从地球表面反弹，一旦返回，就可以分辨出小于20英寸的细节。这就像在1200英里的高空，无论何种天气、白天黑夜，都能看到一个篮球那么小的物体。

现在，随着战争的临近，美国国防部比以往任何时候都更需要卡佩拉空间公司。数周来，俄罗斯一直在乌克兰边境集结兵力。从白俄罗斯南部到黑海，绵延上千英里的弧线上布满了坦克、步兵、导弹连和空袭部队。对许多人来说，这看起来像虚张声势。

2014年，先是没有军事标志的军队开进克里米亚，随后俄罗斯吞并了克里米亚。从那以后，这场冲突一直在酝酿，现在俄罗斯想要更多。在很长一段时间里，俄罗斯一直在考虑这个问题。在这个过程中，美国国家安全界内部关注俄罗斯的人之间展开了激烈的辩论。大多数人认为俄乌冲突爆发的可能性不大，但也有人认为俄罗斯被收回苏联的愿望驱使，很可能会冒险。

卡佩拉空间公司的卫星实时看到了这一情况，[1]它们突然成为美国打击俄罗斯虚假信息的有力工具。迈克·布朗回忆道："俄罗斯发布了坦克被装载在轨道列车上的视频，显示它们被送回了俄罗斯。但我们知道俄罗斯实际上是在集结兵力。"[2]当时，五角大楼向美国有线电视新闻网发布了一张卡佩拉空间公司的照片，[3]乔·拜登总统引用这张照片来证明俄罗斯在撒谎。班纳扎德回忆道："我们公司显示了第一批即将到来的非机密、开源卫星图像。"[4]

2022年2月24日，俄罗斯装甲纵队越过边境向基辅（Kyiv）进发。巡航导弹猛烈攻击乌克兰的通信节点，包括为乌克兰政府提供算力的数据中心。一场大规模的网络攻击展开了。计算机病毒攻击了乌克兰48个机构和企业。空降突击部队降落在基辅周边的机场。俄罗斯雪域特种部队（Spetsnaz troops）渗透到乌克兰首都基辅，差一点就成功暗杀了乌克兰总统弗拉基米尔·泽连斯基（Volodymyr Zelensky）。俄罗斯军队掌握着5889枚核弹头，正朝西驶向北约方向，欧洲自第二次世界大战以来最大的陆地战争正在现实生活中上演。"这让我想起了国家安全委员会绞刑架式的幽默，"克里斯托弗在电话中告诉拉杰，"就发生在你认为事情不会变得更糟的时候。你意识到你这么想有多么愚蠢。"

但后来发生了一些不同寻常的事情。俄罗斯军队本应轻而易举地取胜。原计划在基辅举行胜利阅兵的部队正在撤退,乌克兰军队将他们推回东部,造成伤亡。部分原因是乌克兰巧妙地运用了商业技术。乌克兰在常规武器方面没有优势,但精通技术的军队通过预测俄罗斯的行动和制定变通方案获得了优势。当俄罗斯干扰乌克兰的无线电时,乌克兰转而使用埃隆·马斯克提供的 SpaceX "星链"互联网终端和安卓手机,以保持国防部的信息畅通。在 WhatsApp 和 Signal 应用程序上,乌克兰民众报告了俄罗斯军队的动向。乌克兰士兵操控着廉价的无人机飞越俄罗斯防线,侦察俄罗斯阵地并直接轰炸。他们用手榴弹武装无人机,把它们变成神风敢死队。一架无人机可以摧毁一辆俄罗斯 T-90 坦克,另一架则会拍摄袭击过程。

不久,无人驾驶的小船在黑海袭击了俄罗斯海军军舰。乌克兰那些苏联时代的无人机经过改装携带炸药,摧毁了俄罗斯领土深处的战略轰炸机。皮卡车上的侦察队通过星链播放视频,每小时统计敌人死亡人数。土耳其"旗手"(Bayraktar)TB2 后螺旋桨无人机向俄罗斯车队投掷导弹。"欢迎来到地狱。"TB2 的 42 岁设计师(毕业于麻省理工学院),在社交媒体上发布了一条展示这场杀戮的帖子。[5] 俄罗斯的回应是用价值 2 万美元的无人机轰炸乌克兰的发电站。这些无人机给俄罗斯带来了不对称的优势,因为乌克兰击败它们的唯一途径是使用西方国家提供的导弹,每枚导弹的价格从 14 万美元到 50 万美元不等。这也说明了商业技术如何为所有人创造公平的竞争环境,俄罗斯使用的无人机 82% 的部件是在美国制造的。[6] 这些都是克里斯托弗在 2016 年所写的《更平坦的世界:技术如何重塑世界秩序》的一部分。

硅谷的科技公司纷纷加入支持乌克兰的行列。星球实验室的光电卫星正在监视战场。拉杰投资的鹰眼360公司截获了俄罗斯的无线电信息。[7]斯凯迪欧是第一家成为"独角兽"公司的美国无人机制造商，它将其自动四旋翼机紧急送往乌克兰步兵部队。[8]蓝色光环公司（BlueHalo）由五角大楼一份价值2400万美元的合同动员起来，将其"泰坦"（Titan）反无人机系统交付到战场，天线信号由机器学习算法提供支持。[9]人工智能数据分析软件的开发商帕兰提尔公司向乌克兰派遣了工程师，帮助国防部筛选大量情报信息，并从数据中得出高价值结论。[10]安杜里尔工业公司部署了硬件和软件系统，包括其"幽灵"无人机，这是一架几乎无声的装有传感器的自动直升机。一家由DIU支持的沙蒙威尔实验室（Somewear Lab）提供通信和网络技术。[11]

大公司也深度参与其中。"我的意思是，它们把整个政府都放在了一个雪球上，"一位DIU工程师说，他指的是亚马逊的手提箱大小千万亿字节的硬盘，"然后将其带出这个国家，并存入了云端。"[12]大约1000万千兆字节的税务、财产记录、银行数据等被备份。微软的快速反应团队也处于战争状态，与美国网络司令部合作，推送补丁，导致俄罗斯恶意代码像打到坦克上的子弹一样被弹回。[13]

旧金山湾区风险投资家开始收到为乌克兰军队购买无人机、夜视镜、凯夫拉（Kevlar）防弹背心和其他设备的请求。许多人开具个人支票，组织运送装备，并通过联邦快递将其运往战场。硅谷的人曾经反对与军方合作的想法，现在"非同凡响"——引用苹果公司的著名宣传语。俄乌冲突爆发两周后，克里斯托弗受邀参加了马修·斯特普卡（Matthew Stepka）举办的晚宴，他是谷歌的早期员工，住在旧金山的俄罗斯山社区。多年前，在DIUx的早期，克里斯托弗在斯特普卡的住处参加过一个类似的晚宴，当时受到了冷遇——坐在桌子旁的富有的技术官僚们对国防部在硅谷设立机构并吸引企业家与军方合作没有感到兴奋。然而，这一次，人们的情绪发生了变化。一个多年前向克里斯托弗提出敌意问题的人，现在却想了解美国和英国反坦克导弹之间的区别。玛文专项的争议让一些科技人员远离了军队，但现在俄乌冲突把他们吸引了回来。

DIU快速反应

事实证明，美国政府在将商业技术推向前沿方面不如私营部门灵活。战斗开始两个月后，美国及其40个盟友在德国会面，计划如何向乌克兰提供军事和经济援助。五角大楼成立了一个新的指挥部，即乌克兰安全援助小组，其任务是向乌克兰运送物资。拜登政府和国会在战争的最初几个月承诺提供160亿美元的资金，其中一部分用于从库存中立即发货，其余用于新的生产合同。在DIU，领导者们迅速行动起来。领导DIU人工智能投资组合的贾里德·邓蒙成为DIU在五角大楼一个关键机构——乌克兰高级联合小组（SIG-Ukraine）的代表，该小组的任务是破除五角大楼内那些可能会拖慢援助交付速度的官僚阻碍。这是为DIU量身定制的工作。乌克兰需要小型无人机来帮助瞄准火炮，而DIU保留了一份可以提供无人机的无人机制造商名单。乌克兰人依靠嘈杂的发电机为他们的星链终端供电——这种噪声暴露了他们的位置。DIU拥有一份可以生产长寿命电池的能源公司清单。

即使在危急时刻，五角大楼也无法摆脱自身的束缚，俄乌冲突暴露了为冷战武器系统建造的采购机制的成本。在一个相当于小说《第二十二条军规》（*Catch-22*）的情节中，乌克兰高级联合小组试图使用"总统提款授权"（PDA）来购买和运送技术产品，这使美国国防部能够在紧急情况下在几天甚至几小时内交付设备。但规则规定，你只能运送已经购买和储存的设备。因此，尽管美国国防部与合适的技术公司签订了长期合同，但没有现成的机制来移交DIU在其成立七年以来所开发的新型武器和能力的军火库。[14]

其他荒谬之处涉及数据。当像卡佩拉空间公司这样的商业卫星公司通过军事网络将图像传输到国防部时，从技术上讲，这些图像被归类为"不可向国外透露"（NOFORN），这意味着它们不能被提供给外国。尽管这些图像是完全开源的——其中一些在美国有线电视新闻网播放，但从美国国防部的角度来看，这些图像无法自动提供给乌克兰。"我们的团队无法分享这些数据，"贾里德说，"这太荒谬了。"[15]五角大楼律师进一步加剧了这种荒谬，他们声称，商业卫星图像可能包含"个人身份信息"，在这种情况下，与乌克兰军方分享这些图像可能违反美国隐私法。

"这种说法是从哪里来的？"克里斯托弗问DIU的一位官员。

"在这种情况下，它来自那些关注隐私和公民自由的人。"

"好吧，他们应该试着在乌克兰生活一下。"克里斯托弗回答说。

这是一个系统错位的问题。推动未来战争的实际能力，使五角大楼的安全援助系统所能提供的能力黯然失色。在俄乌冲突爆发的前18个月，美国给乌克兰提供了410亿美元的军事援助，其他国家提供了130亿美元。但乌克兰对先进商业技术的要求经常被处理得漏洞百出。第一批援助中有一批是沙蒙威尔实验室生产的通信设备。这些都是背包大小的小型装备，国民警卫队在应对危机时会用它们来搭建网络。由于无法解释的原因，订单居然在系统中丢失了。贾里德在五角大楼和德国斯图加特（Stuttgart）的美国欧洲司令部（负责管理货运）纠缠了好几天，他们根本不知道贾里德在说什么。贾里德飞往斯图加特，经过数天的反复沟通，在美国欧洲司令部总部花了五个小时，才从掩埋在预算电子表格深处的地方为沙蒙威尔实验室挖掘出了这个项目。

贾里德说:"该采购系统是为了在五年内供应'爱国者'导弹的电池而建造的,不是为了明天供应无人机而建造的。仅仅完成日常工作所付出的努力在很多方面令人沮丧。"[16] 考虑到当时的情况,这不仅令人沮丧,而且令人恐惧。士兵和平民正在死亡。虽然在为乌克兰提供武器方面做得很好,但我们无法将一些最重要的商业设备运送到前线。更糟糕的是,我们看到了如果美国开战,我们的军队会如何表现,这肯定不会激发人们的信心。

技术游击队

在俄乌冲突爆发后的第二天,出生于乌克兰的科技高管安德烈·利斯科维奇(Andrey Liscovich)从旧金山飞往华沙机场,然后通过陆路前往距离边境25英里的家乡扎波里日亚(Zaporizhzhia),他的父母仍住在那里。在父母撤离后,利斯科维奇走进一个征兵办公室,自愿参加战斗。征兵人员在得知利斯科维奇曾担任优步前子公司优步工场(Uber Works)的首席执行官后,建议他与其扛着枪上战场,不如利用自己在硅谷的人脉,帮助将技术推向前线,这样他可能会更有价值。他开始走访前线部队,询问他们需要什么。对方告诉他,需要发电机、星链和小型无人机。当他了解到"修正"和"未修正"炮火之间的区别时,他有了关键的见解。"未修正"的火炮通常需要60发炮弹才能击中目标。但如果加上一架商用无人机(好比一副会飞的双筒望远镜),同一支部队用5发炮弹甚至更少的炮弹就能消灭目标。利斯科维奇意识到,他能提供帮助的最好方法是在乌克兰军事单位和可以帮助他们的西方科技公司之间进行联络。

利斯科维奇创建了"乌克兰国防基金",这是一个提供非致命援助的非营利性组织。在硅谷的一次筹款活动中，利斯科维奇给克里斯托弗带来了一枚俄罗斯步兵炮弹，这枚炮弹是他在离父母家不远的地方捡到的。炸裂的钢制外壳令人不安地放在克里斯托弗厨房的桌子上，放在他早餐吃的几盘蛋奶酥之间。

筹集资金、购买产品并将其运往欧洲相对简单，最大的挑战是"最后一英里"，也就是如何把装备带到战场上。利斯科维奇和他的团队设计了一种方法，在不到90小时的时间内，将设备从美国经过阿姆斯特丹运到华沙，然后用卡车运往乌克兰。他们最快的一次配送只花了48小时。

这种思想在前线盛行。乌克兰总统弗拉基米尔·泽连斯基征召了16—60岁的男性入伍，其中许多人具备技术技能。他们被称为"技术游击队"。乌克兰人只需要西方把武器和商业技术交到他们手中，他们就可以完成剩下的工作。埃里克·施密特为开展人工智能安全委员会的工作而成立的智库"特别竞争研究项目"（SCSP）的一份简报表示："乌克兰军队的核心是一支基层战斗部队，其队伍中有大量的软件工程师。"另一位观察员将乌克兰军队形容为"一支附带着硅谷力量的游击队"。"乌克兰正在研究征召30万名世界上最有能力的软件工程师，将他们送上战场会发生什么。"帕兰提尔公司的西阿姆·桑卡（Shyam Shankar）说道[17]。他指的是乌克兰的大量程序员，其中许多人加入了战斗。

乌克兰拥有现代化的技术基础设施，其先进程度超过了大多数欧洲邻国，甚至超过了美国，而美国的政府在线服务仍然令人尴尬地处于过时状态。2019年，泽连斯基在一个将国家转变为"智能手机国家"的平台上进行了竞选。泽连斯基的数字化转型部创建了一款名为"迪亚"（Diia）的应用程序，意为"行动"，这是一个安全的一站式平台，可以从网络或智能手机访问80项公共服务。用户可以通过政府生物识别数据库验证自己的身份。在该应用程序上，你可以做任何事情，从纳税、更新护照、注册车辆到创建有限责任公司。

俄乌冲突爆发后，数字化转型部的程序员迅速添加了民众报告俄罗斯军队的功能。因此，每个乌克兰人每天都在使用一款应用程序，构建了一个众包情报系统。"迪亚"使用加密信息服务将民众拍摄的照片传输到国防部的服务器，国防部通过扫描图像实现定位和识别目标。这一结果被称为乌克兰的"火炮优步"（Uber for Artillery），民众能有效地发起打击请求，而国防部则近乎实时地执行这些请求。国防部的程序员接下来创建了一个名为"德尔塔"（Delta）的实时作战指挥应用程序，该应用程序将民众报告中的信息与北约系统中的数据融合在一起，将乌克兰民众的眼睛、耳朵和智能手机摄像头所获得的信息与商业和机密情报融合在一起。乌克兰自己的科技部门也动员起来，有效地加强了乌克兰政府运作的数字骨干，以至于俄罗斯国家网络空间攻击者从未切断过乌克兰的政府服务或网络访问权限。尽管如今乌克兰的互联网有时由于遭受拒绝服务攻击而速度较慢，但民众仍然可以在家里或通过战争期间继续运行的4G LTE蜂窝网络访问网络。

安杜里尔工业公司和无人机战争

帕尔默·拉奇的妻子试图说服他不要去乌克兰。妻子说："军队里有人做那个工作。"但正如29岁的安杜里尔工业公司创始人曾向我们解释的那样，他觉得他不能不去。拉奇告诉妻子："如果俄罗斯获胜，而我的余生都在思考我本可以对这场冲突产生一点影响却没去做，那我得多蠢啊！这是我无法忍受的。就在我离开之前，她说：

'你最好不要死，不然我可饶不了你。'"我们点头表示理解。我们都经历过告诉亲人我们要去打仗的情况。拉奇说："我和朋友们一直引用电影《美国战队：世界警察》（Team America: World Police）中的一句话来回应妻子的委屈。我说：'我保证我永远不会死。'我太喜欢这句话了。"[18]

俄乌冲突爆发六个月后，拉奇于2022年8月进入乌克兰，成为第一位这样做的美国大型国防公司首席执行官。他想看看自家公司的无人机在实战中的表现，问问士兵们遇到了什么问题，这样他就可以在战场上解决这些问题。拉奇带来了三名软件工程师，培训士兵如何操作安杜里尔工业公司的"幽灵"无人机和"阿尔提乌斯"（ALTIUS）巡飞弹无人机。

如前文所述，拉奇于2017年与特雷·斯蒂芬斯共同创立了安杜里尔工业公司。他们的目标是以产品为导向构建一个新的大型国防承包商。拉奇说："目前的激励结构鼓励那些将尽可能多的风险强加给速度较慢、流程较多、擅长撰写提案和游说的公司，而不一定是打造技术的公司。这实际上与你想经营一家高效的产品公司时所做的事情背道而驰。"

拉奇与乌克兰的联系可以追溯到俄乌冲突爆发前几年。2019年，在乌克兰总统泽连斯基阅读了《连线》杂志关于安杜里尔工业公司边境安全技术的文章后，拉奇与泽连斯基会面。泽连斯基要求召开会议，探讨安杜里尔工业公司的"莱迪思"监视塔是否可以部署在乌克兰与俄罗斯的边境上。拉奇回忆道："他从一开始就认为俄乌冲突必然会发生，我们现在需要做好准备。"

俄乌冲突爆发后，乌克兰开始订购安杜里尔工业公司的产品，包括其"幽灵"无人机。这种无人机足够小，可以由一个人携带，能在三分钟内完成安装。"幽灵"无人机使用人工智能软件，可以自主操作。乌克兰使用它们进行监视和搜集情报，以及帮助火炮瞄准。

无人机在这场冲突中发挥了巨大作用，比在以往任何一场冲突中都重要——可以毫不夸张地说，俄乌冲突是第一场全面的无人机战争。冲突双方的步兵和炮兵观察员都使用廉价的无人机。俄罗斯使用的是更大的、武器化的伊朗无人机，乌克兰则用土耳其"旗手"TB2无人机进行反击。在任何一条战线上，双方都有25—50架无人机在飞。即使是乌克兰最致命的武器系统——美国提供的海马斯，也由亚马逊上可以买到的无人机来引导进行射击。[19]

乌克兰对1万名本国公民进行了无人机操作基本技能的培训，并组建了60支无人机打击部队。乌克兰公司也采取了行动。数十家新的初创公司——据早期统计超过60家——开始制造不太依赖GPS（全球定位系统）来导航的定制款无人机。正在测试的创新技术包括惯性导航技术（车载加速度计可以让无人机推断出它处于什么位置），还有可以使用廉价摄像头进行视觉地形跟踪的软件。一名英国教官形容乌克兰炮兵以"赛博朋克"的方式瞄准俄罗斯阵地。"杀人机器人"群体终于开始担心了。成群的"杀人无人机"在空中搜寻着那些在攻击中脱离部队的单个士兵。俄罗斯博主发布视频，教士兵在被无人机追踪时该如何应对。

在访问乌克兰期间，埃里克·施密特对造价400美元、携带3磅炸药的小型自杀式无人机感到惊讶。[20]埃里克在《华尔街日报》上写道，这些无人机"几乎不可能被击落"。[21]更可怕的是接下来的情况，当无人机被允许自主做出决定并成群结队地一起工作时。埃里克写道，未来，就像成群的八哥一样，"无情的人工智能自杀式无人机群将跟踪移动目标，并通过算法协同突破敌人的电子对抗"。

DIU的侠盗中队队长马克·雅各布森多年前就认识到无人机在未来战场上的重要性。"乌克兰是我们正在准备的战争，"他说，"双方都在运营作战支援实验室，都有黑客在研究无人机，而且双方都在竞相更快地利用这项技术。"他补充说，侠盗中队开发的技术已经进入乌克兰战场，包括与侠盗中队合作的Edgesource公司早期向乌克兰军队捐赠的价值200万美元的反无人机系统。

也许更重要的是，无人机正在改变战争的本质。雅各布森说："我们真正看到的是精确制导弹药的民主化。战场上的每个参与者都可以拥有精确制导弹药。对我来说，作为一名空军军官，这是一件大事。因为过去我们施展力量的方式是将一堆价值2亿美元的飞机放在战区围栏后面的停机坪上。这就是我们在阿富汗和伊拉克所做的。但现在这些飞机是极易被攻击的目标，一架无人机就可以飞过来摧毁它们。因此，这让我们重新思考如何部署军事力量。"

俄罗斯军方对乌克兰使用无人机的复杂程度感到震惊，沿着前线每六英里部署一套强大的电子战系统。这些系统会干扰无线电信号并伪造GPS信号。乌克兰的无人机只飞几百码就会失去通信联系，进而变得毫无用处。一家英国智库估计，乌克兰每月损失5000架无人机。[22] 俄罗斯强大的干扰器的影响范围能延伸到前线数英里外。安德烈·利斯科维奇说："你不能在基辅任何一家酒店的三楼以上叫优步。如果你尝试，你的位置就会出现在印度洋的某个地方。"俄罗斯人还推出了一种秘密的新型电子战系统"托博尔"（Tobol），以攻击SpaceX的星链卫星网络。"托博尔"最初是作为保护俄罗斯卫星的防御武器而设计的，但现在俄罗斯将其作为进攻武器部署。"托博尔"的工作原理是在卫星自身的频率上混入欺骗信号，试图干扰通信。[23]

俄罗斯和乌克兰在网络安全专业人员和黑客之间进行着如同猫捉老鼠一样的游戏——几年前，DIU的侠盗中队无人机团队在莫菲特机场的机库里进行过这种战斗，对无人机中的软件进行逆向工程。

一方编写的软件可以防御某种无人机；另一方的黑客则疯狂地编写新的代码，使无人机能够绕过防御。

这就是拉奇和安杜里尔工业公司的工程师们想要目睹的黑客之战。他们飞往华沙，驱车前往基辅。在那里，拉奇和泽连斯基拍了那张"礼节性的握手照片"，泽连斯基抱怨乌克兰在与五角大楼打交道时遇到的麻烦，五角大楼的官僚机构正在拖延武器的运送。安杜里尔工业公司团队从基辅出发，前往前线。拉奇和他的工程师们进行了训练演习，向乌克兰士兵展示如何在"幽灵"无人机上安装最新的硬件模块。他们还想弄清楚俄罗斯是如何干扰安杜里尔工业公司的无人机的通信和导航系统的，这样他们就可以更新操作系统软件来躲避俄罗斯的电子战技术。有一天，拉奇和他的工程师们在一个苏联机场用笔记本电脑进行编程，拉奇被一个令人不安的认识震撼。"我们在这个机场，那里有相当重要的军事设施。如果我是俄罗斯，我会想：'好吧，我们发现一个机场，里面有一大群人正在学习使用刚从美国运来的最先进、最前沿的无人机。这个地方到处都是价值很大的美国硬件，还有一些美国重要人物，他们可能真的不应该在那里。'"拉奇回忆道，"这对俄罗斯来说是一个价值非常大的目标，这是一个几乎不可能得到的难得机会。"

他决定回家后一定不向妻子提及这件事。

战争教训

在五角大楼，关于应该从战争中吸取什么教训的争论正在酝酿。各方的分歧点依然是人们所熟悉的那些。DIU和国防创新委员会的创新者们看到了他们一直在做的正在乌克兰全面展示，这是他们设想的"硅杀伤链"的真实测试。"对我来说，"埃里克·施密特在访问乌克兰后写道,"这场冲突回答了一个核心问题,技术人员能做些什么来帮助他们的政府,答案是很多。十个程序员可以改变成千上万个士兵的战斗方式……我带着出乎意料的乐观情绪离开了乌克兰。"[24]

杰克·沙纳汉中将领导了玛文专项,也是五角大楼联合人工智能中心的第一任领导人,他说乌克兰的情况证明了他的观点是正确的。DIU在玛文专项中率先推出的人工智能图像标注功能,现在在支持乌克兰行动的美国国家地理空间局内部运行。沙纳汉认为,我们正处于一个关键的"桥梁期"。在这个时期,最具创造力和创新性的作战人员必须找出如何将传统装备与新兴技术相匹配的方法,想出新的作战方法。沙纳汉说:"我在乌克兰所看到的告诉我,我们是对的。这是传统或常规武器系统与商业和前沿技术的奇妙组合。获得优势的一方是,找出如何以新的、不同的和创造性的方式使用这种技术组合的一方。"

帕兰提尔公司首席执行官亚历克斯·卡普(Alex Karp)也前往乌克兰,回来时确信人工智能很快就会决定战争的结果。卡普在一次关于战争中的人工智能活动上说:"如果你带着老式战术走进战场,而你的对手知道如何在人工智能中安装和实施数字化瞄准,那么你显然处于巨大的劣势中。"[25]

硅谷的技术人员看到的是一回事,但华盛顿那些守旧派的旗手们看到的完全是另一回事。防御战壕、坦克对战、导弹系统相互对抗——即使当下的情况不完全等同于过去,但仍与过去有着很强的连续性。[26]因此,关于吸取什么教训的战争围绕着五角大楼的E环办公区展开。在五角大楼的首席武器采购官否认硅谷技术的重要性后,冲突爆发了。冲突发生八个月后,五角大楼采购负责人比尔·拉普兰特(Bill LaPlante)——对未来美国装备最负有责任的人——在一次采访中说[27]:

我们现在并没有与硅谷的人一同在乌克兰作战，尽管他们会试图为此邀功。乌克兰的技术游击队对我们帮助不大。非常严肃的武器硬核制造，才是最重要的。如果有人给你讲了一个关于 DIU 项目或 OTA 合同的非常酷的故事，那么，你可以问问他们什么时候开始生产，问问他们有多少数据，问问他们单位成本是多少，问问他们如何对抗其他国家，问问他们所有这些问题，因为这些才是最重要的。不要告诉我里面包含了人工智能和量子技术，我不在乎。

拉普兰特认为，商业技术并不是乌克兰战场结果的重要驱动因素，而且很少有针对国防部的主要竞争对手——那些正在逼近美国的对手——的案例，这种观点并不完全是错误的。事实上，俄乌冲突肯定了坦克和榴弹炮等主要武器平台及其制造公司的重要性。但拉普兰特的评估忽略了更广阔的视野。[28]毫无疑问，在创新界，乌克兰要感谢拉普兰特和他在五角大楼采购和维持办公室的同事们所提供的英勇领导，他们将传统武器平台和弹药带到了作战区域，在我们的先进弹药储备严重不足时动员了国防工业基地，建立了日夜不停的回调中心来帮助乌克兰掌握新的武器系统，并在生产线闲置了15 年甚至更久的情况下重启了关键武器的生产。

但如果将乌克兰的状态解读为旧作战模式的重申，或将其解读为以当前形势保留工业基地的理由，那将是错误的，甚至是悲剧性的。这样做将错过乌克兰战场上让人迷惑的混合性和不对称性，[29]以及其他战场上的类似发展情况，例如亚美尼亚和阿塞拜疆发生的事情及朝鲜无人机进入首尔事件等。

从我们的角度来看，俄罗斯和乌克兰都在部署商业技术，同时部署传统和精致的武器系统，以提高武器系统有效性并使其不被击败。在斯坦福大学的一次研讨会上，克里斯托弗认为："乌克兰最重要的教训之一，可能是商业技术在大国冲突中所带来的差异——它能够消耗敌方优势武器系统，取代传统的指挥、控制、智能和侦察，并使乌克兰、俄罗斯、北约和美国的库存武器的战斗力倍增。"[30] 正如拉杰告诉与会者的那样："从规模的角度来看，我们需要更多的体量。"我们的目标是，通过利用商业技术使我们现有的系统更有效。"每年有6000亿美元的私人资本流向技术领域。乌克兰已经彻底改变了科技界和硅谷的态度。现在有很多年轻的、以使命为导向的企业家想在国防领域工作，而且令人欣慰的是，风险投资公司也愿意支持他们。"

DIU构建的生态系统正在产生真正的影响。据统计，主要由加利福尼亚州初创公司创造的30种新产品正在乌克兰前线使用。合成孔径雷达卫星制造商卡佩拉空间公司的收入在2022年翻了三番，看起来可能会再次翻三番。尽管如此，在这场战争中，初创公司与主要承包商相比只是微不足道的参与者。2022年12月，传统国防承包商大佬们在乌克兰驻华盛顿大使馆举办了一场答谢会。邀请函上印有雷神公司、诺斯罗普·格鲁曼公司、洛克希德·马丁公司和普惠公司（Pratt & Whitney）的标志。参谋长联席会议主席马克·米利和参众两院军事委员会的大多数成员出席了会议。有很多值得庆祝的事情。洛克希德·马丁公司已经收获了数十亿美元的乌克兰订单，而雷神公司仅从陆军就赢得了20亿美元的合同。

随着五角大楼的政策在拜登总统任期的中期更加清晰，任何对国防创新的评估都必然会得出喜忧参半的结论。各军种和国防部部长办公室的创新实体比以往任何时候都多。通过简化的开放式商业解决方案流程达成的采购也越来越多，迄今为止采购金额已达700

亿美元。³¹ 但事实证明，将商业技术充分利用到联合作战新结构中的复合军事愿景或方法是难以捉摸的。资源流向创新领域的规模，仍远远达不到国防部实现阿什顿·卡特"快速追随者"愿景所需的程度。

就目前的军事和文职领导层在俄罗斯的部队进入乌克兰时阐明的战略而言，该战略在很大程度上是在延续之前的计划和预算趋势线的基础上建立的，与历史基线有一些重大偏离，但海军陆战队退役了永远不会作战的坦克，并用远程导弹和电子战系统取而代之。³² 在比尔·拉普兰特发表关于硅谷科技的言论后不久，诺斯罗普·格鲁曼公司公开披露了新型B-21战略轰炸机，拉普兰特作为空军采购负责人监督了该轰炸机的研制。据报道，新型B-21战略轰炸机的单价为6.92亿美元，开发并运营100架B-21战略轰炸机的总成本将超过2000亿美元。³³ 相比之下，每架安杜里尔工业公司的"阿尔提乌斯"巡飞弹无人机的成本约为25万美元。某些重要任务需要隐形轰炸机，但与其他手段相比，其成本不容忽视。³⁴

与拉普兰特的断言相反，"技术游击队"确实在俄乌冲突中发挥了作用。接下来的问题是，他们在其他地方的其他战争中又能做些什么呢？

第九章
从钢铁到硅

这封电子邮件于2022年10月的一个星期二早上6:04从阿什顿·卡特的个人邮箱发送而来:"国防部前部长阿什顿·卡特的家人怀着沉痛的心情通知,卡特部长已于周一晚上在波士顿突发心脏病去世。"

悲痛之情溢于言表。卡特只有68岁,看起来身体状况很好。拉杰在卡特去世的当天早些时候还与他讨论了一项潜在的创业投资。伊利·巴亚克塔里原本计划好了在我们都收到那则噩耗的几个小时后与卡特通话,讨论一个关于技术和地缘政治的研究项目。四天后,克里斯托弗访问卡特任教的哈佛大学卡特办公室。克里斯托弗仍然对这个消息感到震惊,他独自走到肯尼迪学院三楼卡特的办公室。没有听到他标志性的招呼——"嘿,兄弟",只有一片寂静。办公室的灯熄灭了。办公室门的两侧堆满了悼念信和鲜花。

十周后的一个寒冷的一月天,华盛顿官员聚集在一起,祝愿他安息。送别仪式在宏伟的国家大教堂举行。卡特曾希望阳光透过那里的一扇彩色玻璃窗照射进来,窗户上有一块月岩,这是阿波罗11号的宇航员安放在那里的。这场葬礼让所有相信阿什顿·卡特所设想的未来的人再次聚集在一起。拜登总统致悼词,国务卿和国防部部长也发表了讲话。参谋长联席会议全部成员都坐在一张长椅上。

卡特是一年里两个坠落的巨人中的第二个。九个月前,马德琳·奥尔布赖特也在这个大教堂举行了葬礼。

由于华盛顿的众多领导人聚集在一起表达敬意,特勤局设立了警戒线,并建议与会者提前两小时到达。通过安检后,克里斯托弗收到了一张绿色卡片,这是礼宾办公室印制的七种颜色卡片中的一种。毕竟,这里是华盛顿,座位都是经过精心安排的。绿色区域是卡特私人工作人员的座位区,位于大教堂的北檐,是最靠近讲坛的区域。克里斯托弗与伊利、埃里克·施密特坐在一起。道格·贝克坐在两排之外。埃里克·罗森巴赫也在那里,他曾是卡特的幕僚长。2016年,在我们签约DIU时,他就我们的条款进行了谈判。

在仪式开始前,每个人都在四处走动,有一些"只在华盛顿"的时刻。克里斯托弗在男卫生间里偶遇了外交关系委员会主席。一位曾为国防部部长进行游说的五角大楼前工作人员站在入口处,热情地与人握手并分发名片,就好像在说"我比你们更爱国",可是他翻领上佩戴的美国国旗徽章都是歪的,整整斜了90度。

美国前首席技术官托德·帕克很伤心,他曾在2016年告诉卡特,DIUx的1.0版本搞砸了,需要新的领导。"克里斯托弗,"他说,"阿什顿·卡特希望我们现在做什么呢?他希望我们继续执行他给我们的任务。还有更多的工作要做。"帕克目睹了DIU为赢得五角大楼的关注而付出的努力,现在他想帮助DIU重新启动。

随着美国海军陆战队管弦乐团加入大教堂的管风琴师和合唱团,巴赫(Bach)的《耶稣,人类渴望的喜悦》(*Jesu, Joy of Man's Desiring*)以及《美丽的美利坚》(*America the Beautiful*)响彻全场。一支全副武装的仪仗队严阵以待。他们穿着闪闪发光的靴子,一丝不苟地将卡特的骨灰盒抬下过道。国防部部长的蓝色战旗紧随其后。

拜登走上讲坛，发表了感人的悼词。他对悲伤并不陌生，他的话有助于解释为什么阿什顿的去世特别令人痛心。拜登说："我知道这有多难，看起来有多不真实和不公平。突然失去一个你爱的人，一个本该有这么多年未来的人。在我看来，这种突如其来放大了悲伤。这让悲伤变得不可避免。"[1]

他接着谈到了他与卡特的关系，并总结了这个男人的一生："在40年的时间里，卡特进出五角大楼，不知走了多少路，他对未来产生了深远的影响。"[2]

对拜登来说，这是私人的情感。2007年，他在参议院领导了一场斗争，为"防地雷反伏击车"（MRAP）提供资金——这些防地雷反伏击车是我们在伊拉克和阿富汗面临简易爆炸装置的部队所急需的。防地雷反伏击车保护了被派遣到伊拉克的拜登的儿子博（Beau）。正是阿什顿加速了这种车辆的生产，最终帮助部署了24000辆。拜登回忆起阿什顿发给他的一张照片："这张照片大概有4英尺长、1英尺高，照片上是并排摆放的防地雷反伏击车。照片上还附了一张便条，上面写着'谢谢。阿什顿·卡特'。我把它挂在家里的办公室里。他的正直，坚不可摧。我从不怀疑这背后是否有隐藏意图，是否有我没有看到的次要动机。我认为，正是他所做的这些，实实在在地拯救了成百上千的生命。"

当拜登提到卡特传奇般的急脾气时，有一个轻松的时刻。拜登转身把目光转向绿色卡片区，卡特的工作人员坐在那里。"他不仅坚信要完成任务，而且要在创纪录的时间内完成，我相信那些为他工作的人时常会找到不少乐趣。"绿色卡片区的人发出笑声，拜登对这种反应点了点头。他对教堂里的其他人说："我在这一边得到了很多笑声。"这是拜登向那些帮助卡特实现许多愿景的人致敬的方式。

拜登说："感谢上帝，我们今天在座的每一个人，包括几代国家安全领导人、几十年来热切而杰出的学生以及整个美利坚合众国武装部队，我们都将永远怀念阿什顿·卡特。"[3]

DIU复活

葬礼两周后，克里斯托弗在斯坦福大学的一次私人会议上发表了一篇言辞激烈的文章。胡佛研究所花费了相当多的资源来委托研究，并邀请关键人物前来参会。拉杰发表了讲话，一同发表讲话的还有美国国防部前部长詹姆斯·马蒂斯和莱昂·帕内塔（Leon Panetta），前参谋长联席会议主席迈克·马伦（Mike Mullen），以及曾领导众议院军事委员会的国会议员马克·索恩伯里。克里斯托弗的论文是一篇哀歌，献给卡特，写得很悲愤。它的标题是《国防创新安魂曲？乌克兰、五角大楼的创新者困境，以及为什么美国冒着战略意外的风险》[4]。

会议组织者要求他语气缓和一点。

克里斯托弗没有这么做。

相反，他指责国防部部长和副部长缺乏领导力，并指出国防部副部长凯瑟琳·希克斯（Kathleen Hicks）在第一次访问硅谷时甚至没有访问DIU。这种尖锐的批评是那种你只知道自己永远不会回到政府才做的事情。"尽管在特定领域和小规模上取得了显著进展，"克里斯托弗宣称，"但阿什顿·卡特启动的创新机构并没有有意义地让五角大楼作为一个整体采用新兴技术或为未来战争采购大型系统。"

克里斯托弗在文中强调了最新的荒谬之处，继格里芬之后，负责研究和工程的副部长徐若冰（Heidi Shyu），正在管理一项旨在迅速过渡新兴技术的基金，这是国防部部长劳埃德·奥斯汀（Lloyd

Austin）的标志性创新举措。在确定的14个关键领域中，商业部门在11个关键节点领先。但在徐若冰宣布的10份合同中，只有1份是与风险投资支持的企业签订的。[5]

马克·索恩伯里在斯坦福大学的活动上发表了一篇论文，全力支持克里斯托弗的观点。他在自己论文的开头也充满了激烈的言辞，引用了《马太福音》第6章第21节中的话："因为你的财宝在哪里，你的心也在那里。"[6]然后，他引用了电影《甜心先生》（Jerry Maguire）的话："给我看看钱。"这是索恩伯里的说法，当很多人对创新和技术说了正确的话时，我们却继续把国防预算花在错误的事情上。

在卡特去世后的几天里，人们纷纷向他致敬，其中一人说："DIU是卡特部长送给世界的真正礼物。"然而，到了2023年1月，在卡特下葬之后，DIU再次失去了领导，漂泊不定。迈克·布朗的任命没有被徐若冰续任，他离职了，一名初级官员担任DIU的代理负责人。徐若冰的办公室负责寻找布朗的继任者，却听之任之。似乎整个拜登团队都忘记了DIU和硅谷，尽管乌克兰正在战场上积极部署DIU技术。可以肯定的是，这些都是在五角大楼E环办公区光荣工作的人。他们有责任找到正确的答案，但他们把事情搞砸了。美国国家安全委员会的工作人员知道这一点，其技术局的工作人员对事态发展感到愤怒。他们为不同的结果施加了尽可能大的压力，但五角大楼就像一艘超级油轮，不容易转向。

在每一个军事领域，商业技术都在不断改变游戏规则。到目前为止，SpaceX已经发射了4500颗星链卫星，占轨道上所有卫星的一半以上。还有大约37000颗星链卫星正在发射中。埃隆·马斯克现在对卫星通信的控制权超过了世界超级大国。[7]有一次，他拒绝将星链的能力扩展到乌克兰军事部队[8]，这些部队渴望用无人机攻击克里

第九章 从钢铁到硅 235

米亚半岛的俄罗斯军舰。俄乌冲突现在取决于一个人的决定，而不是美国和乌克兰的决定。在美国政府的支持下，地缘政治的复杂性正在加深。克里斯托弗·诺兰（Christopher Nolan）在2014年导演的太空惊悚片《星际穿越》（*Interstellar*）以2067年为背景，但这部电影所描绘的星际冒险现在感觉更近了。

尽管俄罗斯在乌克兰遇到阻挠，但其军队仍在设计新武器[9]，这是诺兰在他最可怕的噩梦中想象不到的——从可以在没有预警的情况下躲过雷达探测并摧毁美国城市的核巡航导弹，到能够摧毁整个航空母舰群的超级空化核鱼雷。俄罗斯甚至准备发射一枚天基中子弹[10]，一旦引爆，将摧毁全球通信。这些技术可能会击败美国部署的许多平台。此外，还有量子技术[11]——微型传感器可以破解隐形技术，为惯性导航系统提供动力。量子计算机要是开发出来，可以破解所有已知的加密形式。

美国军方需要迅速进行技术革新。

一线希望出现了。

道格·贝克和DIU 3.0

2023年4月，美国国防部部长劳埃德·奥斯汀做出了一个大胆的决定，任命道格·贝克为DIU新主任。[12]道格是苹果公司的副总裁，也是一名海军老兵，曾指挥DIU的预备役部队。

多年来，道格一直在国防领域默默地培养人脉关系。他曾为三位海军作战部部长提供建议，在海军研究生院演讲，还在华盛顿担任过与国防相关的顾问。阿什顿·卡特曾大力推动道格接替布朗在DIU的职位，告诉他放弃在苹果公司所热爱的工作只有一个原因，那就是"职责"。道格还曾担任国防部副部长凯瑟琳·希克斯的无偿创新顾问。希克斯特许成立了一个创新指导小组，要求该小组确定国防部中推进创新任务的团体。该小组发现了一个庞大而多样的生态系统，有50多个独立的组织，[13]各军种的指挥部都建立了自己的微型DIU。为了说明它们之间的关系，国防部印制了一张"马毯图"——这是五角大楼的行话，意为一张大到可以让马保暖的图。

制作一张图表来列举那些高举创新旗帜的组织是一回事，而实施一项将创新大规模引入国防部的战略则是另一回事。事实上，对一些高级领导人来说，在他们的职权范围内设立创新办公室为他们提供了掩护，可以让他们在口头上说改变，却逃避艰难的权衡。

如果有人能做到这一点，那就是道格。他的任命表明，国防部部长是认真的，尤其是当奥斯汀坚持DIU现在将直接向他汇报时，就像在阿什顿·卡特的领导下一样。道格还将担任奥斯汀的创新顾问，负责发现具有战略影响的技术。

在幕后，当道格讨论奥斯汀的邀请时，我们帮助他制定了一份要求和条件清单，这是我们在2016年签约之前提出的。当道格被任命时，他要求我们再次加入DIU团队。克里斯托弗成为一名无薪的特别政府雇员，担任顾问。道格请拉杰接手他曾经的工作——指挥DIU的后备部门，这意味着领导100名在该部门工作的技术人员。这些人在科技公司工作，但也穿着制服——这是领先的商业技术和DIU正在研究的项目之间的连接组织。

在道格上任后不久，我们在旧金山的一家经典餐厅——华盛顿广场上的"妈妈家"（Mama's）餐厅——见到了他。道格走进来，思考着如何成功完成他的新任务，但并没有想到这些想法会有多坦率。事实上，我们担心当道格以DIU主任的身份首次访问华盛顿时，他还没有做好应对即将发生的事情的准备。

可以肯定的是，道格在五角大楼和国会的每个角落都有人脉，这在很大程度上是他通过在多个咨询委员会任职，甚至与许多领导人一起在战斗中建立起来的。他的人脉是奥斯汀选择他的部分原因。但我们提醒过他，这些关系即将发生变化。

"你一直把这些人称为朋友，"克里斯托弗说，"但他们不是。他们只是你认识的人。你喜欢他们，他们也喜欢你。但你不再是顾问，你将是决策者。你将第一次威胁到他们的地盘，要求他们做艰难的选择。"

"记住，"拉杰说，"在华盛顿，这是一场零和游戏。不像硅谷，人们可以通过合作来做大蛋糕。在华盛顿，权力体现在预算和人员上。扩张的唯一方法是从别人那里拿走一些东西。这导致了巨大的内耗。"

克里斯托弗说："你直接向部长报告。这太好了。但你和劳埃德·奥斯汀相处的每一个小时，都会有其他人被排除在门外。"

"所以要小心，"拉杰总结道，"小心你的背后。你看到我们被隐形匕首伤过，包括被'朋友'伤过。"

新的焦点

道格和奥斯汀部长巧妙地缩小了DIU的关注范围。在我们和我们的继任者迈克·布朗的任期内，DIU一直在与适用于多种军事任务的广泛商业技术开展合作。在道格的领导下，DIU将专注于美国对俄乌冲突中最具战略意义的技术。军队各部门的其他创新组织可以在其他方面发挥作用。

奥斯汀正在改变评判DIU的标准。奥斯汀不想计算国防部每年谈判的合同数量和规模，而是希望DIU推动改变关键作战计划（用军事术语来说就是"O计划"），为我们在每一种可以想象的战争场景中作战做好准备，尤其是在印太地区。DIU将与作战指挥官及其战争规划人员密切合作，通过新的技术方法开发新的联合作战概念。道格和DIU搜集到的见解最终将汇总到部长本人那里，帮助他改变"未来几年国防计划"的采购方式，该计划是国防部精心编制的预算，将持续五年。

阿什顿·卡特要是看到这种情况一定会感到惊讶——这毕竟是他的愿景，最终得以大规模施行。

阿什顿·卡特论坛

在阿什顿·卡特葬礼过去四个月后，许多曾出现在大教堂的人聚集在华盛顿，参加为期一天的活动，以推进卡特要求我们完成的任务。

现场有很多很棒的小组讨论。拉杰在台上与DARPA局长和道格进行了交谈，这是道格作为DIU主任的第一次发言。但华盛顿发生变化的最好风向标是空军部部长弗兰克·肯德尔和参谋长联席会议主席马克·米利的讲话。

在台上，肯德尔分享了他购买1000—2000架超音速无人机的计划，这些无人机将作为自主僚机与战斗机一起飞行[14]——这是一个在我们任职DIU期间开始的项目。在人工智能的驱动下，无人机能够自主操作或与有人驾驶的飞机协同操作——航程与中国国土宽度相当，可以执行各种任务，从打击目标、搜集情报到进行监视，再到侦察。[15] "协同作战飞机"计划是有史以来对空军条令最大胆的改变。其中，每架无人机售价300万美元，而F-35战斗机的售价为7000万美元，在太平洋的任何战斗中，这些无人机都将为空军提供战略家所说的"负担得起的资产"。

最具变革性的愿景出现在当天结束时，米利发表了激动人心的闭幕词。他首先向卡特表示敬意，称"他的行动在战场上拯救了美国人的生命，包括我自己的生命"。"卡特明白，技术正在推动人类历史上战争性质的最根本性变化——风险极高。"米利说，我们的首要任务是防止大国战争的爆发，"在这个房间里，事实上，在地球上任何一个国家，我们这些穿着制服的人都没有经历过一场大国战争。"米利的家人曾站在第一次世界大战和第二次世界大战的前线，在这30年里，有1.5亿人被屠杀。米利说："我们正处于其中一个根本性的变化之中。能够成功结合新技术的国家将创造潜在的决定性军事优势。"

米利随后就技术发表了一份引人注目的声明："在未来15年，我们将看到一支没有飞行员或至少部分没有飞行员的空军，一支没有水手或部分没有水手的海军，以及一支没有驾驶员或部分没有驾驶员的地面坦克部队。"[16]米利的言论为卡特8年前所说的话画上了句号，当时卡特作为时隔20多年后首位到访硅谷的国防部部长，向技术专家们寻求帮助。

集会后不久，拜登宣布了下一任参谋长联席会议主席的人选，提名了查尔斯·布朗（Charles Brown）将军，这位有前瞻判断力的空军参谋长是拉杰在"技术二轨"活动中服务过的。

然后，更令人震惊的是，国会采取了行动，将DIU的预算提高到每年10亿美元，这一点令人垂涎。来自军方其他部门的额外资金可能会将DIU每年用于新技术的支出推高至20亿美元或更多。2024财年的《国防授权法案》用整整一个章节来阐述DIU的相关内容，赋予其新的法定权力，并规定了其他进一步加强其权威的指导方针。众议院和参议院最终将DIU直接向国防部部长报告的做法编纂成文，在法律上确立了DIU主任"在未经国防部任何其他官员批准或同意的情况下……直接向国防部部长传达意见"[17]的权力,并提高了DIU单方面签订高达5亿美元合同的权力。新的权力在最终法案中有长达4页的篇幅,1392个字就像刻在了花岗岩上一样,把以前那些用铅笔潦草写下的规定固定了下来。五天后,参议院批准"巴基"史蒂夫·布涛晋升为少将,为这位愿意为战士们提供庇护的DIU"太空独行侠"授予第二颗星。

我们早已告别了与伊芙琳和埃德艰难斗争的日子,这两位心胸狭窄的拨款工作人员在卡特前往山景城并宣布我们的任命的第二天,将DIUx的3000万美元预算"归零"了。当奥斯汀下一次访问欧洲时,道格·贝克与他一起乘坐飞机,与向乌克兰提供武器和援助的盟友会面。

访问乌克兰

半夜,克里斯托弗乘坐在一辆大众轿车的前排座位进入乌克兰,这辆轿车的司机在俄乌冲突的最初几个月里一直将星链互联网终端运往前线。我们受到乌克兰总参谋部和乌克兰国防基金首席执行官安德烈·利斯科维奇的邀请。除了那些生活在前线几英里范围内的人,乌克兰人的生活没有被战争淹没——他们外出就餐,在户外咖啡馆享受温暖的午后时光,他们当然清楚巡航导弹袭击确有可能发生,但决心不被其吓倒。乌克兰比伊拉克或阿富汗安全得多,在伊拉克和阿富汗,暴力席卷了每一座城市。

乌克兰正在进行的这场战争是DIU的所有人所设想的那样——创新者与前线士兵并肩作战,车库工坊里制造出来的新型武器被紧急投入战斗,软件每天都在更新,所有这些都专注于击败敌人。

克里斯托弗与总参谋部的第一次会面是超现实的。一个由应征入伍的程序员和工程师组成的小组接管了基辅一家化妆品公司的总部。安德烈引导克里斯托弗越过武装警卫，上了一部庭院电梯。印有化妆品模特照片的滑动玻璃门打开，壮实的乌克兰特种兵正在检查身份证件。那场面就像詹姆斯·邦德的电影一样。几百名乌克兰人在门的后面编写军事软件。该部队是按照卡特的国防数字服务模式创建的，它简化了军队的内部流程，将其纸张密集型报告系统——前线的每个营的指挥部都带着激光打印机和墨盒——变成了无纸化的未来。得益于在这家化妆品公司门后编写的新应用程序，军官们发现以前要花数小时填写的常规表格可以在平板电脑上几分钟内完成。

第二次会议在乌克兰国防部征用的公共设施内举行。在那里，克里斯托弗会见了负责通过商业图像和信号情报锁定俄罗斯军队目标的情报主管。他的团队使用卡佩拉空间公司的合成孔径雷达图像融合鹰眼360公司的拦截信号来攻击俄罗斯阵地。虽然美国间谍卫星为乌克兰指挥链中的少数人提供了更好的目标信息，但商业数据可以与前线部队共享而不用担心泄露机密来源。这是未来的一线曙光，意味着未来任何拥有信用卡的人都可以购买只有超级大国才能拥有的图像和信号来截获信息。

在正式的国防部建筑外，形形色色的工匠们在基辅各处的秘密工坊里忙碌着，这些工坊隐藏在小巷和没有标记的办公室里。在俄乌冲突爆发一年半后，200家斗志旺盛的公司设计了无人机系统、反无人机系统、自动驾驶汽车、自动扫雷机器人甚至遥控机枪。到了冲突的这个阶段，无人机已经变得类似于炮弹、炸弹或子弹——成为军队作战时使用的商品。基辅一家较大的无人机工厂设在一家电子零售商的店面内，该零售商相当于乌克兰版的"百思买商店"，其空置的展厅仍挂着大屏幕电视的广告牌。一条装配线可以在几分钟内交付一架配备1.75千克炮弹的自杀式无人机，这种炮弹要么配备能穿透装甲的黄铜色弹道帽，要么配备一个带有钢针球的弹头，用于攻击徒步的士兵。这些弹药被用来击退俄罗斯占领阿夫迪伊夫卡市及其铁路枢纽和煤炭丰富地区的企图。乌克兰无人机操作员在前线后方操控无人机，在俄罗斯步兵袭击开始前就将其击退。他们趁俄罗斯士兵离开装甲运兵车时将整排士兵消灭，还用穿甲弹使200多辆坦克和履带车辆失去作战能力。

乌克兰本土制造的无人机非常有效，以至于俄罗斯开始用巡航导弹瞄准无人机工厂，导致许多公司将其设施转移到乌克兰西部距离波兰边境1小时车程的利沃夫市，大部分公司在射程之外。拉杰和来自北约新风险投资基金的两名投资者在那里见到了克里斯托弗。他们乘坐夜间火车抵达，寻找可以直接投资或成立合资企业的公司。我们的发现既令人震惊又令人失望，但同时也是一个巨大的机会。

那天早上，我们在利沃夫市的第一站是乌克兰一家先进的机器人制造商。到达时，我们可以听到远处巡航导弹袭击的隆隆声——这提醒我们，我们身处一个战争国家。我们的第二站是去一家公司，该公司的无人机起到了微型U-2侦察机的作用。他们的数码相机像割草机一样在战场上空飞行。他们传回了价值连城的图像，这些图像很快被转化为实时地图和潜在目标的图像。然后，无人机将利用人工智能锁定俄罗斯阵地，消灭其目标定位算法所能看到的"画面"。我们的第三站是一个测试场，无人机使用团队在前一天晚上更新的软件与反无人机电子战系统进行模拟战斗。在那里，我们看到一名乌克兰无人机操作员将一瓶健怡可乐绑在无人机的武器舱上——模拟实际的动能有效载荷，然后通过虚拟现实驾驶眼镜成功将可乐直接投到目标区域内。[18]

我们还操控了一架远程监控无人机，使用操纵杆在10千米外的测试范围内旋转和缩放热传感器和光学传感器。尽管成本是类似西方系统的1%，但光学效果非常好，我们可以很容易地在测试现场的人群中辨别出自己。当一个人离开时，自动锁定功能会精确地跟踪他。当天靶场的干扰设备都没有成功地使正在飞行的无人机失效——无论是西方国家国防承包商部署的价值25万美元的车载干扰系统，还是乌克兰公司制造的步枪式电子战炮，都不行。当然，拉杰在F-16战斗机上使用过这种技术，但他对这种技术的发展速度和成本感到惊讶。

尽管所有这些技术都令人印象深刻，但显然，将200家试验无人机系统和反无人机系统的乌克兰实体视为传统的初创公司是错误的。大多数是由富有的乌克兰人的私人资本支持的小团队，其目标是创建一个长期业务。它们的主要目的是消灭敌人。几乎所有公司都缺乏管理稳健性、应对供应链瓶颈的能力，也不具备向乌克兰国防部或国际投资者推销的技能。与军事部队的个人关系决定了哪些部队实际上在前线部署了新技术和武器。所有这些都使通过普通市场机制或国防需求的拉动来扩大局部战场成功经验的能力变得复杂。

这并不是说我们所看到的技术不巧妙，恰恰相反，我们看到了"无人机母舰"，它们能将小型无人机发射到前线数百英里外，深入俄罗斯境内。我们会见了帮助实施冲突中成功袭击行动的公司，这些袭击摧毁了俄罗斯在黑海的海军舰艇，甚至袭击了克里姆林宫的建筑。我们手里还拿着一架无人机，它最初的用途是向欧盟走私香烟，但在俄乌冲突爆发后被重新用作"轰炸机"。与西方公司可以部署的系统相比，这些系统的成本几乎可以忽略，但还没有一个系统能够以改变战争进程的方式进行大规模应用。

如何应对规模挑战是DIU在华沙召开的为期两天会议的主题。[19]我们驱车13个小时离开乌克兰，于凌晨2点抵达会议酒店。短暂休息后，我们与200名美国和乌克兰官员、乌克兰无人机公司代表、风险投资家以及西方国防承包商的业务拓展人员聚在一起。DIU主任道格·贝克直接从五角大楼乘飞机过来致开幕词。举办这次会议的目的是将买家、卖家、战术用户和主题专家聚集在一起。

一位乌克兰军方官员在谈到双方激烈的干扰、欺骗和电子战时指出："战争是在电磁频谱上进行的。"另一个主题是，无人机的威胁并非乌克兰独有。一位乌克兰的部长表示："从长远来看，每个国家都将面临类似于乌克兰当前危机的'无人机噩梦'。"乌克兰议会的一名议员指出："我们学到的东西与所有西方国家都有关系。"对西方无人机战场表现的不满是另一个主题。一名乌克兰士兵在谈到他第一次在战斗中使用美国无人机时说："我感受到了巨大的失望。"DIU的一位官员表示："乌克兰无人机面临的挑战并不是我们为'蓝色无人机'认证做好的准备。"他承认了生产无人机的美国制造商的缺点，这些无人机在发射几分钟内就被俄罗斯的电子战系统击败了。严峻的现实是，美国无人机就像不穿衣服的皇帝——看似规格优越，但实际战场性能令人沮丧。如果美国与俄罗斯进行无人机作战，那么美国可能会失败。

拉杰主持了一场题为"无人机行业的业务"的分组会议，重点讨论了规模障碍以及如何克服这些障碍。他旨在为乌克兰先进公司与西方合作伙伴扩大规模奠定基础。在一次关于技术转让的会议上，克里斯托弗和一名乌克兰议员绘制了图表，展示了DIU如何比五角大楼目前提供安全援助的复杂方式更快运作。这是一次非凡的聚会，一架非武装自杀式无人机立在男厕所的水槽上，这个场景并不违和。这也是一个高度个人化的事情，房间里每个乌克兰人所承受的战争悲痛对那些没有亲身经历过的人来说都是真实的。

会议第一天晚上，在华沙最古老的餐厅举行的北约晚宴上，克里斯托弗坐在一位名叫纳塔莉亚·库什纳斯卡（Nataliia Kushnerska）的女士对面，她是乌克兰军事创新部门"勇士一号"（Brave 1）的首席运营官。她的丈夫是一名狙击手，而她在基辅努力营造正常的生活氛围，抚养着他们的两个孩子，其中一个4岁，另一个7岁。在最初的冲突中，她的大部分家人被困在俄罗斯的控制区。他们是农民和店主。许多人没有活下来。人道主义行为是每一次谈话的潜台词。会议结束后，这种极度失落的感觉仍在继续。在回家的航班上，克里斯托弗坐在一个来自切尔诺贝利（Chernobyl）的乌克兰难民家庭旁边，他们正准备移民到加拿大。这个家庭有三个会说英语的孩子，分别是15岁的丹尼斯（Denis）、7岁的索菲（Sophie）和5岁的亚历山大（Alexander），他们都非常紧张。克里斯托弗试图让他们保持微笑，但没能加强父母让他们平静下来的努力。战争是一件可怕的事情。克里斯托弗将继续接受乌克兰总参谋部的邀请，作为他们的国际军事顾问。然而，这对丹尼斯、索菲和亚历山大来说没有任何帮助，他们今后只能依靠其加拿大同学们的同情心以及父母安置他们的郊区居住地。会议结束后的第二天，拉杰和他的妻子参观了奥斯威辛集中营，有着同样沉重的经历。他们飞回美国时，一路上想着他们4岁的儿子最终将继承的世界会是什么样子的。

这里也有历史的回响。1944年最后几个月，当苏联军队逼近时，波兰抵抗军袭击了德国阵地，华沙被纳粹夷为平地。一座拥有120万人口的城市被减少到不到1000人，他们生活在废墟中。DIU会议在一个新建的城市举行，但每个人聚集的酒店距离华沙犹太区只有1英里，纳粹在那里监禁了50万犹太人，然后将他们送往特雷布林卡和奥斯威辛集中营。

俄罗斯的公开宣传似乎鼓励了俄罗斯民众。我们确实离"历史终点"还有很长的路要走。

从钢铁到硅

2024年是关键之年，工业政策和军事现代化面临一些成败攸关的决策，这些决策决定了下一代军事能力以及决定支持国防初创公司的新一轮风险基金的成败，最终也影响了硅谷与五角大楼的关系格局。

对拉杰来说，现代技术，尤其是低成本的无人机，正在以如此之快的速度改变战斗机作战规则。近20年前，拉杰在伊拉克驾驶的F-16战斗机缺乏实时移动地图。这种关键功能本应帮助飞行员避免误入伊朗境内，进而进入其防空炮的射程。拉杰绑在膝盖上的康柏iPAQ是他个人的变通办法，目的是将移动地图带入驾驶舱。它运行得很好，足以渡过难关，直到几年后F-16战斗机最终升级并配备了移动地图。但现在让拉杰回到F-16战斗机上，他想不出任何变通办法来保护自己免受乌克兰前线无处不在的无人机的威胁。

F-16战斗机是为了击落米格战斗机而设计制造的。如果2024年有一架米格战斗机威胁到美国，那么拉杰在驾驶舱里很有可能击败对手并安全返回。但如今的战斗机飞行员面临着一个不同的敌人：他们的喷气式飞机在离开跑道之前，就可能被廉价的自杀式无人机摧毁。这正是乌克兰在2023年9月对俄罗斯普斯科夫市（Pskov）的空军基地所做的。敌人可以把数百架无人机藏在离我们基地几英里远的一辆路过的卡车后面。不仅大多数美国空军基地缺乏先进的反无人机系统来保护地面喷气式飞机免受此类群体攻击，而且F-16战斗机和所有现代战斗机也没有能够击落小型无人机的武器。如果无人机前来袭击，那么拉杰可以在警报响起时尝试迅速飞走，但他很可能会在尝试过程中丧生。我们要求保护我们的人不应该处于这样的境地。对美国来说，防御可能会失败，因为如此多的能力差距会损害美国的作战系统，这一点不可接受。

我们正处于前所未有的危机之中。令人震惊的是，大多数美国人甚至不知道，我们的军事力量在很大程度上被我们的对手带入战场的商业系统覆盖。创新是我们唯一的出路。

伊利·巴亚克塔里用他典型的直率风格描述了其中的利害关系："我们应该努力不要做得太差，尽管我们有一个广泛的联盟，并且国会和政府都没有反对意见，《芯片法案》还是花了三年时间才通过。为什么我们体系中的一切都如此艰难呢？我们还要谈论截至2035年才能让相关能力上线吗？但谁在乎呢？我们国家面临的最大危险是2025—2030年。这是下一个预算周期。"

伊利呼应了道格拉斯·麦克阿瑟（Douglas MacArthur）将军在美国加入第二次世界大战前夕所说的话，他在1940年说："战争失败的历史几乎可以用几个字来概括，'太迟了'。"日本士兵将第二次世界大战形容为"钢铁风暴"。[20]那么，美国会为"硅风暴"做好准备吗？

然而，还有一些好消息。2023年，美国陆军向18万人推出了谷歌协作套件，[21]延续了DIUx开始使用商业信息技术解决方案而不是维护定制网络的趋势。米利将军担任主席的最后一项重大行动是提议成立一个"联合未来"的组织，其任务是帮助军队各部门的创新中心进行合作，使他们赞助的不同技术平台能够无缝连接。该部门还进一步扩大了OTA合同的范围，[22]允许将其用于运营和维护资金——这是一个以前禁止使用的主要支出类别，为后续生产合同开辟了一条更加畅通的道路。

美国的盟友也参与其中。美国、澳大利亚和英国宣布了一系列措施，共同开发更先进的技术，包括量子传感器与核潜艇，并将其制造基地紧密联系在一起。日本采取了更大的措施，努力与韩国和其他亚洲盟友联系起来。拜登与日本首相、韩国总统举行了其总统任期内的首次戴维营峰会。

其他成果还包括五角大楼对生成式人工智能革命的支持。[23]美国国防部启动了"利马特别工作组",以加快在军队中进行大语言模型(如ChatGPT)的实验。[24]此外,硅谷初创公司Scale AI成为第一家向五角大楼提供生成式人工智能的公司,其首席执行官亚历山大·王与克里斯托弗一起为白宫提供有关中国问题的建议。Scale AI的软件平台名为"多诺万"(Donovan),使用生成式人工智能模型进行军事规划和战场监控。美国中央司令部聘请了曾在人工智能安全委员会任职的谷歌云人工智能前主管安德鲁·摩尔(Andrew Moore)。DIU则更进一步,在军队的欧洲和太平洋司令部建立了人工智能战斗实验室。[25]一项新的国防创业人员交流项目还安排五角大楼人员到40家领先的国防科技公司和风险投资公司进行短期的沉浸式体验,包括乔比航空公司、盾牌资本和信标AI(Beacon AI)。

然后,在国防工业协会的年会上,美国国防部副部长凯瑟琳·希克斯出人意料地发布了"复制者倡议",[26]这是一项数十亿美元的计划,押注于无人驾驶人工智能驱动的空中、海上和水下无人机。DIU帮助构思了该倡议如何将初创公司的技术与原来的精致系统相结合。这是对未来的一次了不起的押注,也表明乌克兰的冲突在多大程度上影响了五角大楼高层如何思考哪些能力需要快速跟进。[27]不久后,希克斯和国防部部长劳埃德·奥斯汀访问了DIU[28],观看了与"复制者倡议"相关的技术演示,并会见了将要开发"复制者倡议"的初创公司首席执行官。奥斯汀甚至在DIU举办了美、英、澳三边安全伙伴关系(AUKUS)会议,召集了澳大利亚和英国的国防部部长,共同就新兴技术进行合作。[29]

奥斯汀和希克斯的转变发生得如此之快,以至于一些国防承包商大佬抱怨说，他们的计划本应更加具体，并且应该附带已经通过的预算，因为他们习惯了在开始新工作之前就拿到这些。一些向五角大楼出售产品的初创公司进行了反击，对这些承包商大佬抨击DIU新的方向感到愤怒。[30] "多年来，国防科技公司一直敦促国防领导人更快地行动、更大规模地采购新技术，"安杜里尔工业公司首席战略官克里斯蒂安·布罗斯在领英上发帖称，"国防部副部长发起了'复制者倡议'，要在18—24个月采购并部署数千个自主系统。这很好，是吗？显然不是。'管理混乱与令人困惑？'与什么相比呢？难道是那些大家总是抱怨的几十年的僵尸项目吗？"[31]

与此同时，俄罗斯已经开发自己版本的"复制者倡议"一年了，向伊朗支付了10亿美元，以建立一家每年能够生产6000架先进无人机的工厂。[32] 俄罗斯战略家认为，这些成群结队作战、具备自主性且成本低廉的无人机是他们赢得战争的武器。[33]

在美国和以色列的情报部门不知情的情况下，哈马斯（Hamas）也在开发自己版本的小型"复制者倡议"，使用四旋翼飞机向加沙地带边境的以色列安全塔发电机投掷炸药。这些袭击使1400名哈马斯成员得以在未被发现的情况下涌入以色列，引发了以色列对加沙的地面入侵[34]，酿成了自1973年阿以战争以来该地区最激烈的冲突。同一周，真主党（Hezbollah）发射的无人机导致20多名在叙利亚和伊拉克工作的美国军人和承包商受伤，[35] 数名美国人员脑部受伤。作为报复，美国军方对叙利亚的无人机工厂进行了多次空袭。[36] 然而，袭击仍在继续，截至2023年年底，袭击次数超过100次，[37] 另有46名美国人受伤。也门的胡塞武装随后开始袭击红海的某些船只。在情报船精确目标定位的帮助下，胡塞武装向油轮发射了巡航导弹和自杀式无人机，迫使美国和盟友的海军驱逐舰使用价值200万美元的导弹将价值2000美元的自杀式无人机击落。[38] 由于市场交易员越来越担心通过红海的全球12%的航运可能会被中断，油价连夜上涨。[39] 2024年1月，一架无人机袭击了美国在约旦的基地，造成三名美国军人丧生，导致美国和英国发动了多次报复性打击。

然而，即使新的战争方式变得更加明显，艰难的选择仍在眼前。只需一艘航空母舰的成本，美国海军就可以购买18000艘帆龙无人艇。[40] 如果遭到袭击，那么美国50多个盟友中的每一个都可以分到350多艘。DIU的人知道他们会选择购买哪一种，尽管无可否认，一位被命令对外国进行空袭的美国海军上将会有不同的想法。

这些都是军方现在面临的权衡。当谈到美国军队未来将如何作战时，不能非此即彼——无论是新的作战方式还是旧的作战方式。五角大楼现在必须谨慎平衡，用新技术对旧系统进行升级，同时围绕新的作战概念构建全新的平台。但至少现在每个人都明白，如果五角大楼不以与对手同等或更大的程度接受新兴技术，五角大楼就不会赢得未来的战争。[41]

我们认为，DIU最大的成就是向五角大楼证明创新是可能的——无论在速度上还是规模上。"死在死亡谷"写在大多数尝试从实验走向战场的创新者墓碑上。自1990年左右消费技术爆发以来，无数政策专家一直在思考如何跨越这一鸿沟。DIU所做的一切终于找到了获胜的公式。这一公式有七个关键要素，与其他寻求内部创新的大型机构有关。毕竟，五角大楼并不是第一个取得成功的，但随着时代的变化，它被那些助其占据主导地位的过程和文化阻碍。

第一个关键要素是解决战斗人员的关键所需。虽然后台改进可以帮助军人，但聚集更接近前线的问题会使反对者更难去阻碍相关举措。没有人愿意被公开曝光，因为他阻碍了那些被证实能直接影响生死存亡的解决方案。

第二个关键要素是使用真正的技术。在国防领域，传统承包商为了回应激励措施，往往会重新包装陈旧的技术，并将其作为新技术进行营销。他们不动声色地将统计技术作为人工智能卖给那些一无所知的官员。作为颠覆者，我们学会了采用那些现代技术提供可以十倍改进效果的问题及解决方案。这种明显的表现差异大大提高了取代那些合同已达十年或更长时间的国防承包商大佬的概率。

第三个关键要素是获得高层强有力的保护。变革是艰难的，尤其是在世界上最大的官僚机构。变革推动者需要保护，这种保护来自的层级越高越好。对我们来说，那就是卡特和马蒂斯部长。我们已经看到其他国防创新组织在军队中成立。那些得到最高级别支持的组织（比如空军相关组织）蓬勃发展，而那些没有获得支持的组织（比如陆军相关组织）则遭受苦难。

第四个关键要素是保持适度的不敬态度。五角大楼的流程错综复杂，局外人必须像英国考古学家揭开乌尔塔神庙（Ziggurat of Ur）一样接近它们——只有经过痛苦的释义，才能明白其难以理解的过时的操作方法。有时，你只需要完全忽略那些流程，找到一种方法去突破，寻求原谅，而不是征得许可。

第五个关键要素是油箱里有合适的燃料。对DIU来说，这意味着获得适度的灵活资金。正如预算微薄的初创公司日复一日所证明的那样，与直觉相反，创新通常只需要比庞大臃肿的机构少得多的资金。但这种资金必须足够灵活，以支持创新过程中发生的曲折——有时甚至是转折。

第六个关键要素是与传统势力边联合边战斗。归根结底，为了扩大规模，我们需要传统势力站在我们这一边，或者至少让他们停止围攻我们。这些传统势力包括国会、中层官员和老牌国防企业。在我们最成功的案例中，我们最终通过不同的方式赢得了各方的支持。独行侠是不可能实现规模化的。

建立一支充满信念和决心的团队是第七个关键要素，也是最关键的要素。我们的合作伙伴威萨尔、艾萨克、首席运营官厄尼·比奥，以及DIU团队的其他近100名现役军人和文职成员，都为我们的奋斗带来了不同的技能。然而，他们都团结在这项事业中，并愿意为之服务，无论这意味着，拿较低的薪水、冒着难以晋升的风险，还是仅仅为了获得另一个项目的成功而挑灯夜战。我们之所以成功，是因为我们的团队成员出色地完成了他们分内的工作。

我们还认识到，只有创新才能保证地缘政治稳定。预防未来战争的发生需要的不仅仅是军事实力，还需要全球贸易影响力，而全球贸易正是以同样的技术革命为基础的。

工具、民众、资本市场和善意可以确保美国的自决实验与其盟友一起蓬勃发展，但我们必须克服内部纷争。所需的变革将是巨大的，无论是在五角大楼、白宫还是国会。美国第118届国会成立了一个新的"中国特设委"，由坚定支持DIU的众议员迈克·加拉格尔担任主席。用他的话说："如果美国资本继续流向中国军工企业，美国就有可能为自己的毁灭提供资金。"2021年，投资中国公司的风险投资总额超过了投资美国公司的总额。然而，到2023年上半年，美国在中国的投资下降了30%，而美国对中国初创公司的风险投资下降了惊人的80%。拜登政府对美国在中国的先进产业投资实施了进一步限制，几乎阻止了人工智能、量子技术和先进半导体的资金外流。美国与中国的脱钩，促使墨西哥20年来首次成为美国最大的贸易伙伴。

2023年，北约加入了商业技术的潮流，宣布了一项10亿欧元的创新基金，将首次对科技初创公司进行投资。拉杰被任命为董事会成员。美国、英国和澳大利亚之间的三边安全协议将加强包括核潜艇在内的技术共享。美国的其他盟友也推出了自己的DIU，包括新加坡、英国、法国、印度、乌克兰、澳大利亚、日本和韩国。美国国会甚至将改革的目光投向了自己和五角大楼，成立了关于规划、流程、预算编制和执行改革的委员会[42]，试图改革五角大楼的预算制度。自20世纪60年代罗伯特·麦克纳马拉（Robert McNamara）执掌五角大楼以来，该制度一直保持不变。美国国会打算使预算编制的过程更加灵活，以便军方能够更快地把握技术机遇。拉杰是委员之一，对于这一任命，他收到的祝贺和慰问各占一半。2024年3月，他和其他委员们建议国会用一个敏捷、灵活的系统来取代现有的预算程序，该系统可以充分利用现代技术的发展，从而摆脱长达上千章节的《国防授权法案》中将资金分配僵化的3000行条款。[43]

政治之外的最大挑战是军队固有的保守主义。长期以来，安全政策学者一直注意到，政治和组织利益在塑造国防机构发展能力方面具有重要作用。关于这一点的文献资料繁多，且令人沮丧，因为利己主义和既定的作战方式几乎总是胜过对当前威胁的新观念。[44]英国海军起初拒绝使用蒸汽船。骑兵部队认为坦克永远不会成功。陆队非常反对将飞机引入现代战场，因此不得不创建一个全新的军种——空军。后来，空军飞行员反对引进弹道导弹和巡航导弹，认为载人轰炸机是唯一的解决方案。空军最初还反对无人机，将其命名为"遥控飞行器"[45]，试图保持其内部文化的一致性。

我们相信，最伟大的爱国者是那些珍视国家理想，且不怕挑战、保护其机构的人。美国国会议员必须表现出持续的领导力，即使这意味着放弃他们所在地区的传统国防工业，他们也必须进行投票，最终确保选民的安全。美国国防部部长必须推动五角大楼比以往任何时候都更快地做出改变。参谋长联席会议必须效仿，通过重塑各军种来传承其优良传统。在当前的政治环境中，政党内部以及政党之间存在明显分歧，停滞的可能性更大。约翰·F. 肯尼迪（John F.

Kennedy）在1956年所著的《议员较量》(*Profiles in Courage*)一书中所描述的那种政治勇气是我们现在最需要的。

最终目标不是赢得战争，而是威慑战争。创新是我们实现和维护和平的不对称手段。现在的问题是，五角大楼是否会大规模开发其培育的战场创新。

尽管改革的任务似乎永远做不完，但创新的倡导者必须继续施压。领导层必须全力支持他们。

如果说DIUx教会了我们什么，那就是玻璃破碎的声音是进步的旋律。

致　谢

我们深深感谢所有帮助我们的职业和个人生活的人，以及更直接参与打造我们这份手稿的人。

丹·莱昂斯（Dan Lyons）帮助我们精心打磨了手稿的每一页。感谢他绝地武士般的叙事感，感谢他教我们如何写出一本好书。同样，我们的经纪人——联合人才经纪公司（United Talent Agency）的克里斯蒂·弗莱彻（Christy Fletcher），巧妙地引导了我们。之后，我们迎来了新手作家们翘首以盼的转机——打造过100本畅销书的传奇编辑里克·霍根（Rick Horgan）接手了我们的项目。更重要的是，他真正理解我们为之奋斗的事业。里克的专职助理索菲·吉马良斯（Sophie Guimaraes）和西蒙与舒斯特出版社（Simon & Schuster）的整个团队在许多方面为我们提供了帮助。

在这本书的酝酿期，大卫·利特（David Litt）、约翰·马科夫（John Markoff）和萨拉·富恩特斯（Sarah Fuentes）提供了重要的反馈，而高塔姆·马昆达（Gautam Makunda）和乔纳森·赖伯（Jonathan Reiber）提供了无尽的道义支持，他们帮助我们构思了这本书的书名。利里琼·卡德里乌（Lirijon Kadriu）帮助我们设想了令人回味的封面。其他写过技术文章的人的热情鼓舞了我们，包括尼古拉斯·汤普森（Nicholas Thompson）、特里普·米克尔（Tripp Mickle）、乔希·科恩（Josh Cohen）、大卫·E.桑格、凯特·康格（Kate Conger）、奥里·布拉夫曼（Ori Brafman）和沃尔特·艾萨克森（Walter Isaacson）。

菲利普·比尔登、理查德·丹齐格、伊利·巴亚克塔里、约翰娜·斯潘根贝格·琼斯（Johanna Spangenberg Jones）、丽莎·希尔、杰克·沙纳汉中将、迈克·布朗和约翰·邹（John Tsou）是这本书手稿的早期读者。我们特别感谢菲利普、丹齐格和伊利在语气和内容上的关键指导。

我们正式采访和通信交流过的人包括帕亚姆·班纳扎德、瑞安·比尔、乔本·贝维特、克里斯蒂安·布罗斯、迈克·布朗、"巴基"史蒂夫·布涛少将、劳伦·戴利、贾里德·邓蒙、瑞安·法里斯、本·菲茨杰拉尔德、大卫·戈尔德费恩将军、"V8"威萨尔·哈里普拉沙德中校、"眼镜蛇"杰夫·哈里根将军、丽莎·希尔、马克·雅各布森上校、理查德·詹金斯、安德烈·利斯科维奇、帕尔默·拉奇、布伦丹·麦科德、大卫·梅里尔、大卫·罗斯扎伊德、杰克·沙纳汉中将、鲁本·索伦森、韦恩·斯塔尔中尉、特雷·斯蒂芬斯、桑迪·温内菲尔德上将和国防部副部长鲍勃·沃克。

我们还要感谢五角大楼出版和安全审查办公室（Office of Pre-Publication and Security Review）的保罗·雅克布斯梅耶（Paul Jacobsmeyer）和道格·麦考姆（Doug McComb），以及国防部部长办公室的官方历史学家格伦·阿斯纳（Glen Asner）和艾琳·马汉（Erin Mahan），他们保存了国防部的历史，以便领导人能够更好地规划未来。

我们还感谢迈克尔·博斯金（Michael Boskin）、基兰·斯里达（Kiran Sridhar）和胡佛研究所国防预算改革工作组委托克里斯托弗撰写的论文《国防创新安魂曲？乌克兰、五角大楼的创新者困境，以及为什么美国冒着战略意外的风险》，这篇论文为这本书提供了框架。阿斯彭战略小组委托的早期工作，特别是克里斯托弗的论文《更平坦的世界：技术如何重塑世界秩序》和《为新兴技术重塑国家安全机构》，也具有开创性意义。我们感谢乔·奈伊（Joe Nye）、康多莉扎·赖斯、尼克·伯恩斯（Nick Burns）和安雅·曼纽尔（Anja Manuel）邀请克里斯托弗参加阿斯彭战略小组会议。我们也感谢特别竞争研究项目，在我们为这本书撰写提案时，克里斯托弗曾在那里工作。同样，复原力公司和盾牌资本的团队也支持拉杰为了这本书的写作而经常不见踪影。

当然，还有这样一个团体，他们察觉到商业技术的浪潮即将到来，便联合起来为五角大楼做好准备：已故国防部部长阿什顿·卡特；参谋长联席会议主席马蒂·邓普西（Marty Dempsey），他告诉我们"去战胜硅谷巨龙"；鲍勃·沃克副部长和他那不屈不挠的团队成员伊利·巴亚克塔里（我们真正的战友）、瑞安·法里斯和鲁本·索伦森；参谋长联席会议副主席桑迪·温内菲尔德和保罗·塞尔瓦；美国国家安全局局长基思·亚历山大（Keith Alexander）将军、保罗·中曾根（Paul Nakasone）将军和海军上将麦克·罗杰斯（Mike Rogers）；海军少将、海军特种作战研究大队（海豹六队）前司令怀曼·霍华德；联合参谋部上将大卫·戈尔德费恩、吉姆·贝克（Jim Baker）、萨姆·尼尔（Sam Neill）和马特·科尔多瓦（Matt Cordova）；美国国防创新委员会首任执行主任乔希·马库斯、其得力副手迈克·盖布尔（Mike Gable）以及该委员会的所有原始成员［主席埃里克·施密特、杰夫·贝索斯（Jeff Bezos）、亚当·格兰特（Adam Grant）、丹尼·希利斯（Danny Hillis）、里德·霍夫曼、沃尔特·艾萨克森、埃里克·兰德（Eric Lander）、玛恩·莱文

（Marne Levine）、迈克尔·麦克奎德（Michael McQuade）、海军上将威廉·麦克拉文（William McRaven）、米洛·梅丁（Milo Medin）、理查德·默里（Richard Murray）、詹妮弗·帕尔卡（Jennifer Pahlka）、卡斯·桑斯坦（Cass Sunstain）和尼尔·德格拉斯·泰森（Neil deGrasse Tyson）］；美国国防数字服务部门首任领导克里斯·林奇（Chris Lynch）；以及许多其他人，包括伊尔伯·巴亚克塔里、温·埃尔德（Wyn Elder）、"蛇"詹姆斯·克拉克、杰里米·巴什（Jeremy Bash）、比尔·格林沃尔特、杰森·马森尼和威尔·罗珀（Will Roper）。在国会山，已故参议员约翰·麦凯恩、参议员杰克·里德和本·萨斯，以及众议员马克·索恩伯里、迈克·加拉格尔、赛斯·莫尔顿（Seth Moulton）和艾丽莎·斯洛特金（Elissa Slotkin），都是坚定的支持者。在白宫，国家安全顾问苏珊·赖斯（Susan Rice）、副国家安全顾问艾薇儿·海恩斯、战略规划高级主任萨尔曼·艾哈迈德（Salman Ahmed）、美国首席技术官梅根·史密斯和总统科学顾问约翰·霍尔德伦（John Holdren）是重要的支持者，约翰·波德斯塔、丹尼斯·麦克多诺（Denis McDonough）、已故国务卿马德琳·奥尔布赖特以及DARPA局长蕾吉娜·杜根（Regina Dugan）和阿拉蒂·普拉巴卡尔（Arati Prabhakar）也是重要的支持者。随后，政府的主要支持者包括国家安全顾问H. R. 麦克马斯特、副国家安全顾问纳迪娅·沙德罗、国防部部长詹姆斯·马蒂斯、国防部副部长帕特里克·沙纳汉、国防部次长艾伦·洛德和副助理部长乔·费尔特。

当需要重启DIU的时候，美国前首席技术官托德·帕克和美国副首席数据科学家帕蒂尔（DJ Patil）凭借他们在硅谷的技巧和策略促成了这一转变，同在五角大楼E环办公区的埃里克·罗森巴赫和萨沙·贝克（Sasha Baker）也参与其中。

那些在我们早期冒着风险与我们合作的创始人和投资者，尤其是DIUx 2.0首批合同的相关人士，也值得一提。除了书中提到的人之外，他们还包括马克·安德森（Marc Andreesen）、萨姆·奥尔特曼、埃里克·德马科（Eric Demarco）、班达尔·卡拉诺（Bandal Carano）和高拉夫·加格（Gaurav Garg）。

最后，应该说这本书是我们自己在公共部门和私营部门之间经历的产物。我们要感谢那些激励过我们的人。

对拉杰来说，他要感谢的人包括：诺姆·奥古斯丁（Norm Augustine）和弗雷德·希茨（Fred Hitz），他们是专业人士、教授和公职人员；比尔·克雷文（Bill Craven）、保罗·马德拉（Paul Madera）、菲利普·比尔登、约翰·赫尔利（John Hurley）和史蒂夫·布兰克，他们是我们职业上的顾问；艾米·泽加特、H. R. 麦克马斯特和迈克·布朗，他们是斯坦福"技术二轨"的领导者；厄尼·比奥、"蜘蛛"布莱恩·布拉德克（Brian "Spyder" Bradke）、"拉辛"丹·凯恩（Dan "Razin" Caine）、"Cos"迈克·科斯比（Mike "Cos" Cosby）、"V"维亚斯·德什潘德（Vyas "V" Deshpande）、"弗朗西斯"布拉德·埃弗曼（Brad "Francis" Everman）、"陀螺"杰森·哈尔沃森（Jason "Gyro" Halvorsen）、"盗贼"杰德·亨伯特（Jed "Klepto" Humbert）、"优雅"凯文·凯利（Kevin "Grace" Kelly）、保罗·帕卢克（Paul Pawluk）、"摩城"杰夫·劳斯（Jeff "Motown" Rouse）、"亚科"亚雷马·索斯（Yarema "Yarko" Sos）和已故的"蜘蛛"布莱恩·韦伯斯特（Brian "Spyder" Webster），他们让拉杰明白了使命和友情的重要性。

对克里斯托弗来说，他要感谢的人包括：在学术培训方面提供指导的希拉·贾萨诺夫（Sheila Jasanoff）教授，以及克里斯托弗在政府任职期间所效力的所有人——海军上将哈尔·盖曼（Hal

Gehman）、已故的萨莉·赖德（Sally Ride）、斯图尔特·鲍文（Stuart Bowen）、比尔·林恩、马蒂·邓普西、桑迪·温内菲尔德、约翰·波德斯塔、盖尔·史密斯（Gayle Smith）、萨尔曼·艾哈迈德和罗恩·克莱因。此外，克里斯托弗在伊拉克、五角大楼和白宫时，他的前合作者卡尔蒂克（Karthik）和里基·塞德曼都支持他。布莱恩·塞斯梅基（Brian Secesmeky）和保罗·费耶罗（Paul Fierro）也值得特别一提，还有克里斯托弗的金毛犬鲁库（Ruku），这是DIU的第一只公务犬，现在16岁，已经从公职岗位上退休。

对我们两个人来说，埃里克·施密特是一个关键人物。他是克里斯托弗的老板，是拉杰的投资者，是一位无与伦比的导师和变革推动者。

最终，没有人比最初的DIUx 2.0团队更值得称赞，包括我们的创始合作伙伴"V8"威萨尔·哈里普拉沙德和艾萨克·泰勒，首席运营官厄尼·比奥，首席技术官伯纳黛特·约翰逊（Bernadette Johnson），DIU预备役部队指挥官和未来的DIU主任道格·贝克，总统创新研究员和继任的DIU主任迈克·布朗，以及贾弗·艾哈迈德（Jafer Ahmad）、阿杰·阿姆拉尼（Ajay Amlani）、塔默·巴尔库基（Tammer Barkouki）、瑞安·比尔、蒂姆·布赫（Tim Booher）、史蒂夫·布涛、劳伦·戴利、扎克·丹内利（Zac Dannelly）、詹姆森·达尔比（Jameson Darby）、莱夫·埃里克森（Leif Erikson）、哈里森·福特（Harrison Ford）、克里斯·福希（Chris Forshey）、"文件"马特·戈德曼（Matt "Doc" Goldman）、布莱斯·古德曼（Bryce Goodman）、肖恩·赫里蒂奇（Sean Heritage）、丽莎·希尔、奥林·霍夫曼（Orin Hoffman）、马克·雅各布森、布兰登·约翰斯（Brandon Johns）、约翰娜·斯潘根贝格·琼斯、迈克·考尔（Mike Kaul）、琳达·劳里（Linda Laurie）、约翰·马尔伯格（John

Marburger）、布伦丹·麦科德、迈克·麦金莱（Mike McGinley）、凯文·麦吉尼斯（Kevin McGinnis）、格雷格·奥斯兰（Greg Oslan）、恩里克·奥蒂、本·帕里什（Ben Parish）、安吉拉·庞马克哈（Angela Ponmaha）、特雷克·波特（Trek Potter）、本·伦达（Ben Renda）、大卫·罗斯扎伊德、托尼·舒马赫（Tony Schumacher）、丹·希茨（Dan Sheets）、塔吉·麦克尤·希图（Taj Mackeuy Shittu）、肖恩·辛格尔顿（Sean Singleton）、韦恩·斯塔尔、罗布·特雷霍（Rob Trejo）、扎克·沃克（Zach Walker）、汤姆·韦斯特（Tom Wester）、大卫·威拉德（David Willard）、尼萨·瓦特斯科（Nyssa Wratschko）和安娜莉丝·约德尔（Annaliese Yoder）。我们还将阿什顿·卡特的妻子斯蒂芬妮（Stephanie）视为我们初始团队的荣誉成员，并向她通过"卡特论坛"（一个讨论创新和国家安全的年度论坛）为延续阿什顿·卡特的遗志所做的巨大努力表示敬意。

缩略词

AT&L：采购、技术和后勤

A&S：采购和维持

CAOC：联合空中作战中心

CENTCOM：美国中央司令部

CFIUS：美国外国投资委员会

CSO：开放式商业解决方案

DARPA：美国国防高级研究计划局

DEPSECDEF：国防部副部长

DEVGRU：海军特种作战研究大队（海豹六队）

DIB：国防创新委员会

DIU：国防创新部门（x代表实验性的，2018年删除）

DIUx：实验性的国防创新部门

DoD：美国国防部

EUCOM：美国欧洲司令部

FAR：《联邦采购条例》

I&W：征兆与预警

INDOPACOM：美国印太司令部

IQT：In-Q-Tel

JAIC：联合人工智能中心

NETCOM：美国陆军网络事业技术司令部

NDAA：《国防授权法案》

NSA：美国国家安全局

NSCAI：美国国家人工智能安全委员会

OSD：美国国防部部长办公室

OTA：其他交易授权

R&E：研究和工程

SAR：合成孔径雷达

SCSP：特别竞争研究项目

SECDEF：美国国防部部长

SOUTHCOM：美国南方司令部

参考文献

主要参考资料

1. 美国海军陆战队第38任司令,《司令官规划指南》(Commandant's Planning Guidance),2019年7月16日。

2. 道格·贝克,《DIU 3.0:扩大创新以产生战略影响》(DIU 3.0: Scaling Innovation for Strategic Impact),新美国安全中心,2024年2月。

3. 美国国防部部长阿什顿·卡特,《宣布DIUx 2.0的要点》(Remarks Announcing DIUx 2.0),2016年5月11日,加利福尼亚州山景城。

   ——《致众议院军事委员会主席众议员的备忘录(收件人:马克·索恩伯里。答复:DIUx预算)》(Memorandum to Chair of the House Armed Services Committee Rep. Mac Thornberry re: DIUx Budget),2016年10月19日。

   ——致美国国防部的备忘录,《国防创新实验局的扩建》(Expansion of Defense Innovation Unit Experimental),2016年7月5日。

4. 美国国防创新委员会,《人工智能原则:国防部对人工智能伦理使用的建议》(AI Principles: Recommendations of the Ethical Use of Artificial Intelligence by the Department of Defense),2019年10月31日。

   ——《软件从未完成:重构竞争优势的采购条款》(Software Is Never Done: Refactoring the Acquisition Code for Competitive Advantage),2019年5月3日。

5. 国防创新部门,《DIUx开放式商业解决方案指南》(DIUx Commercial Solutions Opening How-to Guide),2016年11月30日。

   ——《DIUx爱狗政策》(DIUx Dog Friendly Policy),2016年8月31日。

6. 《国防创新实验局组织程序》(Defense Innovation Unit Experimental Organizational Procedures),2016年5月16日。美国国防部部长埃里克·罗森巴赫的幕僚长和拉杰·M.沙阿签字。

7. 海军部,《2030年部队设计》(Force Design 2030),美国海军陆战队,2020年3月。

8. DIUx官方章程,《国防部指令5105.85国防创新实验局(DIUx)》[DOD DIRECTIVE 5105.85 DEFENSE INNOVATION UNIT EXPERIMENTAL (DIUx)],国防部副首席管理官办公室,2016年7月5日,联邦登记处(Federal Register)。

9. 《使DIUx能够以硅谷的速度工作》(Enabling DIUx to Work at Silicon Valley Speed),参见DIUx给部长阿什顿·卡特以要求获得更多权限的备忘录,2017年5月22日。

10. 联邦登记处,《国防联邦采购条例补充:修改国防部执行某些原型项目的权限》(Defense Federal Acquisition Regulation Supplement:Modification of Authority of the Department of Defense to Carry Out Certain Prototype Projects),2023年DFARS案例(DFARS Case 2023)D006,2023年5月25日。

11. 克里斯托弗·基尔霍夫等,工作组就国防部硅谷前哨向国防部长阿什顿·卡特提交的报告,《合作点——硅谷白皮书》(Point of Partnership—Silicon Valley Whitepaper),第2.0版,2015年4月9日。

12. 《国防授权法案》,H.R.2670,第230—233页。

13. 美国空军负责作战能源的副助理部长办公室,《用拼图优化空中加油行动》(Optimizing Aerial Refueling Operations with Jigsaw),《规划工具:以相关速度发展》(Planning Tools:Developing at the Speed of Relevance),2022年。

14. 美国国防部负责采购的副部长办公室,《原型项目的其他交易指南》(Other Transactions Guide for Prototype Projects),2017年1月。

15. 美国国防部负责采购和维持的副部长办公室,《国防工业基地内的竞争状况》(State of Competition within the Defense Industrial Base),2022年2月。

16. 《宣读国防部副部长凯瑟琳·希克斯对加利福尼亚州硅谷的访问》(Readout of Deputy Secretary of Defense Kathleen Hicks' Visit to Silicon Valley, California),新闻稿,2023年12月12日。

17. 劳伦·施密特(原姓施密特,现为戴利),《对采购的想法》(Ideas on Acquisition),DIUx内部工作文件,2016年5月。

18. 《国防部部长访问国防创新实验局并接待AUKUS部长》(SecDef Visits Defense Innovation Unit X and Hosts AUKUS Ministers),相册,国防部部长照片流,2023

年12月1日。

19. 《国防部部长劳埃德·奥斯汀三世宣布国防创新部门新任主任》(Secretary of Defense Lloyd J. Austin III Announces New Director of the Defense Innovation Unit), 新闻稿, 2023年4月4日。

20. 拉杰·M. 沙阿,《国防部高级信息安全官员关于国防创新实验局（DIUx）商业服务提供商政策豁免的备忘录》[Memorandum for Department of Defense Senior Information Security Officer re Commercial Service Provider Policy Waiver for Defense Innovation Unit Experimental（DIUx）], 2016年7月。

21. 美国国防部副部长帕特里克·沙纳汉,《国防创新部门的重新设计》(Redesignation of the Defense Innovation Unit), 备忘录, 2018年8月3日。

22. 美国国会, 2015年11月25日通过的第114—192号公法2016财年《国防授权法案》, 第815节"其他交易授权修正案"(Amendments to Other Transaction Authority)。

23. 美国国会, 2024财年《国防授权法案》, 第913节"国防创新部门法典编纂"(Codification of The Defense Innovation Unit)。

24. 国防部副部长鲍勃·沃克,《建立算法作战跨职能团队（玛文专项）》[Establishment of an Algorithmic Warfare Cross-Functional Team（Project Maven）], 2017年4月26日。

——致美国国防部的备忘录,《创建新的"存在点"国防创新实验局》(Creation of New "Point of Presence" Defense Innovation Unit Experimental), 2015年7月2日。

关于DIUx的关键文章和出版物

1. 《弥合军事与硅谷之间的鸿沟》(Bridging the Gap Between the Military and Silicon Valley), 国防创新部门主任拉杰·M. 沙阿与《纽约时报》国家安全记者大卫·E. 桑格, Alphabet（谷歌母公司）执行主席埃里克·施密特, 美国服务国家安全的商业主管（Business Executives for National Security, 简称BENS）、美国空军前参谋长诺顿·施瓦兹（Norton Schwartz）的对话, 米尔肯会议（Milken Conference）, 2017年6月26日。

2. 迈克尔·塞雷（Michael Cerre）,《五角大楼如何与硅谷初创公司联手》(How the Pentagon joins forces with Silicon Valley startups),《前沿》(The Leading Edge)栏目, 美国公共电视台前线频道（PBS Frontline）, 2018年8月15日。

3. 卡拉·斯维什尔（Kara Swisher）对谈克里斯托弗·基尔霍夫,《解码与编码》

(Recode Decode)播客，2018年3月。

4. 《克里斯托弗·基尔霍夫，为DIUx奠定基础》(Christopher Kirchhoff, Laying the Foundation for DIUx)，DIU前播客（The DIU-ex Podcast），2020年7月16日，https://www.youtube.com/watch?v=7aI2lJ-ztu8。

5. 美国外交关系委员会，"国家安全与硅谷"（National Security and Silicon Valley），克里斯托弗·基尔霍夫与大卫·E.桑格、埃莱奥诺尔·波维尔斯（Eleonore Pauwels）、玛丽·沃勒姆（Mary Wareham）的对话，2019年1月15日。

6. 弗雷德·卡普兰（Fred Kaplan），《五角大楼的创新实验》（The Pentagon's Innovation Experiment），《麻省理工技术评论》（MIT Tech Review），2016年12月19日。

7. 拉杰·M.沙阿和恩里克·奥蒂，"变革的故事"（A Story of Change），演讲，美国法典年会（Code for America Annual Conference），2018年5月。

8. 《五角大楼和私营部门之间的激励创新：与大卫·E.桑格和拉杰·M.沙阿的对话》（Spurring Innovation Between the Pentagon and Private Sector: A Conversation with David E. Sanger and Raj M. Shah），西点军校现代战争研究所，2018年11月。

9. 马克·沙利文（Mark Sullivan），《硅谷想为美国的战争机器提供动力：在与中国日益紧张的局势中，一批国防内部人士和科技公司想以硅谷的形象重塑五角大楼》（Silicon Valley Wants to Power the U.S. War Machine: Amid rising tensions with China, a cadre of defense insiders and tech players want to remake the Pentagon in Silicon Valley's image），《快公司》（Fast Company），2021年11月1日。

次要参考资料

1. 艾略特·阿克曼（Elliot Ackerman）和詹姆斯·斯塔夫里迪斯，《2034年：一部关于下一次世界大战的小说》（2034: A Novel of the Next World War），企鹅出版社（Penguin Press），2021年。

    ——《2054年：一部小说》（2054: A Novel），企鹅出版社，2024年。

2. 斯蒂芬·比德尔（Stephen Biddle），《回到战壕：为什么新技术没有革命乌克兰的战争》（Back in the Trenches: Why New Technology Hasn't Revolutionized Warfare in Ukraine），《外交事务》，2023年9—10月。

3. 凯·伯德（Kai Bird）和马丁·J.舍温（Martin J. Sherwin），《美国的普罗米修斯：J.罗伯特·奥本海默的胜利与悲剧》（American Prometheus: The Triumph

and Tragedy of J. Robert Oppenheimer》,克诺夫书局(Alfred A. Knopf),2005年。

4. 史蒂夫·布兰克,《四步创业法》,K&S出版社,第2版,2013年7月。

—— "隐藏在眼前:硅谷的秘密历史",讲座,2008年11月,幻灯片,https://steveblank.com/secret-history。

——《为什么精益创业改变一切》(Why the Lean Start-Up Changes Everything),《哈佛商业评论》(Harvard Business Review),2013年5月。

5. 马克斯·布特(Max Boot),《战争改变历史:1500年以来的军事技术、战争及历史进程》(War Made New: Weapons, Warriors, and the Making of the Modern World),Gotham出版社,2006年。

6. 迈克尔·J.博斯金、约翰·N.拉德(John N. Rader)和基兰·斯里达编辑,《为更安全的世界制定国防预算:专家演讲》(Defense Budgeting for a Safer World: The Experts Speak),加利福尼亚州斯坦福大学:胡佛研究所出版社,2023年。

7. 克里斯蒂安·布罗斯,《杀戮链:在未来高科技战争中捍卫美国》(The Kill Chain: Defending America in the future of High-Tech Warfare),阿歇特出版社(Hachette),2020年。

8. 迈克·布朗,《国防预算:无法识别的国家安全威胁》(Defense Budgeting: The Unrecognized National Security Threat),载于迈克尔·J.博斯金、约翰·N.拉德和基兰·斯里达编辑的《为更安全的世界制定国防预算:专家演讲》,加利福尼亚州斯坦福大学:胡佛研究所出版社,2023年,第249—264页。

9. 阿什顿·卡特,《五面盒子里:五角大楼终身领导的经验教训》(Inside the Five-Sided Box: Lessons from a Lifetime of Leadership in the Pentagon),企鹅兰登书屋(Penguin Random House),2020年。

10. 阿什顿·卡特、马塞尔·莱特(Marcel Lettre)和谢恩·史密斯(Shane Smith),《保持技术优势》(Keeping the Technological Edge),载于由阿什顿·卡特和约翰·P.怀特(John P. White)编辑的《保持优势:为未来管理国防》(Keeping the Edge: Managing Defense for the Future),麻省理工学院出版社,2001年,第129—164页。

11. 杰夫·卡斯特奥(Jeff Casteau)和迈克尔·莱文(Michael Levin),《五角大楼新手指南》(The Complete Idiot's Guide to the Pentagon),Alpha出版社,2002年。

12. 克莱顿·克里斯坦森(Clayton Christensen),《创新者的窘境:领先企业如何被新兴企业颠覆?》(The Innovator's Dilemma: When New Technologies Cause Great Firms to Fail),哈佛商业评论出版社,1997年。

13. 安德鲁·科克伯恩（Andrew Cockburn），《杀戮链：高科技刺客的崛起》（*Kill Chain: The Rise of the High-Tech Assassins*），亨利·霍尔特出版社（Henry Holt），2015年。

14. 外交关系委员会，《创新与国家安全：保持优势》（Innovation and National Security: Keeping Our Edge），独立工作组第77号报告（Independent Task Force Report No. 77），2019年9月。

15. 理查德·丹齐格，《黑暗中的驾驶：关于预测和国家安全的十大命题》（Driving in the Dark: Ten Propositions About Prediction and National Security），新美国研究中心（Center for New American Studies），2011年10月26日。

——《靠吃毒水果生存：降低美国网络依赖的国家安全风险》（Surviving on a Diet of Poisoned Fruit: Reducing the National Security Risks of America's Cyber Dependencies），新美国研究中心，2014年7月。

——《技术轮盘赌：随着许多军队追求技术优势，管理失控》（Technology Roulette: Managing Loss of Control as Many Militaries Pursue Technological Superiority），新美国研究中心，2018年5月30日。

16. 诺曼·迪克森（Norman Dixon），《论军事无能的心理》（*On the Psychology of Military Incompetence*），基础书籍出版社（Basic Books），1976年。

17. 约翰·道尔（John Dower），《战争文化：珍珠港、广岛、"9·11"与伊拉克》（*Cultures of War: Pearl Harbor, Hiroshima, 9-11, Iraq*），诺顿出版社（W.W.Norton），2010年。

18. 《达夫尔博客》（*Duffel Blog*），《B-21核轰炸国防部预算》（B-21 Nukes DoD Budget），2022年12月9日，https://www.duffelblog.com/p/pentagon-deputs-new-stealth-bdget。

19. 蕾吉娜·E. 杜根（Regina E. Dugan）和凯加姆·J. 加布里埃尔（Kaigham J. Gabriel），《"特种部队"创新：DARPA如何解决问题》（"Special Forces" Innovation: How DARPA Attacks Problems），《哈佛商业评论》，2013年10月。

20. 德怀特·艾森豪威尔，"告别演说"，演讲，1961年1月17日，https://www.archives.gov/milestone-documents/president-dwight-d-eisenhowers-farewell-address。

——《致芝加哥工业协会的演讲要点》（Notes for Address to the Industrial Associations, Chicago），1947年，艾森豪威尔总统图书馆，https://www.eisenhower.archives.gov/all_about_ike/speeches.html。

——《作为军事资产的科学技术资源》（Scientific and Technological Resources as

Military Assets），战争部各总局和特别参谋部处室的主任、主席以及主要司令部的司令的备忘录，陆军部参谋长办公室，华盛顿特区，1946年4月30日。

21. J. 罗纳德·福克斯（J. Ronald Fox），《1960—2009年国防采购改革：难以捉摸的目标》，美国陆军军事历史中心，2011年。

22. 阿瑟·赫尔曼（Arthur Herman），《拼实业：美国是怎样赢得二战的》（*Freedom's Forge: How American Business Produced Victory in World War II*），兰登书屋，2012年。

23. 安德鲁·霍恩和汤姆·尚克，《危险时代：在新的超级大国、新的武器和新的威胁的时代保持美国的安全》（*Age of Danger: Keeping America Safe in an Era of New Superpowers, New Weapons, and New Threats*），阿歇特出版社，2023年。

24. 迈克尔·C. 霍洛维茨（Michael C. Horowitz），《八月的算法：人工智能军备竞赛不会像以前的比赛那样，美国和中国都可能被抛在尘埃中》（*The Algorithms of August: The AI Arms Race Won't Be Like Previous Competitions, and Both the United States and China Could Be Left in the Dust*），《外交政策》（*Foreign Policy*），2018年9月12日。

　　——《军事力量的扩散：国际政治的原因和后果》（*Thfusion of Military Power: Causes and Consequences for International Politics*），普林斯顿大学出版社，2010年。

25. 沃尔特·艾萨克森，《埃隆·马斯克传》，西蒙与舒斯特出版社，2023年。

26. 希拉·贾萨诺夫，"未知世界中的民主"（Democracy in an Unknowable World），2022年霍尔堡奖（Holberg Prize）讲座，2022年6月，https://holbergprize.org/en/news/holberg-prize/2022–holberg-lecture-sheila-jasanoff。

　　——《发明的伦理：技术与人类的未来》（*The Ethics of Invention: Technology and the Human Future*），诺顿出版社，2016年。

　　——《谦逊的技术：公民参与治理科学》（Technologies of Humility：Citizen Participation in Governing Science），《密涅瓦》（*Minerva*），第41卷，第3期，载于《特刊：对知识新生产的思考》（Special Issue：Reflections on the New Production of Knowledge），2003年，第223—244页。

27. 亚历克斯·卡普，《我们的奥本海默时刻：人工智能武器的创造》（Our Oppenheimer Moment：The Creation of A.I. Weapons），《纽约时报》，2023年7月20日。

28. 杰西·肯普纳（Jesse Kempner）和布鲁克·斯托克斯（Brooke Storkes），《非

传统公司追求的新兴技术领域的融资》(Funding of Emerging-Technology Areas Pursued by Nontraditional Companies)，麦肯锡公司，2022年9月23日。

29. 克里斯托弗·基尔霍夫，《埃博拉病毒本应使美国对冠状病毒免疫：华盛顿未能从国家安全委员会的埃博拉报告中学到什么》(Ebola Should Have Immunized the United States to the Coronavirus: What Washington Failed to Learn from the National Security Council's Ebola Report)，《外交事务》，2020年3月28日。

——《更平坦的世界：技术如何重塑世界秩序》，载于《世界颠倒了：在危险的时代保持美国的领导地位》(The World Turned Upside Down: Maintaining American Leadership in a Dangerous Age)，阿斯彭战略小组论文集，2017年，第93—99页。

——《修复国家安全：委员会和政治的灾难与改革》，剑桥大学博士论文，2010年9月19日。

——《国防创新安魂曲？乌克兰、五角大楼的创新者困境，以及为什么美国冒着战略意外的风险》，载于由迈克尔·J. 博斯金、约翰·N. 拉德和基兰·斯里达编辑的《为更安全的世界制定国防预算：专家演讲》，加利福尼亚州斯坦福大学：胡佛研究所出版社，2023年，第219—248页。

——《为新兴技术重塑国家安全机构》，载于《重塑国家安全》(Reshaping National Security)，阿斯彭战略小组会议集，2016年，第86—96页。

——《非常规军事力量的崛起：对2020年联合部队的影响》(The Rise in Unconventional Military Power: Implications for Joint Force 2020)，参谋长联席会议主席马丁·邓普西备忘录，非机密，2011年11月8日。

30. 《硅谷必须参战》，《纽约时报》专栏，2018年5月2日。

31. 凯文·R. 科萨尔（Kevin R. Kosar），《准政府：具有政府和私营部门法律特征的混合组织》(The Quasi Government: Hybrid Organizations with Both Government and Private Sector Legal Characteristics)，《国会研究服务》(Congressional Research Service)，2011年6月22日。

32. 安德鲁·克雷佩尼维奇（Andrew Krepinevich）和巴里·沃茨（Barry Watts），《最后的武士：安德鲁·马歇尔与美国现代国防战略的形成》(The Last Warrior: Andrew Marshall and the Shaping of Modern American Defense Strategy)，基础书籍出版社，2015年。

33. 乔希·勒纳（Josh Lerner）、凯文·布克（Kevin Book）、费尔达·哈迪蒙（Felda Hardymon）和安·利蒙（Ann Leamon），"In-Q-Tel"，哈佛商学院案例9-804-

146，2003年5月。

34. 威廉·林恩（William Lynn），《捍卫新领域：五角大楼的网络战略》（Defending a New Domain: The Pentagon's Cyber Strategy），《外交事务》，2010年3—4月。

——"在美国国际战略研究中心（CSIS）全球安全论坛上的讲话"，2011年6月8日。

35. 托马斯·曼肯（Thomas Mahnken），《1945年以来的技术和美国战争方式》（Technology and the American Way of War since 1945），哥伦比亚大学出版社（Columbia University Press），2008年。

36. 塞巴斯蒂安·马拉比（Sebastian Mallaby），《风险投资史》（The Power Law: Venture Capital and the Making of the New Future），企鹅出版社，2022年。

37. 约翰·马科夫，《五角大楼转向硅谷寻求人工智能的优势》（Pentagon Turns to Silicon Valley for Edge in Artificial Intelligence），《纽约时报》，2016年5月11日。

——《睡鼠说：个人电脑之迷幻往事》（What the Dormouse Said: How the Sixties Counterculture Shaped the Personal Computer Industry），维京出版社（Viking），2005年。

38. 玛丽安娜·马祖卡托（Mariana Mazzucato），《创新型政府：公共与私人部门的共赢》（The Entrepreneurial State: Debunking Public vs. Private Sector Myths），圣歌出版社（Anthem Press），2013年。

39. H. R. 麦克马斯特，《战场：捍卫自由世界的战斗》，哈珀柯林斯出版社（Harper Collins），2021。

——《与我们自己开战：克服特朗普白宫的混乱》（At War with Ourselves: Overcoming Chaos in the Trump White House），哈珀柯林斯出版社，2024年。

40. 凯德·梅茨（Cade Metz），《深度学习革命：从历史到未来》（Genius Makers: The Mavericks Who Brought AI to Google, Facebook, and the World），达顿出版社（Dutton），2021年。

41. 克里斯·米勒（Chris Miller），《芯片战争：世界最关键技术的争夺战》（Chip War: The Fight for the World's Most Critical Technology），Scribner出版社，2022年。

42. 国家人工智能安全委员会，"最终报告"，2023年3月，https://www.nscai.gov/wp-content/uploads/2021/03/Full-Report-Digital-1.pdf。

43. 玛格丽特·奥马拉（Margaret O'Mara），《硅谷密码：科技创新如何重塑美国》（The Code: Silicon Valley and the Remaking of America），企鹅出版社，2020年。

——《硅谷无法躲避战争：科技行业的许多人不想成为军工复合体的一部分。

但国防工作已经是硅谷 DNA 的一部分》（Silicon Valley Can't Escape the Business of War: Many in the tech industry don't want to be part of the military-industrial complex. But defense work is already part of Silicon Valley's DNA），《纽约时报》专栏，2018 年 10 月 26 日，https://www.nytimes.com/2018/10/26/opinion/aamazon-bezos-pentagon-hq2.html。

44. 阿塔尔·奥萨马（Athar Osama），《华盛顿走向沙丘之路：联邦政府进入风险投资行业的障碍》，研究简报，伍德罗·威尔逊学者中心（Woodrow Wilson Center for Scholars），2008 年 1 月。

45. 詹妮弗·帕尔卡，《回顾美国：为什么政府在数字时代失败，以及我们如何做得更好》（Recoding America: Why Government Is Failing in the Digital Age and How We Can Do Better），大都会图书出版社（Metropolitan Books），2023 年。

46. 戴维·彼得雷乌斯和安德鲁·罗伯茨（Andrew Roberts），《冲突：从 1945 年到乌克兰战争的演变》（Conflict: The Evolution of Warfare from 1945 to Ukraine），哈珀柯林斯出版社，2023 年。

47. 《钦定版圣经》（King James Bible）第 23 篇，《大卫诗篇》（A Psalm of David）。

48. 乔纳森·赖伯，《阿什顿·卡特教给我的》（The Lessons Ash Carter Taught Me），博客文章，Attack IQ 网站，2022 年 10 月 31 日。

49. 本·R. 里奇（Ben R. Rich）和利奥·雅诺斯（Leo Janos），《臭鼬工厂回忆录》（Skunk Works: A Personal Memoir of My Years at Lockheed），利特尔与布朗出版社（Little, Brown），1996 年。

50. 史蒂文·罗森（Steven Rosen），《打赢下一场战争：创新与现代军事》（Winning the Next War: Innovation and the Modern Military），康奈尔大学出版社（Cornell University Press），1994 年。

51. 格雷戈里·桑德斯（Gregory Sanders）、尼古拉斯·贝拉斯克斯（Nicholas Velazquez）、艾米莉·哈德斯提（Emily Hardesty）和奥德丽·奥尔迪塞特（Audrey Aldisert），《2023 年国防采购趋势：初步展望》（Defense Acquisition Trends 2023: A Preliminary Look），战略与国际研究中心（Center for Strategic and International Studies），2023 年 12 月 7 日。

52. 大卫·E. 桑格，《完美武器：网络时代的战争、破坏和恐惧》（The Perfect Weapon: War, Sabotage, and Fear in the Cyber Age），企鹅兰登书屋，2019 年。
——《完美武器》，纪录片，HBO 电视网，2020 年，https://www.hbo.com/movies/the-perfect-weapon。

53. 哈维·M. 萨波尔斯基（Harvey M. Sapolsky）、尤金·戈尔兹（Eugene Gholz）和凯特琳·塔尔梅奇（Caitlin Talmadge），《美国安全政策溯源》（*US Defense Politics: The Origins of Security Policy*），第4版，罗德里奇出版社（Routledge），2020年12月。

54. 埃里克·施密特，《创新力量：为什么技术将决定地缘政治的未来》（*Innovation Power：Why Technology Will Define the Future of Geopolitics*），《外交事务》，2023年3—4月。

    ——《纪念阿什顿·卡特：改变五角大楼、硅谷和我们国家轨迹的创新国防部部长》（*Remembering Ash Carter：The Innovative Secretary of Defense Who Changed the Pentagon，Silicon Valley，and the Trajectory of Our Nation*），特别竞争研究项目，2023年1月26日。

    ——《乌克兰之行报告》（*Trip Report from Ukraine*），特别竞争研究项目，2022年9月。

55. 杰奎琳·施耐德（Jacquelyn Schneider），《投资新兴技术：无人系统的教训》（*Investing in Emerging Technology：Lessons from Unmanned Systems*），载于由迈克尔·J. 博斯金、约翰·N. 拉德和基兰·斯里达编辑的《为更安全的世界制定国防预算：专家演讲》，加利福尼亚州斯坦福大学：胡佛研究所出版社，2023年，第185—200页。

56. 拉杰·M. 沙阿，"在国家委员会听证会上探讨军民分歧和兵役政策选择的证词"（*Testimony before the National Commission to Explore the CivilMilitary Divide and Military Service Policy Options During Hearings*），2019年5月16日。

    ——"拉杰·M. 沙阿先生的证词，美国众议院军事委员会未来国防特别工作组"（*Testimony of Mr. Raj M. Shah, Future of Defense Task Force, House Armed Services Committee U.S. House of Representatives*），听证会标题为"为创新基地充电"（*Supercharging the Innovation Base*），2020年2月5日。

57. 彼得·W. 辛格（Peter W. Singer）和奥古斯特·科尔（August Cole），《幽灵舰队：关于下一次世界大战的小说》（*Ghost Fleet: A Novel of the Next World War*），伊蒙·多兰/霍顿·米夫林–哈考特出版社（Eamon Dolan/Houghton Mifflin Harcourt），2015年。

    ——《机器人战争：21世纪机器人技术革命与反思》（*Wired for War: The Robotics Revolution and Conflict in The 21st Century*），企鹅兰登书屋，2009年。

58. 马特·斯彭斯（Matt Spence），《阿什顿·卡特的持久遗产：前国防部部长留下了更牢固的五角大楼与硅谷的关系》(Ash Carter's Lasting Legacy: The Former Defense Secretary Leaves Behind a Much Stronger Pentagon-Silicon Valley relationship), Defense One网站, 2022年10月26日。

59. 沙龙·温伯格(Sharon Weinberger),《想象中的武器：穿越五角大楼的科学黑社会之旅》(Imaginary Weapons: A Journey Through the Pentagon's Scientific Underworld), 国家图书出版社(Nation Books), 2007年。

——《战争狂想者：揭秘美国国防部高级研究计划局》(The Imagineers of War: The Untold Story of DARPA, The Pentagon Agency That Changed the World), 企鹅兰登书屋, 2018年。

60. 马克·B. 威尔逊(Mark B. Wilson),《美国国防预算改革：历史视角(1940—2020年)》[U.S. Defense Budget Reform: Historical Perspectives (1940s—2020s)], 载于由迈克尔·J. 博斯金、约翰·N. 拉德和基兰·斯里达编辑的《为更安全的世界制定国防预算：专家演讲》, 加利福尼亚州斯坦福大学：胡佛研究所出版社, 2023年, 第393—428页。

61. 本杰明·维特(Benjamin Wittes)和加布里埃·布鲁姆(Gabriella Blum),《暴力的未来：机器人与细菌、黑客与无人机——面对新的威胁时代》(The Future of Violence: Robots and Germs, Hackers and Drones—Confronting a New Age of Threat), 基础书籍出版社, 2015年。

62. 艾米·泽加特,《间谍、谎言和算法：美国情报的历史和未来》(Spies, Lies, and Algorithms: The History and Future of American Intelligence), 普林斯顿大学出版社, 2022年。

63. 菲利普·泽利科,《国防熵与未来准备, 快与慢》(Defense Entropy and Future Readiness, Fast and Slow), 载于由尼克·伯恩斯, 乔纳森·普赖斯(Jonathon Price)编辑的《美国国防的未来》(Future of American Defense), 阿斯彭战略小组论文集, 第49—74页, https://www.aspeninstitute.org/wp-content/uploads/2014/02/FutureAmEricanDefense.pdf。

64. 米卡·曾科(Micah Zenko),《红队：如何像敌人一样思考以获得成功》(Red Team: How to Succeed by Thinking Like the Enemy), 基础书籍出版社, 2015年。

注　释

引言　缓慢燃烧

1　托马斯·吉本斯-内夫（Thomas Gibbons-Neff），《官员称，ISIS无人机正在袭击美国军队并破坏拉卡的空袭》（ISIS Drones Are Attacking U.S. Troops and Disrupting Airstrikes in Raqqa, Officials Say），《华盛顿邮报》（Washington Post），2017年6月14日，https://www.washingtonpost.com/news/checkpoint/wp/2017/06/14/isis-drones-are-attacking-us-troops-and-disrupting-airstrikes-in-raqqa-officials-say/；爱米尔·阿尔尚博（Emil Archambault）和杨尼克·维尔勒克斯-莱佩奇（Yannick Veilleux-Lepage），《伊斯兰国宣传中的无人机图像：像国家一样飞行》（Drone Imagery in Islamic State Propaganda：Flying Like a State），《国际事务》（International Affairs），第96卷，第4期（2020年7月），第955—973页，https://academic.oup.com/ia/article/96/4/955/5813533。

2　斯蒂芬·陈（Stephen Chen），《中国科学家在南海对美国航母群的高超音速打击》（Chinese Scientists War-Game Hypersonic Strike on US Carrier Group in South China Sea），《南华早报》（South China Morning Post），2023年5月23日，https://www.scmp.com/news/china/science/article/3221495/chinese-scientists-war-game-hypersonic-strike-us-carrier-group-south-china-sea#；乔恩·哈珀（Jon Harper），《来袭：航空母舰能在高超音速武器中幸存吗？》（Incoming：Can Aircraft Carriers Survive Hypersonic Weapons?），《国防》（National Defense），2019年3月22日，https://www.natio naldefensemagazine.org/articles/2019/3/22/incoming-can-aircraft-carriers-survive-hypersonic-weappons。

3　理查德·丹齐格,《技术轮盘赌:随着许多军队追求技术优势,管理失控》,新美国研究中心,2018年5月30日,https://www.cnas.org/publications/reports/technology-roulette。

4　《美国最高将领称,中国的高超音速武器试验接近"人造卫星时刻"》(China's Hypersonic Weapon Test Close to "Sputnik Moment," Says Top US General),英国《金融时报》(Financial Times),2021年10月27日,https://www.ft.com/content/4a317b8c-d433-4f74-91d9-0be47fc0f04;大卫·E.桑格和威廉·布罗德(William Broad),《中国的武器试验接近"人造卫星时刻",美国将军说》(China's Weapon Tests Close to a "Sputnik Moment," U.S. General Says),《纽约时报》,2021年10月27日,https://www.nytimes.com/2021/10/27/us/politics/china-hypersonic-missile.html。

5　《市值最大的公司》(Largest Companies by Market Cap),Compani esMarketcap.com,2023年12月,https://companiesmarketcap.com。

6　"死亡谷"引用了《大卫诗篇》第23篇。"虽然我走过死亡阴影的山谷,但我不会害怕邪恶:因为你和我在一起;你的权杖和追随者都慰藉我……"《钦定版圣经》。

7　关于这种文化紧张局势的探索,请参阅外交关系委员会,"国家安全与硅谷",克里斯托弗·基尔霍夫与大卫·E.桑格、埃莱奥诺尔·波维尔斯、玛丽·沃勒姆的对话,2019年1月15日,https://www.cfr.org/evention/national-security-and-silicon-valley-0。

8　值得注意的是,国防部副部长威廉·林恩在制定五角大楼的网络战略期间,访问对象于2009年和2010年访问了硅谷,包括谷歌和脸书。参见:威廉·林恩,《捍卫新领域:五角大楼的网络战略》,《外交事务》,2010年3—4月,https://www.foreignaffairs.com/articles/united-states/2010-09-01/defending-new-domain;威廉·林恩,《在全球安全论坛上的讲话》(Remarks at the Global Security Forum, CSIS),CSIS,2011年6月8日,https://go.gale.com/ps/i.do?id=GALE%7CA258415558&sid=site map&v=2.1&it=r&p=AONE&sw=w&userGroupName=anon%7E8b6b b609&aty=open-web-entry。美国参谋长联席会议主席马丁·邓普西在宣誓就职后不久也访问了硅谷,访问对象包括谷歌、脸书和风险投资公司凯鹏华盈(Kleiner Perkins)。他继续将创新作为其主席任期的核心内容。例如,参见《安全悖论——参谋长联席会议主席马丁·邓普西将军的一次公开演讲》(Security Paradox—A Public Address by General Martin E. Dempsey, Chairman of the Joint Chiefs of Staf），哈佛政治学院，2012年4月12日，https://iop.harvard.edu/events/security-paradox-public-address-general-martine-dempsey-chairman-joint-chiefs-staff；《马丁·邓普西在联合作战会议前的讲话》（Martin Dempsey Remarks Before the Joint Warfighting Conference），2012年5月16日，https://www.jcs.mil/Portals/36/Final%20%20Selected%20Works%20Dempsey_1.pdf。

9 阿什顿·卡特、马塞尔·莱特和谢恩·史密斯，《保持技术优势》，载于《保持优势：为未来管理国防》，阿什顿·卡特和约翰·怀特编辑，麻省理工学院出版社，2001年，第129—164页，https://www.belfercenter.org/sites/default/files/legacy/files/kte_ch6.pdf。

10 《国防部部长阿什顿·卡特公布网络战略，呼吁与硅谷重新建立伙伴关系》（Secretary of Defense Ashton Carter Unveils Cyber Strategy, Calls for Renewed Partnership with Silicon Valley），斯坦福国际安全与合作中心（Stanford Center for International Security and Cooperation），2015年4月23日，https://cisac.fsi.stanford.edu/news/secretary-defense-ashton-carter-unveils-cyber-strategy-calls-renewed-partnership-silicon-valley。

11 史蒂夫·布兰克，"隐藏在众目睽睽之下：硅谷的秘密史"（Hidden in Plain Sight: The Secret History of Silicon Valley），讲座，2008年11月；幻灯片，https://steveblank.com/secret-history/。另见玛格丽特·奥马拉，《硅谷密码：科技创新如何重塑美国》，企鹅出版社，2020年。

12 玛丽安娜·马祖卡托，《创新型政府：公共与私人部门的共赢》，圣歌出版社，2013年。

13 国防部部长阿什顿·卡特，《宣布DIUx 2.0的讲话》（Remarks Announcing DIUx 2.0），美国国防部，2016年5月11日，加利福尼亚州山景城，https://www.defense.gov/News/Speeches/Speech/Article/757539/remarks-annuncing-diox-20/。另请参阅：丹·拉莫特（Dan Lamothe），《五角大楼首席检修硅谷办公室》（Pentagon Chief Overhauls Silicon Valley Office），《华盛顿邮报》，2016年5月11日，https:// www.washingtonpost.com/news/checkpoint/wp/2016/05/11/pentagon-chief-overhauls-silicon-valley-office-will-open-similar-unit-in-boston/；约翰·马科夫，《五角大楼转向硅谷寻求人工智能的优势》，《纽约时报》，2016年5月11日，https://www.nytimes.com /2016/05/12/technology/artificial-intelligence-as-the-pentagons-latest-weappon.html。

14 菲利普·D.梅尔（Philip D. Mayer）中尉，《领导技术变革：莫菲特海军少将的教训》（Leading Technological Change: Lessons from Rear Admiral Moffett），《美国海军研究所学报》（Proceedings of the U.S. Naval Institute），第146卷，第3期（2020年3月），第1405页，https://www.usni.org/magazines/proceedings/2020/march/leading-technological-change-lessons-rear-admiral-moffett；威廉·F. 特林布尔（William F. Trimble），《海军上将威廉·A. 莫菲特：海军航空建筑师》（Admiral William A. Moffett: Architect of Naval Aviation），海军学院出版社，2014年。

15 关于风险投资的历史，请参阅塞巴斯蒂安·马拉比，《风险投资史》，企鹅出版社，2022年。

第一章　X局

1 国防部副部长沃克，给国防部的备忘录，《创建新的"存在点"国防创新实验部门》，2015年7月2日。

2 沃克在五角大楼启动了一项名为"先进能力和威慑小组"的倡议的第二次运作，该小组首次在冷战期间设立，旨在研究美国如何在技术上超越对手。新组建的小组召开了一系列会议，讨论硅谷的技术如何增强陆军、海军和空军的力量，以击败预期的对手。小组听取了克里斯托弗·基尔霍夫的简报，并热情地接受了创建DIUx的想法。它还特许了后来的玛文专项和特种任务导弹打击特遣部队，这导致了DIUx与卡佩拉空间公司的合作。关于这一重要举措的早期历史，请参阅简·詹蒂莱（Gian Gentile）等人，《第三次偏移的历史，2014—2018年》（A History of the Third Offset, 2014—2018），兰德公司（RAND Corporation），2021年，https://www.rand.org/pubs/research_reports/RRA454-1.html。

3 阿什顿·卡特，《五面盒子里：五角大楼终身领导的教训》，企鹅兰登书屋，2020年，第327页。

4 关于战略规划和未来情景发展的一般入门知识，请参阅：米卡·曾科，《红队：如何像敌人一样思考以获得成功》，基础书籍出版社，2015年；理查德·丹齐格，《黑暗中的驾驶：关于预测和国家安全的十个命题》，新美国研究中心，2011年10月26日，https://www.cnas.org/publications/reports/driving-in-the-dark-ten-propositions-about-prediction-and-national-security%C2%A0。

5 美国国防部，《合作点——硅谷白皮书》，第2.0版，2015年4月9日。该工作组由鲍勃·沃克在伊利·巴亚克塔里和克里斯托弗·基尔霍夫的敦促下成立。工作人员与参谋长联席会议副主席桑迪·温内菲尔德一起多次前往硅谷，并就如何组建五角大楼部门与包括道格·贝克在内的许多领导人进行了磋商。工作组批准了该小组的概念，并命令我们于2015年4月10日开始创建该小组。参见克里斯托弗·基尔霍夫，美国东部时间2015年4月10日下午3：57：28发给参谋长联席会议主席马丁·邓普西和参谋长联席会副主席詹姆斯·温内菲尔德的电子邮件，《国防部硅谷存在的DSD决定》（DSD Decision on DoD Silicon Valley Presence）（非机密）。另请参阅：道格·贝克给詹姆斯·温内菲尔德等人的电子邮件，《储备理念跟进》（Reserve Idea Followup），2015年3月28日，美国中部时间21：41：07；道格·贝克给詹姆斯·温内菲尔德等人的电子邮件，2015年1月26日，《网络文章，V4跟踪变化+清洁》（Cyber article, V4 track changes + clean）。

6 《情况说明书：美国核武器库存的透明度》（Fact Sheet：Transparency in the U.S. Nuclear Weapons Stockpile），美国国务院，2021年10月5日，https://www.state.gov/wp-content/uploads/202/10/Fact-Sheet_Unclass_2021_final-v2-002.pdf；《世界核力量的现状》（Status Of World Nuclear Forces），美国科学家联盟（Federation of American Scientists），2023年3月31日，https://fas.org/initiative/status-world-nuclear-forces/。

7 《国防创新实验部门组织程序》，2016年5月16日，由埃里克·罗森巴赫和拉杰·M.沙阿签署。

8 国防部部长阿什顿·卡特，致国防部的备忘录，《国防创新实验部门的扩建》，2016年7月5日。国防部副首席管理官办公室，2016年7月5日，国防部官方章程《国防部指令5105.85国防创新实验部门（DIUx）》批准了这些授权，https://www.esd.whs.mil/Portals/54/Documents/DD/issuances/dodd/510585p.pdf?ver=2018-11-23-075056-577。

9 关于DIUx 2.0开始的口述历史，请参阅《克里斯托弗·基尔霍夫，为DIUx奠定基础》，DIU前播客，2020年7月16日，https://www.youtube.com/watch?v=7aI2lJ-ztu8。

10 在DIUx档案中，请参阅乔治·杜查克向国防部部长采购、技术和维持办公室发送的"乔治·杜查克周报"。

第二章　归零

1 DIUx首次利用其豁免权限克服了首席信息官办公室的反对意见。美国国防部部长阿什顿·卡特同意DIUx的想法，第二天我们就可以使用Gmail了。参见拉杰·M. 沙阿，《国防部高级信息安全官员关于国防创新实验部门（DIUx）商业服务提供商政策豁免的备忘录》，2016年7月。

2　劳伦·施密特（原姓施密特，现为戴利），《对采购的想法》，DIUx内部工作文件，2016年5月。

3　J. 罗纳德·福克斯，《1960—2009年国防采购改革：难以捉摸的目标》，美国陆军军史中心，2011年，https://history.defense.gov/Portals/70/Documents/acquisition_pub/CMH_Pub_51-3-1.pdf。

4　美国国会，于2015年11月25日通过的公法114—192，即2016财年《国防授权法案》，第815条"其他交易授权修正案"，https://www.congress.gov/114/plaws/publ92/PLAW-114publ92.pdf。

第f节的关键条款如下："后续生产合同或交易。（1）根据本节针对原型项目所签订的交易，可规定向该交易参与者授予后续生产合同或交易。（2）尽管有本法第2304节的要求，第（1）款下交易中规定的后续生产合同或交易可在不使用竞争程序的情况下授予交易参与者，如果（A）使用竞争程序选择参与交易的各方，并且（B）交易的参与者成功完成了交易中提供的原型项目。（3）根据本小节签订的合同和交易可以使用（a）小节中的权限、根据本法第137章的权限或根据国防部部长可能通过法规制定的程序、条款和条件来授予。"

5　关于解释，请参阅2016财年《国防授权法案》"第815条"，C5太空指挥、控制和通信联盟，https://cmgcorp.org/wp-content/uploads/2016/07/Section_815_MEMO.pdf。

6　弗雷德·卡普兰，《五角大楼的创新实验》，《麻省理工技术评论》，2016年12月19日，https://www.technologyreview.com/2016/12/19/155246/the-pentagons-innovation-experiment/。

7　《DIUx开放式商业解决方案指南》，国防创新部门，2016年11月30日，https://apps.dtic.mil/sti/pdfs/AD1022451.pdf。

8　国防部，《原型项目的其他交易指南》，2017年1月，https://www.acqnotes.com/wp-content/uploads/2014/09/Tab-5-OSD-OTA_Guide-17-Jan-2017-DPAP-signature-FINAL-002.pdf。

9　卡罗琳·黄（Carolyn Wong），《加强ACC与DIUx的合作》（Enhancing ACC Collaboration with DIUx），兰德公司工作报告，https://www.rand.org/content/dam/rand/pubs/working_papers/WR1100/WR1177/rand_WR1177.pdf。

10　国防部OTA支出，《2016—2023年，GovWinIQ的数据》（Department of Defense

OTA spent，2016—2023），该数据合并了截至2023年12月的联邦采购数据，https://iq.govwin.com/neo/home。有关这一支出的细分，请参见：格雷戈里·桑德斯等人，《2023年国防采购趋势：初步展望》，战略与国际研究中心，2023年12月7日，https://www.csis.org/analysis/defense-aquisition-trends-2023-preliminary-look；杰西·肯普纳和布鲁克·斯托克斯，《非传统公司追求的新兴技术领域的资金》，麦肯锡公司，2022年9月23日，https://www.mckinsey.com/industries/aerospace-and-defense/our-insights/funding-of-emerging-technology-areas-pursued-by-nontraditional-companies。

第三章　贡库拉特

1 "联合空中作战中心"，美国空军中央司令部，https://www.afcent.af.mil/About/Fact-Sheets/Display/Article/217803/combined-air-operations-center-caoc/。

2 《卡特部长任命国防创新咨询委员会其他成员》（Secretary Carter Names Additional Members of Defense Innovation Advisory Board），国防部新闻稿，2016年7月26日，https://www.defense.gov/News/Releases/Release/Article/857710/secretary-carter-names-additional-members-of-defense-innovation-advisory-board/#:~:text=The%20new%20additions%20include%20Amazon,and%20author%20Neil%20deGrasse%20Tyson。

3 杰夫·哈里根，作者访谈，2023年3月6日。

4 《联合特遣部队固有决心行动》（Combined Joint Task Force Operation Inherent Resolve），美国国防部，https://dod.defense.gov/OIR/；贝卡·瓦瑟（Becca Wasser）等人，《美国空中力量在击败ISIS中的作用》（The Role of U.S. Airpower in Defeating ISIS），兰德公司，2021年，https://www.rand.org/pubs/research_briefs/RBA388-1.html。

5 《KC–46A飞马座：世界上最先进的多任务空中加油机》（KC–46A Pegasus: The World's Most Advanced Multi-Mission Aerial Refueling Aircraft），波音公司，https://www.boeing.com/defense/kc-46a-pegasus-tanker/。

6 拉杰·M. 沙阿和恩里克·奥蒂，"变革的故事"，演讲，美国法典年会，2018年5月，https://www.youtube.com/watch?v=XU8b3jX2JYk&t=3s。

7 韦恩·斯塔尔，作者访谈，2023年1月26日。

8 "用拼图优化空中加油作业"，《规划工具：以相关速度发展》，美国空军负责作战能源的副助理部长办公室，https://www.safie.hq.af.mil/Portals/78/documents/IEN/21th%20Century%20Tools%20Leade-Behind.pdf?ver=nYyKQ9Awy55LcBEfgBVmnA%3D%3D。

9 《被盗电子邮件提供了对军事领导人的未经修饰的看法》（Stolen Email Offers Unvarnished View of Military Leaders），美联社（Associated Press），2016年10月30日，https://apnews.com/united-states-presidential-election-events-304acd84f0c4443fb12b7和8f5e7f11b。另见托马斯·E. 里克斯（Thomas E. Ricks），《五角大楼官员因对一些将军的诚实评估给出274条注释而受到抨击：还有什么比百姓对高级军官提出尖锐问题更糟糕的呢？不问他们》（Pentagon official takes fire for giving his honest assessments of some generals: What's worse than civilians asking hard questions about top military officers? Not asking them），《外交政策》，2017年11月1日，https://foreignpolicy.com/2016/11/01N/poetnEtaSgon-official-takes-fire-for-giving-his-honest-assessments-of-some-generals/。

10 《SASC关于空军决定取消AOC 10.2现代化合同的声明》（SASC Statement on Air Force's Decision to Cancel AOC 10.2 Modernization Contract），参议院军事委员会，2017年7月13日，https://www.armed-services.senate.gov/press-releases/sasc-statement-on-air-forces-decision-to-cancel-aoc-102-modernization-contract。

11 根据第一条对狗友好的政策，克里斯托弗的金毛犬鲁库成为DIUx的第一只狗。《DIUx爱狗政策》，国防创新部门，2016年8月31日。这一政策当即遭到了负责管理DIUx所在办公场所的国民警卫队人员的反对。幸运的是，DIUx在经过一番巧妙的操作后，成功地维持了这一政策。

12 国防创新委员会在其2019年5月3日的报告《软件从未完成：重构竞争优势的采购条款》中展示了如何实现国防部软件实践现代化的方法，https://media.defense.gov/2019/May/01/2002126689/-1/-1/0/SWAP%20COMPLET%20REPORT.PDF。

13 罗布·施密茨（Rob Schmitz），《美国最大空运中心的美国空军基地》（The U.S. Air Base at the Heart of America's Biggest Airlift），美国国家公共广播电台，2021年9月2日，https://www.npr.org/2021/09/02/1030307280/AFGHAN-REFUGEES-AIRLIFT-RAMSTEIN-AIR-BASE-GERMANY。

14 达曼尼·科尔曼（Damany Coleman），《凯塞尔之旅的"闪击"拯救生命》（Kessel Run's SlapShot Saves Lives），美国空军，2021年9月28日，https://www.aflcmc.af.mil/NEWS/Article/2791602/kessel/kessel-runs-slapshot-saves-lives/。

15 阿什顿·卡特还写信给索恩伯里，敦促他支持DIUx的预算请求。见国防部部长阿什顿·卡特，《致众议院军事委员会主席的备忘录（收件人：马克·索恩伯里。答复：DIUx预算）》，2016年10月19日。

第四章　朝鲜新的杀戮链

1　鲁本·索伦森，作者访谈，2023年1月27日。另见《国家情报估计：朝鲜到2030年利用核武器的情景》（National Intelligence Estimate, North Korea: Scenarios for Leveraging Nuclear Weapons Through 2030），2023年6月15日解密，https://www.dni.gov/files/ODNI/documents/assessments/NIC-Declassified-NIE-North-Korea-Scenarios-For-Leveraging-Nuclear-Weappons-June2023.pdf。

2　瑞安·法里斯，作者访谈，2023年2月2日。另请参阅《朝鲜火箭发射：为什么金正恩现在发射导弹？》（North Korea Rocket Launch: Why Did Kim Fire a Missile Now?），英国广播公司（BBC），2016年2月7日，https://www.bbc.com/news/world-asia-35516199。

3　该特别工作组由"先进能力和威慑小组"特许，正式命名为"导弹打击特种任务"（Special Mission Missile Defeat）。

4　大卫·E. 桑格和威廉·布罗德，《硅谷的微小卫星可能有助于追踪朝鲜导弹》，《纽约时报》，2017年7月6日，https://www.nytimes.com/2017/07/06/world/asia/pentagon-spy-satellites-north-korea-missiles.html。

5　《朝鲜的军事能力》（North Korea's Military Capabilities），《背景》（Backgrounder），外交关系委员会，2022年6月28日，https://www.cfr.org/backgrounder/north-korea-nuclear-weapons-missile-tests-military-capabilities；美国国防情报局，《朝鲜军事力量：日益增长的地区和全球威胁》（North Korean Military Power: A Growing Regional and Global Threat），2021年9月，第21页，https://www.dia.mil/Military-Power-Publications/。

6　《2017年9月3日朝鲜核试验引起的曼塔普山的上升、坍塌和压实》（The Rise, Collapse, and Compaction of Mt. Mantap from the 3 September 2017 North Korean Nuclear Test），《科学》，第361卷，第6398期，2018年5月10日，https://www.science.org/doi/10.1126/science.aar7230。

7　《美国国会战略态势委员会的报告》（Report of the Congressional Commission on the Strategic Posture of the United States），美国众议院军事委员会，2023年10月，https://armedservices.house.gov/sites/republicans.armedservices.house.gov/files/Strategic-Posture-Committee-Report-Final.pdf。另见：亚历山大·沃德（Alexander

Ward），《朝鲜展示了足够的ICBMS来压倒美国的防御系统》（North Korea Displays Enough Icbms to Overwhelm U.S. Defense System Against Them），《政客》（*Politico*），2023年2月8日，https://www.politico.com/news/2023/02/08/north-korea-missile-capability-icbms-00081993；安基特·潘达（Ankit Panda），《金正恩和炸弹》（*Kim Jong Un and the Bomb*），赫斯特出版社（Hurst），2020年6月。

8　《太空冷战：绝密侦察卫星揭秘》（Cold War in Space：Top Secret Reconnaissance Satellites Revealed），美国空军国家博物馆，https://www.nationalmuseum.af.mil/Visit/Museum-Exhibits/Fact-Sheets/Display/Article/195923/cold-war-in-space-top-secret-reconnaissance-satellites-revealed/。

9　"导弹防御系统"（The Missile Defense System），美国国防部导弹防御局，https://www.mda.mil/system/system.html。

10　特蕾莎·希钦斯（Theresa Hitchens），《超越"弹头撞击弹头"：北方司令部的新防御计划旨在在导弹发射前杀死它们》（Beyond "Bullet on Bullet"：NORTHCOM's New Defense Plan Looks to Kill Missiles Before They Launch），《防务快讯》（*Breaking Defense*），2023年8月9日，https://breakingdefense.com/2023/08/beyond-bullet-on-bullet-northcoms-new-defense-plan-looks-to-kill-missiles-before-they-launch/。

11　海军上将桑迪·温内菲尔德，与作者的通信，2023年2月20日。

12　海军上将桑迪·温内菲尔德，与作者的通信，2023年7月18日；瑞安·法里斯，作者访谈，2023年2月2日。

13　瑞安·法里斯，作者访谈，2023年2月2日。

14　罗伯特·麦克纳马拉，《国防部部长麦克纳马拉致约翰逊总统的备忘录，奈基–X的生产和部署》（Memorandum from Secretary of Defense McNamara to President Johnson, SUBJECT Production and Deployment of the Nike-X），1967年1月，https://history.state.gov/historicaldocuments/frus1964-68v11/d173。

15　海军上将桑迪·温内菲尔德（退役），与作者的通信，2023年2月20日。

16　海军上将桑迪·温内菲尔德，与作者的通信，2023年2月20日。

17　马修·温齐尔（Matthew Weinzierl）和梅哈克·萨朗（Mehak Sarang），《商业太空时代来了》（The Commercial Space Age Is Here），《哈佛商业评论》，2021年2月12日，https://hbr.org/2021/02/the-commercial-space-age-is-here。

18　副部长鲍勃·沃克于2016年公开披露了"数据平台"试点的成功。参见《国防部副部长在In-Q-Tel首席执行官峰会上的讲话》（Remarks by the Deputy Secretary of Defense at the In-Q-Tel CEO Summit），加利福尼亚州圣何塞，2016年2月25日。另请参阅《副部长工作访问星球实验室》(Deputy Secretary Work Visits Planet Labs)，2016年2月25日，https://www.defense.gov/Multimedia/Photo/igphoto/2001459490/。

19. 《合成孔径雷达："全天候侦察"》(Synthetic Aperture Radar: Round the Clock Reconnaissance)，洛克希德·马丁公司，2020年10月1日，https://www.lockheedmartin.com/en-us/news/features/history/sar.html。

20. "巴基"史蒂夫·布涛少将，作者访谈，2023年1月16日和4月4日。帕亚姆·班纳扎德，作者访谈，2023年1月20日和25日。

21. 史蒂夫·布兰克，《为什么精益创业会改变一切》(Why the Lean Start-Up Changes Everything)，《哈佛商业评论》，2013年5月，https://hbr.org/2013/05/why-the-lean-start-up-changes-everything。另请参阅 https://steveblank.com/about/。

22. 史蒂夫·布兰克，"隐藏在眼前：硅谷的秘密历史"，讲座，2008年11月，幻灯片，https://steveblank.com/secret-history/。

23. 史蒂夫·布兰克，《四步创业法》，K&S Ranch出版社，2013年7月，第2版。

24. 文森特·布鲁克斯将军对国防创新委员会的讲话（非机密），韩国首尔，2017年9月8日。

25. 金贞敏（Jeongmin Kim），《首尔官员猜测朝鲜有能力使用"哈马斯战术"袭击韩国》(Seoul Officials Suggest North Korea Capable of 'Hamas Tactics' to Attack South)，NK News，2023年10月11日，https://www.nknews.org/2023/10/seoul-officials-suggest-north-korea-capable-of-hamas-tactics-to-attack-south/。

26. 文森特·布鲁克斯将军对国防创新委员会的讲话（非机密），韩国首尔，2017年9月8日。

27. 大卫·E. 桑格和威廉·布罗德，《硅谷的微小卫星可能有助于追踪朝鲜导弹》，《纽约时报》，2017年7月6日，https://www.nytimes.com/2017/07/06/world/asia/5angle-spy-stellites-north-korea-misiles.html。

28. 《卡佩拉空间公司获得国家侦察局授予的商用雷达合同》(Capella Space Awarded Commercial Radar Contract by National Reconnaissance Office)，卡佩拉空间公司，2022年1月21日，https://www.capellaspace.com/press-releases/capella-space-awarded-commercial-radar-contract-by-national-reconnaissance-office/。

第五章　X局失去X

1　DIU 2017年年度报告和DIU 2018年年度报告。

2　《塔宁获得7.5亿美元的国防部网络安全合同》（Tanium Gets $750 Million DoD Contract for Cybersecurity），Meritalk网站，2017年11月2日，https://www.meritalk.com/articles/tanium-gets-750-million-dod-contract-for-cybersecurity/。

3　关于现代网络战的历史，请参阅大卫·E. 桑格，《完美武器：网络时代的战争、破坏和恐惧》，企鹅兰登书屋，2019年。另请参阅：同名纪录片，HBO电视网，2020，https://www.hbo.com/movies/the-perfect-weapon；理查德·丹齐格，《靠吃毒水果生存：降低美国网络依赖的国家安全风险》，新美国研究中心，2014年7月，https://s3.us-east-1.amazonaws.com/files.cnas.org/documents/cnas_ToxinedFruit_Danzig.pdf。

4　"什么是魅骇魔？"（What Is Mayhem?），Mayhem Security网站，https://www.Mayhem.Security/about。

5　艾略特·阿克曼，《海豹突击队、四旋翼机和在战斗中拯救生命的探索》（A Navy SEAL, a Quadcopter, and a Quest to Save Lives in Combat），《连线》，2020年10月30日，https://www.wired.com/story/shield-ai-quadcopter-military-drone/；克里斯托弗·米姆斯（Christopher Mims）和迈克尔·布彻（Michael Bucher），《机器人的100年》（100 Years of Robots），《华尔街日报》，2021年1月23日，https://www.wsj.com/story/100-year-of-robots-d44df980?mod=e2twd。

6　海耶·凯斯特鲁（Haye Kesteloo），《国防部禁止购买商用现货无人机，包括大疆无人机，立即生效》（Department of Defense Bans the Purchase of Commercial-Over-the-Shelf UAS, Including DJI Drones Effective Immediately），大疆无人机网站，2018年6月7日，https://dronedj.com/2018/06/07/dodepartment-of-defense-Bans-the-Purchase-of-commercial-over-the-shelf-uas-including-dji-drones/。

7　莉莉·海·纽曼（Lily Hay Newman），《军队出于安全考虑停飞大疆无人机》（The Army Grounds Its DJI Drones Over Security Concerns），《连线》，2017年8月7日，https://www.wired.com/story/army-dji-drone-ban/。

8　参见马克·雅各布森，《DIU和侠盗中队》（DIU and Rogue Squadron），markdjacobsen.com，https://markdjacobsen.com/portfolio/rogue-squadron/。另见马克·雅各布森，《为什么简易飞行爆炸装置威胁还几乎没有开始》（Why the Flying IED Threat Has Barely Started），War on the Rocks网站，2016年10月19日，https://warontherocks.

com/2016/10/why-the-flying-ied-threat-has-barely-started/。

9 美国国防部和美国特种作战司令部已公开承认，该软件修复了大疆无人机在美国军用的安全——"该软件已被开发（针对该型号）并实施，以消除大疆Mavic Pro固有的网络安全问题"，https://www.voanews.com/a/usa_us-military-still-buying-chinese-made-drones-despite-spying-concerns/6175967.html。国防部主计长还发布了一份名为RIZER的项目及其预算的非机密摘要，https://comptroller.defense.gov/Portals/45/Documents/defbudget/fy2022/budget_justification/pdfs/03_RDT_and_E/WHS_PB202.pdf。瑞安·比尔，作者访谈，2023年5月1日。

10 瑞安·比尔，作者访谈，2023年5月1日。

11 马克·雅各布森，与作者的通信，2023年7月。

12 有关该应用程序的描述，请参阅马克·雅各布森的网络帖子，https://markdjacobsen.com/portfolio/wicker/。

13 瑞安·比尔，作者访谈，2023年5月1日。

14 马克·雅各布森，作者访谈，2023年4月27日。

15 瑞安·比尔，作者访谈，2023年5月1日。

16 《斯凯迪欧公司——短程侦察》（Skydio, Inc.—Short Range Reconnaissance），DIU，2021年，https://www.diu.mil/solutions/portolio/catalog/a0Tt0000009En3rEAC-a0ht000000AYgy9AAD。

17 《已清除清单：全种类"蓝色无人机"便捷参考指南》（Cleared List：A Quick Reference Guideof All Blue UAS），DIUx，https://www.diu.mil/blue-uas-cleared-list。

18 《马蒂斯部长访问DIUx时的公开媒体》（Media Availability with Secretary Mattis at DIUx），美国国防部，2017年8月10日，https://www.defense.gov/News/Transcripts/Transcript/Article/1275373/media-availability-with-secretary-mattis-at-diux/。另见：塔吉哈·查普莱特·拉尼埃（Tajha Chappllet Lanier），《马蒂斯部长准备"热情拥抱"DIUx》（Secretary Mattis Ready to "Enthusiastically Embrace" DIUx），FedScoop，2017年8月11日，https://fedscoop.com/secretary-mattis-ready-enthusiastically-embrac-diux；汤姆·西蒙尼特（Tom Simonite），《国防部部长马蒂斯展望硅谷的人工智能崛起》（Defense Secretary James Mattis Envies Silicon Valley's AI Ascent），《连线》，2017年8月10日，https://www.wired.com/store/james mattis-artificial-intelligence-diux/。

19 国防部副部长帕特里克·沙纳汉，《国防创新部门的重新设计》，备忘录，

FedScoop 网站，2018年8月3日，https://www.fedscoop.com/wp-content/uploads/sites/2018/08/REDESIGNATION-OF-THE-DEFENSE-INNO VATION-UNIT-OSD009277-18-RES-FINAL.pdf。

20 《侠盗中队从国防创新部门转移到国防数字服务部门》（Rogue Squadron Transitions from Defense Innovation Unit to Defense Digital Service），国防数字服务部门，2020年2月12日，https://www.dds.mil/media/2020-05-rogue-squadron-transitions-from-defense-innovation-unit-to-defense-digital-service。

21 理查德·詹金斯，作者访谈，2023年6月16日。

22 安德鲁·郑（Andrew Jeong），《伊朗继美国海军之后释放在红海扣押的无人艇》（Iran Releases Saildrones Seized in Red Sea after U.S. Navy），《华盛顿邮报》，2022年9月2日，https://www.washingtonpost.com/world/2022/09/02/iran-us-navy-drone-capture/。

23 马克·桑托拉（Marc Santora），《没有军舰的乌克兰如何威胁俄罗斯海军》（How Ukraine, with No Warships, Is Thwarting Russia's Navy），《纽约时报》，2023年11月12日，https://www.nytimes.com/2023/11/12/world/europe/ukraine-Navy-dmiral-black-sea.html。

24 《乔比航空公司和美国政府启动了空中机动革命》（Joby and the US Government Kickstart the Air Mobility Revolution），乔比航空公司，2022年2月8日，https://www.jobyaviation.com/blog/joby-us-government-kickstart-air-mobility-revolution/。

25 乔本·贝维特，作者访谈，2023年6月28日。

26 《乔比航空公司提前向爱德华兹空军基地交付第一架电动垂直起降飞机》（Joby Delivers First eVTOL Aircraft to Edwards Air Force Base Ahead of Schedule），乔比航空公司，2023年9月25日，https://www.jobyaviation.com/news/joby-delivers-first-evtol-edwards/。要了解与历史基准相比，包括SR-71和F-117在几个月、几年而不是几十年内的开发，初级阶段的技术开发是如何官僚化的，请参阅本·R. 里奇和利奥·雅诺斯，《臭鼬工厂回忆录》，利特尔与布朗出版社，1996年。

27 国防部副部长鲍勃·沃克，《建立算法跨功能作战团队（玛文专项）》，2017年4月26日，https://www.govexec.com/media/gbc/docs/pdfs_edit/estabblishment-of-the-awcft-project_maven.pdf。

28 杰克·沙纳汉中将（退役），作者访谈，2023年4月17日。

29 布伦丹·麦科德，作者访谈，2023年5月3日。

30 《戈尔贡凝视大范围运动图像（WAMI）》（Gorgon Stare Wide-Area Motion Imagery (WAMI)），SNC公司，https://www.sncorp.com/capabilities/wide-area-motion-imagery/。另请参阅"戈尔贡凝视"（Gorgon Stare），维基百科，https://en.Wikipedia.org/wiki/Gorgon_Stare。

31 杰克·沙纳汉中将，《软件定义的战争：构建国防部向数字时代的过渡》（Software Defined Warfare：Architecting the DOD's Transition to the Digital Age），战略与国际研究中心，2022年9月7日。

32 凯特·康格和戴尔·卡梅伦（Dell Cameron），《谷歌正在帮助五角大楼为无人机制造人工智能》，Gizmodo，2018年3月6日，https://gizmodo.com/google-is-helping-the-pentagon-build-ai-for-drones-1823464533#:~:text=Google%20has%20partnered%20with%20the, they%20learned%20of%20Google's%20involvement。

33 关于玛文争议的全面描述，请参阅凯德·梅茨，《深度学习革命：从历史到未来》，达顿出版社，2021年。

34 关于抗议运动如何塑造技术和硅谷文化的历史，请参阅约翰·马科夫，《睡鼠说：个人电脑之迷幻往事》，维京出版社，2005年。

35 克里斯托弗·基尔霍夫，《硅谷必须参战》，《纽约时报》专栏文章，2018年5月2日，https://www.nytimes.com/2018/05/02/opinion/siicon-Valley-wangle.html。关于技术和伦理的更深入探索，请参阅：希拉·贾萨诺夫，《发明的伦理：技术与人类未来》，诺顿出版社，2016年；《谦逊的技术：公民参与治理科学》，《密涅瓦》杂志，第41卷，第3期，载于《特刊：对知识新生产的反思》，2003年，第223—244页；"未知世界中的民主"，2022年度霍尔堡奖讲座，2022年6月，https://holbergprize.org/en/news/holberg-prise/2022-holberg-lecture-sheila-jasanoff。当然，当人们考虑如何在战争中应用技术时，也必须认识到在战争中滥用技术的漫长而艰难的历史。参见：约翰·道尔，《战争文化：珍珠港、广岛、"9·11"与伊拉克》，诺顿出版社，2010年；安德鲁·科克伯恩，《杀戮链：高科技刺客的崛起》，亨利·霍尔特出版社，2015年；沙龙·温伯格，《战争狂想者：揭秘美国国防部高级研究计划局》，维塔奇书局，2018年。

36 特洛伊·沃尔弗顿（Troy Wolverton），《温特·瑟夫为谷歌的玛文专项辩护》（Vint Cerf Defended Google's Project Maven），《商业内幕》（Business Insider），2018年12月13日，https://www.businessinsider.com/vin-trf-Defended-googles-Project-Maven-defense-pilot-program-2018-12。

37 国防创新委员会，《人工智能原则：国防部对人工智能伦理使用的建议》，美国国防部，2019年10月31日，https://media.defense.gov/2019/Oct/31/2002204458/-1/-1/0/DIB_AL_pripanciples_PRIMARY_DOCUMENT.PDF。

38　埃里克·洛夫格伦（Eric Lofgren），《美国空军对待SpaceX的方式令人尴尬吗？》（Is it an embarrassment how the US Air Force treated SpaceX?），2020年1月30日，https://acquisitiontalk.com/2020/01/did-spacexs-experience-doing-business-with-the-us-air-force-embarrass-the-service/；《与参谋长联席会议副主席约翰·海顿将军的对话》（A Conversation with General John Hyten, Vice Chairman of the Joint Chiefs of Staf），战略与国际研究中心，2020年1月17日，https://www.cis.org/events/Conversation-General-John-Hyten-subcommittee-Joint-Chiefs-Staff。

39　特雷·斯蒂芬斯，作者访谈，2023年6月20日。

40　情报界的风险投资基金In–Q–Tel是与硅谷合作的时间最长的政府附属机构。它作为政府资助的风险投资项目的独特地位已经得到了广泛的研究，其他具有风险使命的政府实体也是如此。参见：阿塔尔·奥萨马，《华盛顿走向沙丘之路：联邦政府进入风险投资行业的障碍》，研究简报，伍德罗·威尔逊学者中心，2008年1月，https://www.wilsoncenter.org/article/washington-goes-to-sand-hill-road；三个HBS案例研究，乔希·勒纳、凯文·布克、费尔达·哈迪蒙和安·利蒙，"In–Q–Tel"，哈佛商学院案例9–804–146，2003年5月；凯文·R. 科萨，《准政府：具有政府和私营部门法律特征的混合组织》，国会研究服务，2011年6月22日，https://sgp.fas.org/crs/misc/RL30533.pdf。

41　约书亚·布鲁斯坦（Joshua Brustein），《科技界最有争议的初创企业现在制造攻击无人机》（Tech's Most Controversial Startup Now Makes Attack Drones），彭博社，2019年10月3日，https://www.Bloomberg.com/news/features/2019-10-03/tech-s-most-controversial-startup-now-makes-attack-drones。

42　《自主动能打击：Anvil寻找并摧毁敌方无人机》（Autonomous Kinetic Defeat：Anvil Seeks and Destroys Enemy Drones），安杜里尔工业公司，https://www.anduril.com/hardware/anvil/。

43　《自主飞行：未来无人机平台》（Autonomous Flight：Future-Proof UAS Platform），安杜里尔工业公司，https://www.anduril.com/hardware/ghost-autonomous-suas/。

44　《安杜里尔工业公司的莱迪思：一个值得信赖的双重用途——商业和军事——公共安全、安保和国防平台》（Anduril's Lattice：A Trusted DualUse—Commercial and Military—Platform for Public Safety, Security, and Defense），安杜里尔工业公司博客，https://blog.anduril.com/andurils-lattice-a-trusted-dual-use-commercial-andmilitary-platform-for-public-safety-770b83c082e9。

45 托卢瑟·奥洛伦尼帕（Toluser Olorunnipa），《特朗普就无人机、物联网与科技高管会面》（Trump Meets with Tech Executives on Drones, Internet of Things），彭博社，2017年6月21日，https://www.bloomberg.com/news/articles/2017-06-22/trump-to-meet-with-tech-executives-on-drones-internet-of-things?leadSource=uverify%20wall。

第六章　华盛顿与机器的崛起

1 努尔·阿尔-斯拜（Noor Al-Sibai），《OpenAI首席执行官表示高级人工智能可能已经有意识了》（Open AI Chief Says Advanced AI May Already Be Conscious），The Byte，2022年2月13日，https://futurism.com/the-byte/openai-already-sentient。

2 阿斯彭研究所（Aspen Institute），2019年1月31日，https://www.amazon.com/Technology-National-secrity-maintaining-americas/dp/0578427958。

3 丹齐格在《琼斯妈妈》（Mother Jones）杂志的一篇文章中提到了这个比喻。凯文·德拉姆（Kevin Drum），《欢迎，机器人霸主。请不要解雇我们？》（Welcome, Robot Overlords. Please Don't Fire Us?），《琼斯妈妈》，2023年5月/6月，https://www.motherjones.com/media/2013/05/robots-artificial-intelligence-jobs-automation/。

4 克里斯蒂安·布罗斯，《杀戮链：在未来高科技战争中捍卫美国》，阿歇特出版社，2020年。

5 《创新与国家安全：保持优势》，独立工作组第77号报告，外交关系委员会，2019年9月，第36—37页，https://www.cfr.org/report/keeping-our-edge/pdf/TFR_Inition_Strategy.pdf。

6 德国传感器制造商亨索尔特（Hensoldt）辩称，其无源雷达在2018年从柏林航展外的一个小马场检测并跟踪了两架F-35战斗机。参见塞巴斯蒂安·施普伦格（Sebastian Sprenger），《一家德国雷达制造商称其在2018年从小马场追踪到了F-35隐形战斗机》（A German Radar Maker Says It Tracked the F-35 Stealth Fighter in 2018 from a Pony Farm），《商业内幕》，2019年9月30日，https://www.businessinsider.com/german-radar-maker-hensoldt-says-it-tracked-f35-in-2018-2019-9。

7 艾米丽·温斯坦（Emily Weinstein），《不要低估中国"军民融合"的努力》（Don't Underestimate China's Military-Civil Fusion Efforts），《外交政策》，2021年2月5日，https://foreignpolicy.com/2021/02/05/dont-underestimate-chinas-military-

civil-fusion-efforts。

8 克里斯托弗·基尔霍夫，《更平坦的世界：技术如何重塑世界秩序》，载于《世界颠倒了：在危险时代保持美国领导地位》，阿斯彭战略小组论文集，2017年，第93—99页，https://www.aspeninstitute.org/wp-content/uploads/2017/11/FINAL-ASG-World-Upside-Down-FINAL.REV_.pdf。另见克里斯托弗·基尔霍夫，《为新兴技术重塑国家安全机构》，载于《重塑国家安全》，阿斯彭战略小组论文集，2016年，第86—96页。

9 《创新与国家安全：保持我们的优势》，独立工作组第77号报告，外交关系委员会，2019年9月，第46—48页，https://www.cfr.org/report/keeping-our-edge/pdf/TFR_Inition_Strategy.pdf。

10 克里斯托弗·基尔霍夫，《修复国家安全：委员会和政治的灾难与改革》，博士论文，剑桥大学，2010年9月19日，https://www.repository.cam.ac.uk/items/1a2e1953-6494-440c-bcd1-80659b1ec334。

11 乔丹·塔马（Jordan Tama），《恐怖主义和国家安全改革：委员会如何在危机期间推动变革》（Terrorism and National Security Reform: How Commissions Can Drive Change During Crises），剑桥大学出版社，2011年。

12 《联邦调查局在工作：五角大楼高级官员的得力助手》（Feds at Work: Right-hand men to the Pentagon's top officials），《公共服务伙伴关系》（Partnership for Public Service），2016年7月11日，https://medium.com/@RPublicService/feds-at-work-right-hand-men-to-the-pentagons-top-officials-ca99b6c93fbf。

13 《国家人工智能安全委员会举行就职会议》（National Security Commission on Artificial Intelligence Holds Inaugural Meeting），国家人工智能安全委员会，2019年3月12日，https://www.nscai.gov/2019/03/12/National-Security-Commission-authentical-intelligenceholds-inaugural-meetings/。

14 乔丹·塔马和克里斯托弗·基尔霍夫，《是什么让委员会成功——过去委员会的政治学文献的教训》（What Makes Commissions Successful——Lessons from the Political Science Literature on Past Commissions），致国家安全委员会人工智能备忘录，2019年1月11日，https://static1.squarespace.com/static/5a644faef14aa1dadc5db4f1/t/65866c0489358d3cadd85873/170308293046/Tama-Kirchhoff+Memo+for+National+Security+Commission+on+AI.pdf。

15 塞巴斯蒂安·罗布林（Sebastien Roblin），《俄罗斯的Uran–9机器人坦克在叙利亚开战（进展不太顺利）》[（Russia's Uran–9 Robot Tank Went to War in Syria (It

Didn't Go Very Well）],《国家利益》(*National Interest*), 2019年1月6日, https://nationalinterest.org/blog/buzz/russias-uran-9-robot-tank-went-war-Syria-it-didn't-go-very-well-40677。

16　保罗·莫祖尔（Paul Mozur）和裴若思（Jane Perlez），《中国押注美国敏感的初创企业，让五角大楼感到担忧》,《纽约时报》, 2017年4月7日, https://www.nytimes.com/2017/04/07/business/china-defense-start-ups-pentagon-technology.html。

17　《2018年外国投资风险审查现代化法案摘要》(Summary of the Foreign Investment Risk Review Modernization Act of 2018), 美国财政部, https://home.treasury.gov/system/files/206/Summary-of-FIRRMA.pdf。

18　《国防创新部门和PMS–408合作伙伴提前两年为舰队带来先进的水雷探测能力》(Defense Innovation Unit and PMS-408 Partner to Bring Advanced Mine Detection Capability to the Fleet Two Years Ahead of Schedule), 国防创新部门, 2022年4月, https://www.diu.mil/latest/defense-innovation-unit-and-pms-408-partner-to-bring-advanced-mine-detection。

19　斯图·马格努森（Stew Magnuson），《海军扫雷员期待人工智能提高速度，降低风险》(Navy Minesweepers Look to AI to Boost Speed, Reduce Risk),《国防》, 2022年2月9日, https://www.nationaldefensemagazine.org/articles/2022/2/9/navy-minesweepers-look-to-ai-to-boost-speed-reduce-risk。

20　贾里德·邓蒙，作者访谈，2023年4月18日和23日。

21　迈克·布朗，作者访谈，2023年7月7日。

22　本·菲茨杰拉尔德，与作者的通信，2023年1月26日。

23　"中期报告"（Interim Report），美国国家人工智能安全委员会，2019年11月，https://www.nscai.gov/wp-content/uploads/2021/01/NSCAI-Interim-Report-for-Congres_201911.pdf。

24　微软首席执行官萨提亚·纳德拉（Satya Nadella）是前线的有力倡导者，他公开表示："我们做出了一个原则性决定，我们不会为民主国家选举的机构扣留技术，以保护我们享有的自由。"https://www.cnn.com/2019/02/25/tech/augmented-reality-microsoft-us-military/index.html。杰夫·贝索斯同样表示："如果大型科技公司背弃美国国防部，这个国家将陷入困境……这是一个伟大的国家，它确实需要捍卫。"见希瑟·凯利（Heather Kelly），《杰夫·贝索斯：亚马逊将继续与国防部合作》(Jeff Bezos: Amazon will keep working with the DoD), 美国有线电视新闻网商业频道，2018年10月15日，https://www.cnn.com/2018/10/15/

tech/jeff-bezos-wired/index.html。另请参阅玛格丽特·奥马拉,《硅谷无法躲避战争:科技行业的许多人不想成为军工复合体的一部分。但国防工作已经是硅谷DNA的一部分》(Silicon Valley Can't Escape the Business of War: Many in the tech industry don't want to be part of the military-industrial complex. But defense work is already part of Silicon Valley's DNA),《纽约时报》专栏文章,2018年10月26日,https://www.nytimes.com/2018/10/26/opinion/amazon-bezos-pentagon-hq2.html。

25 《NSCAI会议——午餐主题演讲:人工智能、国家安全和公私伙伴关系》(NSCAI Conference—Lunch Keynote: AI, National Security and the Public-Private Partnership),美国国家人工智能安全委员会,2019年11月15日,https://www.youtube.com/watch?v=3OjiUl1Tzj3c。

26 白宫科技政策办公室,《美国人民的人工智能》(Artificial Intelligence for the American People),2019年,https://trumpwhitehouse.archives.gov/ai/executive-order-ai/。

27 克里斯·米勒,《芯片战争:世界上最关键技术的争夺战》,Scribner出版社,2022年。

28 克里斯托弗·基尔霍夫,《埃博拉病毒本应使美国对冠状病毒免疫:华盛顿未能从国家安全委员会的埃博拉报告中学到什么》,《外交事务》,2020年3月28日,https://www.foreignaffairs.com/united-states/ebola-should-have-immunized-united-states-corona-virus。

29 "人工智能分论坛"(Townhall on Artificial Intelligence),慕尼黑安全论坛,2020年2月2日,https://securityconference.org/en/medialibrary/asset/townhall-on-certificate-intelligence-20200215-1600/。

30 《回顾未来:平台技术的战略错误管理和未来竞赛》(Looking Back to Go Forward: Strategic Mismanagement of Platform Technologies and the Race for the Future),德国马歇尔基金会(German Marshall Fund),总统过渡时期保障民主文件联盟(Alliance for Securing Democracy Papers for the Presidential Transition),2020年7月22日,https://securingdemocracy.gmfus.org/Looking-Back-to-Go-Forward-Strategic-mismanagement-of-platform-technologies-and-the-race-for-the-future/。

31 埃里克·施密特等人,《不对称竞争:中国与技术的战略》(Asymmetric Competition: A Strategy for China & Technology),2020年10月,http://industrialpolicy.us/resources/SpecificIndustries/IT/final-memo-china-strategy-group-

axios-1.pdf。

32 首席数字和人工智能办公室（CDAO），《国防部部长建立战略资本办公室》（Secretary of Defense Establishes Office of Strategic Capital），新闻稿，美国国防部，2022年12月1日。

33 美国国防部战略资本办公室，https://www.cto.mil/osc/。

34 杰森·巴尼特（Jason Barnett），《前首席财务官指控DIU的迈克·布朗推动了"不道德"的合同和招聘》（DIU's Mike Brown Pushed "Unethical" Contracting and Hiring, Former CFO Alleges），FedScoop，2021年4月29日，https://fedscoop.com/mike-brown-diu-ig-investiation-unethical-contracting-former-cfo-says/。

35 乔·古尔德（Joe Gould），《拜登提名的五角大楼武器局长退出》（Biden's Nominee for Pentagon Weapons Chief Withdraws），"国防新闻"网站（Defense News），2021年7月14日，https://www.defensenews.com/congress/2021/07/14/bidens-nomine-for-to-dod-weappons-chief-withdraws/。

36 考特尼·奥尔本（Courtney Albon），《监察长澄清前DIU总监的道德指控》（Inspector General Clears Former DIU Chief of Ethics Allegations），"国防新闻"网站，2022年9月13日，https://www.defensenews.com/pentagon/2022/09/13/inspector--general-clears-former-diu-chief-of-ethics-allegations//。

37 "调查报告：前国防创新部门主任迈克·布朗"（Report of Investigation：Mr. Michael A.Brown Former Director Defense Innovation），国防部监察长，2022年9月9日，https://media.defense.gov/2023/Jan/05/2003140631/-1/-'20201102-067934-CASE-01.PDF。

38 《美国国家人工智能安全委员会最终报告》，2023年3月，https://www.nscai.gov/wp-content/uploads/2021/03/Full-Report-Digital-1.pdf。

39 "全球新兴技术峰会"（Global Emerging Technology Summit），美国国家人工智能安全委员会，2021年7月13日，https://www.nscai.gov/all-events/summit/。

40 克里斯·米勒，《芯片战争：世界最关键技术的争夺战》，Scribner出版社，2022年。

第七章　风险资本参战

1 大卫·梅里尔，作者访谈，2023年5月1日。

2 《埃尔罗伊航空公司推出其"查帕拉尔"，这是同类飞机中第一架自动、混合动力电动运货飞机》(Elroy Air Unveils Its Chaparral, a First-of-Its-kind, Autonomous, Hybrid-Electric VTOL Cargo Aircraft)，埃尔罗伊航空公司，2022年1月26日，https://elroyair.com/company/news/press-releases/chaparral-autonomous-vtol-unveil/。

3. 拉杰·M. 沙阿，"拉杰·M. 沙阿先生的证词，美国众议院军事委员会未来国防特别工作组"》，听证会标题："为创新基地充电"，2020年2月5日，https://www.congress.gov/116/meeting/house/110475/witnesses/HMTG-116-AS00-Wstate-ShahR-20200205.pdf。

4. 国防部，《国防工业基地内的竞争状况》，负责采购和维持的国防部副部长办公室，2022年2月，第25页，https://media.defense.gov/2022/Feb/15/2002939087/-1/-1/1/STATE-OF-COMPETITION-WITHIN-THE-DEFENSE-INDUSTRIAL-BASE.PDF。

5. 《盾牌资本关闭1.86亿美元的初始风险投资基金》(Shield Capital Closes $186 Million Inaugural Venture Capital Fund)，盾牌资本，2023年10月16日，https://shieldcap.com/announcements/Shield-Capital-Closes-186-million-inaugural-venture-capital-fund#:~:text=Shield%20Capital%20announced%20the%20final，of%20institution%20and%20private%20investors。

6. 玛丽娜·特姆金（Marina Temkin），《评估国防科技的繁荣》(Sizing Up the Boom in Defense Tech)，2023年11月3日，PitchBook，https://pitchbook.com/news/articles/defense-tech-boom-ukraine-china-Israel。另见克里斯特尔·胡（Krystal Hu），《2022年风险投资330亿美元投资国防科技》(VCs Invest $33b in Defense Tech in 2022)，路透社，2023年6月16日。

7. 彼得·范多尔（Peter Vandor），《研究：为什么移民更有可能成为企业家》(Research：Why Immigrants Are More Likely to Become Entrepreneurs)，《哈佛商业评论》，2021年8月4日，https://hbr.org/2021/08/why-immigrants-are-more-likely-to-become-entrepreneurs。

8. 埃里克·利普顿（Eric Lipton），《旋转门的新旋转：五角大楼官员转变为风险资本家：退休官员和即将离任的国防官员正涌向投资公司，这些公司正在推动政府向国防技术初创公司提供更多资金》(New Spin on a Revolving Door：Pentagon Officials Turned Venture Capitalists：Retired officers and departing defense officials are flocking to investment firms that are pushing the government to provide more money to defense-technology startups)，《纽约时报》，2023年12月20日，https://www.nytimes.com/2023/12/30/us/politics/Pentagon-Venture-Capitalists.html?smid=nytcore-

ios-share&referringSource=articleShare。埃里克·利普顿,《五角大楼风险投资之路:以下是从五角大楼和其他政府职位跳槽到支持国防技术初创公司的风险投资家工作的人员名单》(The Pentagon Road to Venture Capital:Here is a list of people who have jumped from the Pentagon and other government posts into jobs with venture capitalists that are backing defense technology startups),《纽约时报》,2023年12月20日,https://www.nytimes.com/2023/12/30/us/politics/the-pentagon-road-to-venture-capital.html?action=click&podule=RelatedLinks&pgtype=Article。

第八章 乌克兰与未来战场

1　卡佩拉空间公司的卫星实时观测到了这一情况,请参阅capellaspace.com和https://www.capellaspace.com/press-releases/capella-space-awarded-commercial-radar-contract-by-national-reconnaissance-office。

2　迈克·布朗,作者访谈,2023年7月7日。

3　"2022年2月24日俄罗斯–乌克兰新闻"(February 24, 2022 Russia-Ukraine news),美国有线电视国际网,2022年2月25日,https://edition.cnn.com/europe/live-news-ukraine-russia-news-02-24-22-intl/index.html。

4　帕亚姆·班纳扎德,作者访谈,2023年1月20日和25日。

5　斯蒂芬·维特(Stephen Witt),《影响力武器:一架新的无人机改变了战争的本质,使土耳其崛起》(Weapons of Influence: A New Drone Has Changed the Nature of Warfare and Enabled Turkey's Rise),《纽约客》(New Yorker),2022年5月16日,https://www.newyorker.com/magazine/2022/05/16/the-turkish-drone-that-changed-the-nature-of-warfare。

6　娜塔莎·贝尔特兰德(Natasha Bertrand),《拜登特别工作组调查美国技术如何最终用于伊朗对乌克兰的攻击无人机》(Biden task force investigating how US tech ends up in Iranian attack drones used against Ukraine),美国有线电视新闻网,2022年12月21日,https://www.cnn.com/2022/12/21/politics/iranian-drones-russia-biden-task-force-us-tech-Ukraine/index.html。

7　玛丽娜·特姆金,"商业计划书"(PitchBook),2022年10月26日,截至2022年10月13日的数据。

8　希瑟·萨默维尔(Heather Somerville),《乌克兰对中国无人机发出警报,向美国初创企业开放天空》(Ukraine Sounds Alarm on Chinese Drones, Opening Skies to U.S. Startups),《华尔街日报》，2022年4月22日，https://www.wsj.com/articles/Ukraine-Sounds-arm-on-Chinese-Drones-Opening-Skies-to-U-startup-11650619800。

9 《乌克兰将从美国获得泰坦反无人机系统》(Ukraine will receive Titan counter-UAV systems from the USA)，乌克兰国防部新闻稿，https://mil.in.ua/en/news/ukraine-will-receive-titan-counter-uav-systems-from-the-usa。

10 大卫·伊格纳修斯（David Ignatius),《算法如何颠覆乌克兰的平衡》(How the Algorithm Tipped the Balance in Ukraine)，《华盛顿邮报》，2022年12月19日，https://www.washingtonpost.com/views/2022/12/19/palantir-algorithm-data-ukraine-war/。

11 马克·沙利文,《硅谷想为美国战争机器提供动力》,《快公司》，2021年11月1日。

12 拉塞尔·米切尔（Russ Mitchell),《亚马逊如何将乌克兰的"政府""放在盒子里"——并从俄罗斯手中拯救其经济》(How Amazon Put Ukraine's "Government in a Box" —and Saved Its Economy from Russia),《洛杉矶时报》，2022年12月15日，https://www.latimes.com/businessstory/2022-12-15/amazon/amazon-ukrain-war-cloud-data/。

13 布拉德·史密斯（Brad Smith),《保卫乌克兰：网络战的早期教训》(Defending Ukraine: Early Lessons from the Cyber War)，微软博客，2022年6月22日，https://blogs.microsoft.com/on-the-issues/2022/06/22-and-defecting-ukraine-early-classes-from-the-cyber-war/；劳伦·纳尼奇（Lauren Naniche）、贾弗·艾哈迈德（Jafer Ahmad）和乔·王（Joe Wang),《从乌克兰吸取的教训：保护国家的数字自由免受外部侵略》(Lessons Learned from Ukraine: Protecting Nations' Digital Freedom from External Aggression)，特别竞争研究项目，2022年12月16日，https://scsp222.substack.com/p/lessons-learned-from-ukraine-protecting。

14 贾里德·邓蒙，作者访谈，2023年4月18日和23日。

15 贾里德·邓蒙，作者访谈，2023年4月18日和23日。

16 贾里德·邓蒙，作者访谈，2023年4月18日和23日。

17 特别竞争研究项目,《乌克兰战争技术教训》(Ukraine War Tech Lessons)，2023年6月28日，https://scsp222.substack.com/p/ukraine-war-tech-lessons。

18 帕尔默·拉奇，作者访谈，2023年7月26日。

19 《游戏规则的改变者：俄乌战争对地面战争未来的影响》(Game-Changers: Implications of the Russo-Ukraine War for the Future of Ground Warfare)，大西洋

理事会（Atlantic Council），2023年4月，https://www.atlanticcouncil.org/wp-content/uploads/2023/04/Game-Changers-or-little-Change-Lessons-for-Land-War-in-Ukraine.pdf。另见特别竞争研究项目，《乌克兰战争技术教训》，2023年6月28日，https://scsp222.substack.com/p/ukraine-war-tech-lessons。

20 埃里克·施密特，《乌克兰之行报告》，特别竞争研究项目，2022年9月，https://scsp222.substack.com/p/the-first-networked-war-eric-schmidts。

21 埃里克·施密特，《乌克兰战争的未来：无人机沼泽》（The Future of War Has Come in Ukraine：Drone Swarms），《华尔街日报》专栏文章，2023年7月7日，https://www.wsj.com/articles/the-future-of-war-has-come-in-ukraine-drone-shams-kamikaze-kyiv-31dd19d7。

22 杰克·沃特林（Jack Watling）和尼克·雷诺兹（Nick Reynolds），《米特格林德尔：俄乌冲突第二年的战术》（Meatgrinder：Russian Tactics in the Second Year of Its Invasion of Ukraine），英国皇家联合军种国防与安全研究所（Royal United Services Institute for Defense and Security Studies），2023年5月19日，https://static.rusi.org/403-SR-Russian-Tactics-web-final.pdf。

23 亚历克斯·霍顿（Alex Horton），《俄罗斯测试秘密武器以瞄准Spacex在乌克兰的星链》（Russia Tests Secretive Weapon to Target Spacex's Starlink in Ukraine），《华盛顿邮报》，2023年4月18日，https://www.washingtonpost.com/national-security/2023/04/18/discord-leaks-starlink-ukraine/。

24 埃里克·施密特，《乌克兰之行报告》，特别竞争研究项目，2022年9月，https://scsp222.substack.com/p/the-first-networked-war-eric-schmidts。

25 埃里克·利普顿，《初创企业将硅谷民族带到伐木军工复合体》（Start-Ups Bring Silicon Valley Ethos to a Lumbering Military-Industrial Complex），《纽约时报》，2023年5月21日，https://www.nytimes.com/2023/05/21/us/policys/start-ups-weappons-pentagon-procurement.html。

26 斯蒂芬·比德尔将20世纪经典陆战消耗的历史连续性与乌克兰正在发生的事情进行了引人入胜的重要比较。斯蒂芬·比德尔，《回到战壕：为什么新技术没有革命乌克兰的战争》，《外交事务》，2023年9—10月，https://www.foreignaffairs.com/ukraine/back-trenches-technology-warfare。

27 瓦莱丽·因辛纳（Valerie Insinna），《拉普兰特抨击硅谷"科技兄弟"，呼吁增加乌克兰的军火产量》（LaPlante Pokes Silicon Valley "Tech Bros," Calls for Increased Munitions Production for Ukraine），《突破防御》（Breaking Defense），2022年11月

8日。拉普兰特的完整评论可在 Acquisition Talk 播客"比尔·拉普兰特，用美元将武器投入生产"上获得，2022年11月10日，https://acquisitentalk.com/2022/11/podcast-Getting-Weappons-in-Production-with-usd-as-bill-laplante/。

28 美国前首席技术官尼克·西亚尼（Nick Siani）对拉普兰特进行了有力的反驳，称"商业技术在当前的冲突中很重要，在最近的任何战斗中也是如此……我谦卑地建议拉普兰特博士，如果商业技术在国防部内部推广不够快，那正是因为国防部没有专注于推广商业技术。他作为国防部的首席采购执行官，这正好是他的职责"。尼克·西亚尼，《为数字时代打造国防工业基地》（Forging the Defense Industrial Base for the Digital Age），Defense Scoop 网站专栏，2022年12月1日，https:// defensescoop.com/2022/12/01/forging-the-defense-industrial-base-for-the-digital-age/。

29 对乌克兰和五角大楼创新历史的分析，以及第8章和第9章中的几段文字，摘自克里斯托弗·基尔霍夫的《国防创新安魂曲？乌克兰、五角大楼的创新者困境，以及为什么美国冒着战略意外的风险》，载于由迈克尔·J. 博斯金、约翰·N. 拉德和基兰·斯里达编辑的《为更安全的世界制定国防预算：专家演讲》，加利福尼亚州斯坦福大学：胡佛研究所出版社，2023年，第219—248页。

30 克里斯托弗·基尔霍夫，《国防创新安魂曲？乌克兰、五角大楼的创新者困境，以及为什么美国冒着战略意外的风险》，载于由迈克尔·J. 博斯金、约翰·N. 拉德和基兰·斯里达编辑的《为更安全的世界制定国防预算：专家演讲》，加利福尼亚州斯坦福大学：胡佛研究所出版社，2023年，第219—248页，https://static1.squarespace.com/static/5a644faef14aa1dadc5db4f1/t/65788b081dd2036095820802/1702398730938/Requiem_for_Defense_Inovation.pdf。

31 《美国国防部OTA支出，2016—2023年》（Department of Defense OTA spent, 2016—2023），GovWinIQ 的数据，该数据合并了截至2023年12月的联邦采购数据，https://iq.govwin.com/neo/home。另请参阅乔恩·哈珀，《2021为OTA带来了又一个辉煌的一年》（2021 Brought Another Banner Year for OTAs），《国防》专刊，2021年2月3日，https://www.nationaldefensemagazine.org/articles/2022/2/3/2021-brought-another-banner-year-for-otas。

32 见海军陆战队第38任司令，《司令官规划指南》，2019年7月16日；美国海军部，《2030年部队设计》，美国海军陆战队，2020年3月。

33 W. J. 亨尼根（W. J. Hennigan），《独家报道：美军新型隐形轰炸机的制造》（Exclusive: The Making of the US Military's New Stealth Bomber），《时代》（Time），

2022年12月3日，https://time.com/6238168/b-21-raider-Bomber-US-Military-Exclusive/。

34　B–21战略轰炸机的高单价成本导致专注于军事的讽刺博客"达弗尔"（Duffel）发表了一篇题为《B–21核轰炸国防部预算》的文章。其关键的杜撰出现在第三段。诺斯罗普·格鲁曼公司首席执行官凯西·沃登（Kathy Warden）说："当我们谈论低可观察性时，它低到了令人难以置信的程度。你会听到，但你真的不会看到它吞噬国防预算，直到为时已晚。"《B–21核轰炸国防部预算》，达弗尔博客，2022年12月9日，https://www.duffelblog.com/p/pentagon-debuts-new-stealth-budget。

第九章　从钢铁到硅

1　"前国防部部长阿什顿·卡特纪念仪式"（Memorial Service for Former Defense Secretary Ashton Carter），C-SPAN，2023年1月12日，https://www.c-span.org/video/?525318-1/memorial-service-defense-secretary-ashton-carter。

2　在卡特去世后的几天里，卡特的两名前工作人员和埃里克·施密特都写下了感人的悼念文章，充分展现了他个性的力量和深度。参见马特·斯彭斯，《阿什顿·卡特的持久遗产：前国防部部长留下了更牢固的五角大楼与硅谷的关系》，Defense One网站，2022年10月26日，https://www.defenseone.com/ideas/2022/10/ash-carters lasting-legacy/378954/；乔纳森·赖伯，《阿什顿·卡特教给我的》，博客文章，Attack IQ网站，2022年10月31日，https://www.attackiq.com/2022/10/31/the-lessons-ash-carter-taught-me/；埃里克·施密特，《纪念阿什顿·卡特：改变五角大楼、硅谷和我们国家轨迹的创新国防部部长》，特别竞争研究项目，2023年1月26日，https://scsp222.substack.com/p/remembering-ash-cater。

3　拜登总统在白宫阿什顿·卡特纪念馆的讲话，2023年1月12日，https://www.whitehouse.gov/briefing-room/speeches-remarks/2023/01/12/remarks-by-president-biden-at-a-memorial-service-for-secretary-ash-carter/?stream=top。

4　克里斯托弗·基尔霍夫，《国防创新的安魂曲？乌克兰，五角大楼的创新者的困境，以及为什么美国冒战略意外的风险》，载于由迈克尔·J. 博斯金、约翰·N. 拉德和基兰·斯里达编辑的《为更安全的世界制定国防预算：专家演讲》，迈克尔·J. 博斯金、约翰·N. 拉德和基兰·斯里达编辑，加利福尼亚州斯坦福大学：胡佛研究所出版社，2023年，第219—248页，https://static1.squarespace.com/

static/5a644faef14aa1dadc5db4f1/t/65788b081dd2036095820802/1702398730938/Requiem_for_Defense_Inovation.pdf。

5 国防部首席技术官办公室的《关键技术》(Critical Technologies);《竞争时代的技术愿景》(Technology Vision for an Era of Competition),徐若冰的备忘录,2022年2月1日;《国防部宣布首批项目将从加速创新技术采购和部署试点项目(APFIT)中获得资金》[DoD Announces First Set of Projects to Receive Funding from the Pilot Program to Accelerate the Procurement and Fielding of Innovative Technologies (APFIT)],国防部新闻稿,2022年7月19日。

6 马克·索恩伯里,《我们能言出必行吗》(Can We Buy Like We Talk),迈克尔·J.博斯金、约翰·N.拉德和基兰·斯里达编辑,胡佛研究所出版社,加利福尼亚州斯坦福,2023年,第471—486页。请注意,索恩伯里在其文章的最终版本中删除了他在斯坦福大学提交的工作草案中引用的《甜心先生》的话。

7 亚当·萨塔里亚诺(Adam Satariano)等人,《埃隆·马斯克无与伦比的明星力量:这位科技亿万富翁已经成为卫星互联网技术的主导力量。他发挥影响力的方式正在引起全球的警觉》(Elon Musk's Unmatched Power in the Stars:The tech billionaire has become the dominant power in satellite internet technology. The ways he is wielding that influence are raising global alarms),《纽约时报》,2023年6月28日,https://www.nytimes.com/interactive/2023/07/28/business/starlink.html。

8 维多利亚·金(Victoria Kim),《埃隆·马斯克承认拒绝向乌克兰提供卫星服务:由马斯克的火箭公司SpaceX运营的星链卫星互联网服务一直是乌克兰士兵和百姓的数字生命线》(Elon Musk Acknowledges Withholding Satellite Service to Thwart Ukrainian Attack:The Starlink satellite internet service, which is operated by Mr. Musk's rocket company SpaceX, has been a digital lifeline for soldiers and civilians in Ukraine),《纽约时报》,2023年9月8日,https://www.nytimes.com/2023/09/08/world/europe/elon-musk-starlink-ukraine.html。

9 威廉·布罗德和阿伊纳拉·蒂芬塔勒(Ainara Tiefenthäler),https://www.nytimes.com/2018/03/02/world/europe/putin-weappons-video-analysis.html。

10 大卫·E.桑格,https://www.nytimes.com/2024/02/21/world/europe/us-russia-nuclear-weappon-space.html。

11 《科学与技术聚光灯:量子技术》(Science & Tech Spotlight:Quantum Technologies),美国政府责任署(U.S. Government Accountability Office),2020年5月28日,https://www.gao.gov/products/gao-20-527sp。

12 《国防部部长劳埃德·奥斯汀宣布国防创新部门新任主任》,新闻稿,国防部,2023年4月4日,https://www.defense.gov/News/Releases/Release/Article/3351281/secretary-of-defense-lloyd-j-austin-iii-announces-new-director-of-the-defense-i/;国防部副部长,《五角大楼高级领导备忘录》(Memorandum for Senior Pentagon Leadership),2023年4月4日,https://media.defense.gov/2023/Apr/04/2003192904/-1/-1/1/REALIGNMENT-AND-MANAGEMENT-OF-THE-DEFENSE-INNOVATION-UNIT.PDF。

13 "创新组织"(Innovation Organizations),美国国防部,https://www.ctoinnovation.mil/innovation-organizations。

14 空军部部长弗兰克·肯德尔于2023年6月30日在阿什顿·卡特论坛发表的讲话,https://www.buzzsprout.com/2212972/113138615-the-honorable-frank-kendall。

15 埃里克·利普顿,《人工智能将机器人空军带入空战》(A.I. Brings the Robot Wingman to Aerial Combat),《纽约时报》,2023年8月27日,https://www.nytimes.com/2023/08/27/us/policys/ai-air-force.html。

16 参谋长联席会议主席马克·A.米利将军的讲话,卡特论坛,2023年6月30日,https://www.bzzsprout.com/2212972/113138567-general-mark-a-milley。

17 美国国会,第913节"国防创新部门法典编纂",2024财年《国防授权法案》,H.R.2670,第230—233页,于2023年12月14日通过,https://www.congress.gov/118/bills/hr2670/BILLS-118hr2670enr.pdf。

18 卡洛塔·加尔(Carlotta Gall),《双方都为被占领的乌克兰城市付出了血腥的代价》(Both Sides Pay a Bloody Price for Coveted Ukrainian City),《纽约时报》,2023年10月30日,https://www.nytimes.com/2023/10/30/world/europe/ukraine-avdiivka.html。

19 《国防部主办乌克兰和华沙无人机系统未来论坛》(DIU Hosts Ukraine and the Future of Unmanned Aerial Systems Forum in Warsaw),国防创新部门,2023年10月30日,https://www.diu.mil/latest/diu-hosts-ukraine-and-the-future-of-unmanned-aerial-systems-forum-in-warsaw;"Brave 1 Linkedin Post",https://www.linkedin.com/posts/brave1ukraine_brave1-defensetech-ugcPost-7125146625102032896-jr7x?utm_source=share&utm_medium=member_desktop。

20 克里斯·米勒,《芯片战争:世界最关键技术的争夺战》,Scribner出版社,2022年,第3页。

21 科林·德梅雷斯特(Colin Demarest)和戴维斯·温基(Davis Winkie),《美

国陆军向18万多名技术人员推出谷歌协作套件》（US Army Rolls Out Google Collaboration Suite to 180000-Plus Personnel），C4ISNET，https://www.c4isrnet.com/battlefield-tech/it-networks/2023/01/13/us-army-rolls-out-google-collaboration-suit-to-180000-plus-per-sonnell/。

22　联邦登记处，"国防部联邦采购条例补充：修改国防部执行某些原型项目的权力"，2023年DFARS案例D006，2023年5月25日，https://www.federalregister.gov/docuements/2023/05/20223-11140/defense-federal-acquisition-regulation-supplement-modification-of-authority-of-the-department-of。

23　关于这一重要时刻的历史性描述，请参阅亚历克斯·卡普，《我们的奥本海默时刻：人工智能武器的创造》，《纽约时报》，2023年7月20日，https://www.nytimes.com/2023/07/25/opinion/karp-palantir-artificial-intelligence.html。

24　《国防部宣布成立生成式人工智能特遣部队》（DOD Announces Establishment of Generative AI Task Force），美国国防部，2023年8月10日，https://www.defense.gov/News/Releases/Release/Article/3489803/dod-announces-establishment-of-generative-ai-task-force/；《欢迎来到利马特遣部队》（Welcome to Task Force Lima），美国国防部，https://www.dds.mil/taskforcelima。

25　《美国国防部将在其欧洲司令部和印太司令部建立人工智能战斗实验室》（DOD to Establish AI Battle Labs in EUCOM, INDOPACOM），美国国防部，2023年9月27日，https://www.defense.gov/News/Releases/Release/Article/3540283/dod-to-establish-ai-battle-labs-in-eucom-indopacom/。

26　《国防部副部长凯瑟琳·希克斯主题演讲："创新的紧迫性"（已发表）》[Deputy Secretary of Defense Kathleen Hicks Keynote Address："The Urgency to Innovate" (As Delivered)]，美国国防部，2023年8月28日，https://www.defense.gov/News/Speeches/speech/article/3507156/deputy-secretary-of-defense-kathleen-hicks-keynote-address-the-urgence-to-innov。

27　埃里克·利普顿，https://www.nytimes.com/2023/08/28/us/politics/vangle-drones-china.html。

28　《国防部部长访问国防创新实验部门并接待AUKUS部长》，国防部部长照片流，2023年12月1日，https://www.flickr.com/photos/secdef/albums/72177720313099274/；《宣读国防部副部长凯瑟琳·希克斯对加利福尼亚州硅谷的访问》，新闻稿，2023年12月12日，https://www.defense.gov/News/Releases/Release/Article/3615717/readout-of-deputy-secretary-of-defense-Kathleen-kicks-visit-to-silicon-valley-c/。

29 洛丽塔·巴尔多（Lolita Baldor），《五角大楼缔结与澳大利亚、英国的新高科技协议》（Pentagon Forges New High-Tech Agreement with Australia, United Kingdom），美联社，2023年12月1日，https://www.whec.com/national-world/pentagon-forges-new-high-tech-agreement-with-australia-united-kingdom-aimed-at-countering-china/；《宣读国防部部长劳埃德·奥斯汀与澳大利亚副总理兼国防部部长理查德·马尔斯的会晤》（Readout of Secretary of Defense Lloyd J. Austin III Meeting with Australian Deputy Prime Minister and Minister for Defense Richard Marles），新闻稿，国防部，2023年12月1日，https://www.defense.gov/News/Releases/Release/Article/3604612/readout-of-secretary-of-defense-lloyd-j-austin-iii-meeting-with-australian-depu/。

30 马特·伯格（Matt Berg），《"组织混乱"：立法者，工业界撕裂五角大楼的无人机计划：批评者说他们想要更多关于国防部复制计划的细节——包括他们计划如何支付》（"Disorganized and Confusing"：Lawmakers, Industry Rip Pentagon Plans for Drones：Critics Say They Want More Specifics on DOD's Replicator Program—Including How They Plan to Pay for It），《政客》，2023年12月17日，https://www.politico.com/news/2023/12/17/pentagon-drones-replicator-program-funding-001-3-2092。

31 克里斯蒂安·布罗斯，领英帖子，2023年12月18日，https://www.linkedin.com/posts/christian-brose-50b026ab_disorganized-confusing-lawmakers-activity-7142570868 1048735744-kXfw/。

32 朱利安·巴恩斯（Julian Barnes）和克里斯托夫·科特尔（Christoph Koettl），《美国说，伊朗帮助俄罗斯制造的无人机工厂明年可能投入运营》（A Drone Factory That Iran Is Helping Russia Build Could Be Operational Next Year, the U.S. Says），《纽约时报》，2023年6月9日，https://www.nytimes.com/2023/06/09/world/europe/Iran-Russia-Drone-Factory.html。

33 道尔顿·贝内特（Dalton Bennett）和玛丽·伊利尤希娜（Mary Ilyushina），《俄罗斯在伊朗帮助下制造6000架攻击无人机的努力内幕》（Inside the Russian Effort to Build 6,000 Attack Drones with Iran's Help），《华盛顿邮报》，2023年8月17日，https://www.washingtonpost.com/investigations/2023/08/17/russia-iran-drone-shahed-alabuga/。

34 阿里克·托勒（Aric Toler），《哈马斯如何袭击以色列的通信塔》（How Hamas Attacked Israel's Communications Towers），《纽约时报》，2023年10月10日，https://

www.nytimes.com/2023/10/10/world/middleeast/hamas-israel-attack-gaza.html?smid=url-share。

35 考特尼·库贝（Courtney Kube）和莫谢·盖恩斯（Mosheh Gains），《无人机袭击美国基地导致20多名美国军事人员受伤》（Drone Attacks on American Bases Injured Two Dozen U.S. Military Personnel），NBC新闻，2023年10月24日，https://www.nbcnews.com/politics/national-security/drone-attacks-american-bases-injured-two-dozen-us-military-personnel-rcna121961。

36 埃里克·施密特和海伦·库珀（Helene Cooper），《美国在一轮报复中打击叙利亚境内与伊朗有关的设施》（U.S. Strikes Iran-Linked Facility in Syria in Round of Retaliation），《纽约时报》，2023年11月8日，https://www.nytimes.com/2023/11/08/us/politics/us-iran-airstrikes.html?smid=url-share；埃里克·施密特，《美国对与伊朗有关的目标进行另一轮空袭》（U.S. Carries Out Another Round of Airstrikes on Targets Tied to Iran），《纽约时报》，2023年11月12日，https://www.nytimes.com/2023/11/12/us/politics/us-airstrikes-syria.html。

37 梅根·迈尔斯（Meghan Myers），《自10月以来，驻伊拉克和叙利亚的美军遭受了100多起袭击》（US Troops in Iraq and Syria Have Faced Over 100 Attacks since October），《军事时报》（Military Times），2023年12月21日，https://www.militarytimes.com/news/your-military/2023/12/21/us-troops-in-iraq-and-Syria-have-faced-over-100-attacks-since-october/#。

38 海伦·库珀，《五角大楼表示：美国海军驱逐舰在红海击落三架无人机；五角大楼一名官员说美国海军卡尼号附近的几艘商船周日遭到袭击，美国中央司令部称这些袭击来自伊朗支持的也门胡塞武装》（U.S. Navy Destroyer Shoots Down Three Drones in Red Sea：Pentagon says a Pentagon official said the U.S.S. Carney shot down the drones as several commercial ships nearby came under fire on Sunday, in attacks that U.S. Central Command said came from Iran-backed Yemeni Houthis），《纽约时报》，2023年12月3日，https://www.nytimes.com/2023/12/03/world/middleeast/navy-red-sea-attack-pentagon.html；劳拉·塞利格曼（Laura Seligman）和马特·伯格，《价值200万美元的导弹与价值2000美元的无人机：五角大楼担心胡塞武装袭击的成本》（A $2M Missile vs. a $2,000 Drone：Pentagon Worried over Cost of Houthi Attacks），《政客》，2023年12月19日，https://www.politico.com/news/2023/12/19/missile-drone-pentagon-houthi-attacks-ran-00132480；贝努瓦·福孔（Benoir Faucon）、多克·利伯（Doc Lieber）和戈登·卢布（Gordon

Luboud),《伊朗间谍船帮助胡塞武装指挥袭击红海船只:援助增加了以色列和美国对也门胡赛武装采取行动的压力》(Iranian Spy Ship Helps Houthis Direct Attacks on Red Sea Vessels: Assistance raises pressure on Israel and the U.S. to take action against the Yemen-based rebels),《华尔街日报》,2023年12月22日,https://www.wsj.com/world/middle-east/iranian-spy-ship-helps-houthis-direct-attacks-on-red-sea-vessels-d6f7fd40。

39 沙里克·汗(Shariq Khan),《红海航运担忧贸易不正常,油价上涨1%》(Oil Rises 1% as Red Sea Shipping Concerns Unnerve Traders),路透社,2023年12月19日,https://www.reuters.com/markets/commodities/oil-prices-extend-gains-red-sea-attacks-derupt-supply-chains-2023-12-19/。

40 本·沃森(Ben Watson),《映射:美国的集体防御协议》(Mapped: America's Collective Defense Agreements),Defense One网站,2017年2月3日,https://www.defenseone.com/ideas/2017/02/mapped-americas-collective-defense-agreements/135114/。

41 埃里克·施密特,《创新力量:为什么技术将定义地缘政治的未来》,《外交事务》,2023年3—4月,https://www.foreignaffairs.com/united-states/eric-schmidt-innovation-power-technology-geopolitics。

42 参见"关于我们",关于规划、流程、预算编制和执行改革的委员会,https://ppbereform.senate.gov。关于第二次世界大战以来国防预算的历史概述,参阅马克·B.威尔逊(Mark B. Wilson),《美国国防预算改革:历史视角(1940—2020年)》,载于由迈克尔·J.博斯金、约翰·N.拉德和基兰·斯里达编辑的《为更安全的世界制定国防预算:专家演讲》,加利福尼亚州斯坦福大学:胡佛研究所出版社,2023年,第393—428页。

43 迈克·布朗,《国防预算:无法识别的国家安全威胁》(Defense Budgeting: The Unrecognized National Security Threat),载于由迈克尔·J.博斯金、约翰·N.拉德和基兰·斯里达编辑的《为更安全的世界制定国防预算:专家演讲》,胡佛研究所出版社,2023年,第249—264页。

44 哈维·M.萨波尔斯基、尤金·戈尔兹和凯特琳·塔尔梅奇,《美国安全政策溯源》,第4版,罗德里奇出版社,2020年12月。另见:迈克尔·C.霍洛维茨,《军事力量的扩散:国际政治的原因和后果》,普林斯顿大学出版社,2010年;史蒂文·罗森,《打赢下一场战争:创新与现代军事》,康奈尔大学出版社,1994年。

45 关于军事服务文化与威胁基本认知的技术进步之间的紧张关系的引人入胜的探索,参阅杰奎琳·施耐德,《投资新兴技术:无人系统的教训》,载于由迈克尔·J. 博斯金、约翰·N. 拉德和基兰·斯里达编辑的《为更安全的世界制定国防预算：专家演讲》，胡佛研究所出版社，2023年，第185—200页。